“十二五”职业教育国家规划教材
经全国职业教育教材审定委员会审定

财务软件应用实训教程

CAIWU RUANJIAN YINGYONG SHIXUN JIAOCHENG

(用友U8V10.1系统)

(第2版)

主　编　王忠孝
副主编　隋　冰　张　亮

中国财经出版传媒集团
中国财政经济出版社

图书在版编目（CIP）数据

财务软件应用实训教程：用友 U8V10.1 系统/王忠孝主编．--2 版．--北京：中国财政经济出版社，2021.9

"十二五"职业教育国家规划教材

ISBN 978-7-5223-0702-2

Ⅰ.①财… Ⅱ.①王… Ⅲ.①财务软件-高等职业教育-教材 Ⅳ.①F232

中国版本图书馆 CIP 数据核字（2021）第 155851 号

责任编辑：田明晖 赵天天　　　　责任校对：徐艳丽

封面设计：陈宇琰

财务软件应用实训教程

CAIWU RUANJIAN YINGYONG SHIXUN JIAOCHENG

中国财政经济出版社 出版

URL：http：//www.cfeph.cn

E-mail：cfeph@cfeph.cn

社址：北京市海淀区阜成路甲 28 号　邮政编码：100142

营销中心电话：010-88191522

天猫网店：中国财政经济出版社旗舰店

网址：https：//zgczjjcbs.tmall.com

北京中兴印刷有限公司印刷　各地新华书店经销

成品尺寸：185mm×260mm　16 开　16 印张　372 000 字

2022 年 3 月第 2 版　2022 年 3 月北京第 1 次印刷

定价：40.00 元

ISBN 978-7-5223-0702-2

（图书出现印装问题，本社负责调换，电话：010-88190548）

本社质量投诉电话：010-88190744

打击盗版举报热线：010-88191661　QQ：2242791300

前　言

“财务软件应用”是高等职业院校会计类专业的主干课程之一。高职学生主要就业对象为中小企业，随着信息化进程的逐步加快，企业采用财务软件进行核算较为普及。企业在核算过程中，急需既懂会计又懂计算机的人员。本教材在开发过程中力求创新，以真实的企业工作过程为背景，以具体业务为载体，是业务财务一体化处理的工作手册式教材。

本教材经过多轮教学实践，并与软件公司的相关人员共同编写，其特色如下：

1. 细化课程思政，落实立德树人根本任务

教材坚持德技并修、育训结合，培养学生精益求精的工匠精神和热爱劳动的时代风尚，具有遵纪守法的职业意识，能够践行社会主义核心价值观。

2. 及时反映与会计相关法律规范的变化，与工作实际紧密结合

教材依据相关法规的变化，及时调整内容。例如，本教材在讲解薪资处理时，明确说明工资薪金个人所得税费用扣除前后变化，让学习者明确法律法规的变化带来的影响。

3. 以能力为培养目标，达到学做一体化

本教材结合企业实际数据详细讲解了财务软件的具体操作。在向学生传授知识的同时，更注重对学生实际应用能力的培养，使学生的学习和实际操作相结合。本教材对财务软件处理工作中常见的问题给出“任务操作提示”栏目，从而进一步提高学生分析问题、解决问题的能力。

4. 增加综合训练实现业财一体化处理，注重学生实践能力培养

本教材每一部分内容均给出“工作实例”，依据给定的内容展开讲述，与企业实际工作相同。项目八为企业信息化综合处理，较为全面、系统地对教材前面的内容进行了完整训练，资料详实，业财一体化有助于提高学生实践动手能力和综合处理能力。

5. 校企合作，使教材与 1 + X 职业技能等级证书相衔接

本教材的编写除了有工作在教学一线的教师参与外，还邀请用友新道科技股份有限公司高级技术人员参加编写，使教材内容更贴近企业实际，与教育部 1 + X 职业技能等级证书考试相衔接。学生可以在熟练操作软件的同时，清楚地了解企业会计信息化的相关工作。

本教材由浙江金融职业学院王忠孝担任主编，浙江金融职业学院隋冰、张亮担任副主编。用友新道科技股份有限公司林斌参与了本教材大纲的制订并对教材提出很好的修改意见。全书共分为八部分，具体编写分工如下：项目一、项目六由王忠孝编写；项目二、项目三、项目四由隋冰编写；项目五、项目七由张亮编写；项目八由林斌编写。全书由王忠孝负责

总体组织策划、构架设计、修改、补充、定稿。

本教材是校企倾力合作与集体智慧的结晶。尽管我们在教材的特色建设方面做了许多努力，但由于编者的经验和水平所限，加之编写时间仓促，书中难免存在疏漏之处。恳请各相关教学单位和读者在使用过程中提出宝贵意见，以便我们进一步修订和完善。

主　编

2021 年 7 月

目录

1 项目一 系统管理

职业能力目标

通过本项目的学习，要求同学们掌握用户的增加、修改和删除，建立账套并能够进行财务分工，具备常见疑难问题的解决能力和账套输出与引入。

课程思政目标

培养学生新技术背景下信息技术素养，熟悉财务软件处理基本规范，能够勇于到企业实践不怕辛苦的职业品质。

典型工作任务

（1）理解系统管理在整个系统中的作用；
（2）熟练进行用户的增加和修改；
（3）能够正确建立账套并合理分工；
（4）能够正确地进行账套的备份与恢复。

任务一 用户管理

工作实例

以表1－1资料为例：

表 1－1　　　　用户基本信息

编码	用户姓名	编码	用户姓名
101	李想	104	张楠
102	多亮	105	王欣
103	魏来		

业务操作

增加和减少用户：

1. 以系统管理员 Admin 身份登录系统管理

（1）执行“开始”→“程序”→“用友 ERP－U8V10.1”→“系统服务”→“系统管理”命令，进入系统管理窗口，如图 1－1 所示。

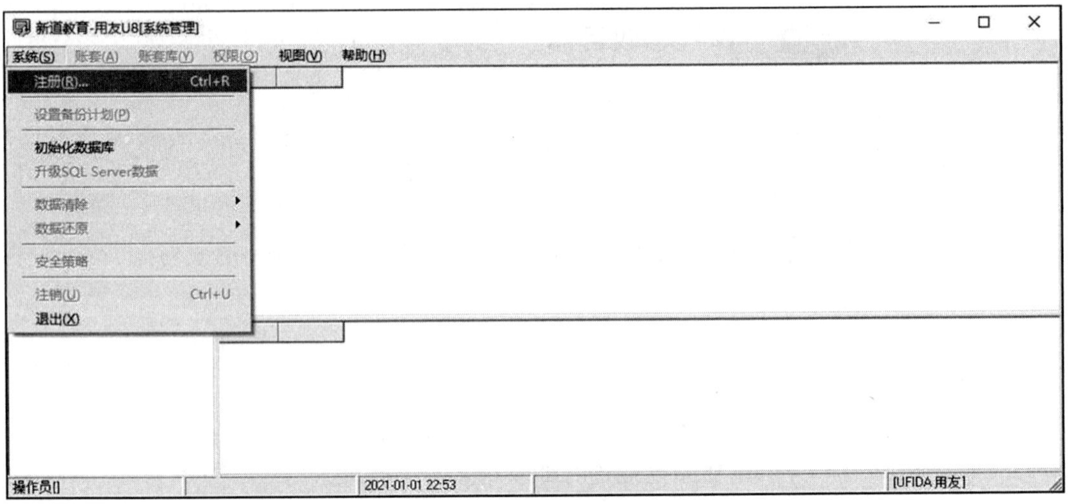

图 1－1　系统管理窗口

（2）执行“系统”→“注册”命令，打开“登录”对话框。如图 1－2 所示。单击“确定”按钮，以系统管理员身份进入系统管理。

任务操作提示

系统中预先设定了一个系统管理员“Admin”，第一次运行时，系统管理员密码为空。

为了保证系统的安全性，在“登录”对话框中，可以设置或更改管理员的密码。如设置系统管理员密码为 1234 的操作步骤如下：

①选中“改密码”复选框，单击“确定”按钮。

②打开“设置操作员密码”对话框，在“新密码”和“确认”后面的输入区中均输入1234，如图1－3所示。

③单击“确定”按钮，返回系统管理。

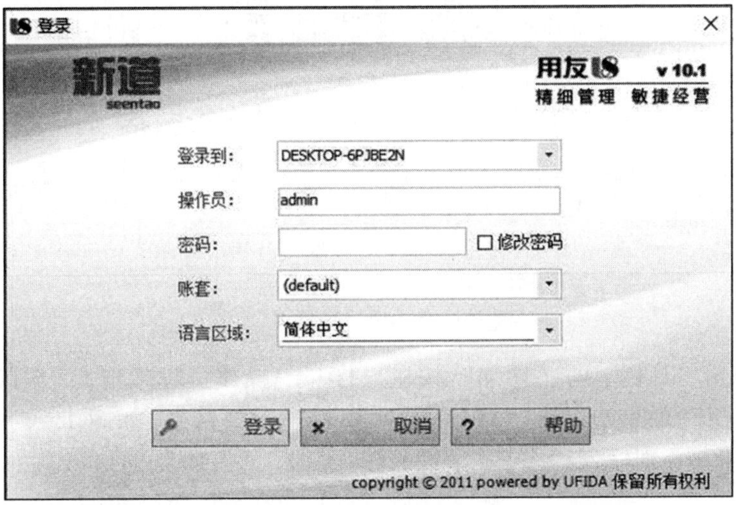

图1－2　登录窗口

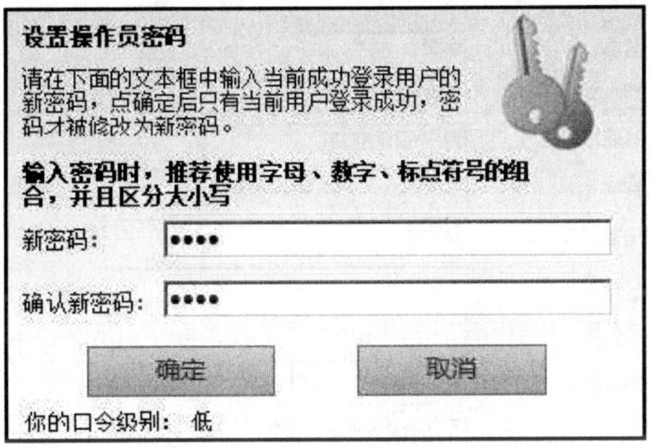

图1－3　设置操作员密码

任务操作提示

①一定要牢记设置的系统管理员密码，否则无法以系统管理员的身份进入系统管理，也就不能执行账套数据的引入和输出。

②考虑实际教学环境，建议不要设置系统管理员密码。

③如果在实训室的学生机安装还原卡的，可以让学生设置密码。

2. 增加用户

（1）执行“权限”→“用户”命令，打开“用户管理”窗口，如图1－4所示。

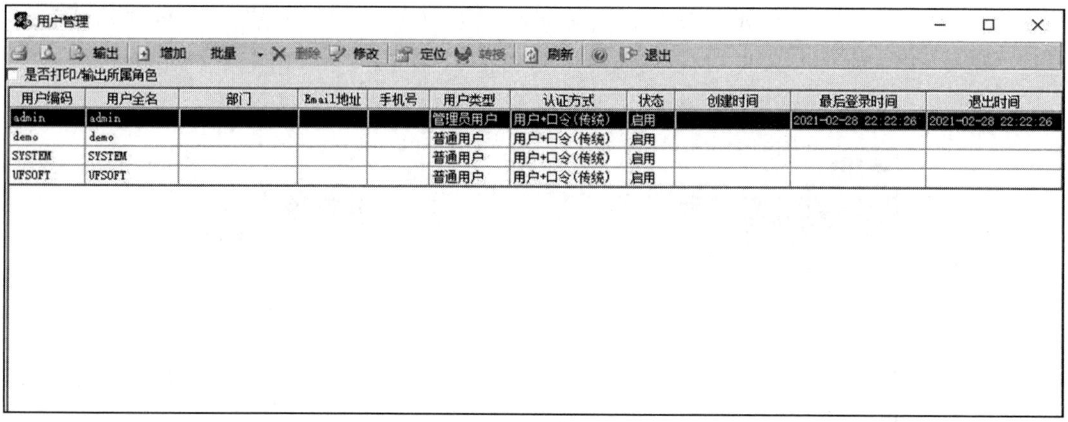

图 1-4 用户管理窗口

(2) 单击工具栏上的"增加"按钮，打开"操作员详细情况"对话框，按任务资料填写"李想"的信息，即"101""李想""财务部"，如图 1-5 所示。继续单击"增加"按钮，分别输入"多亮""魏来""张楠""王欣"的信息。

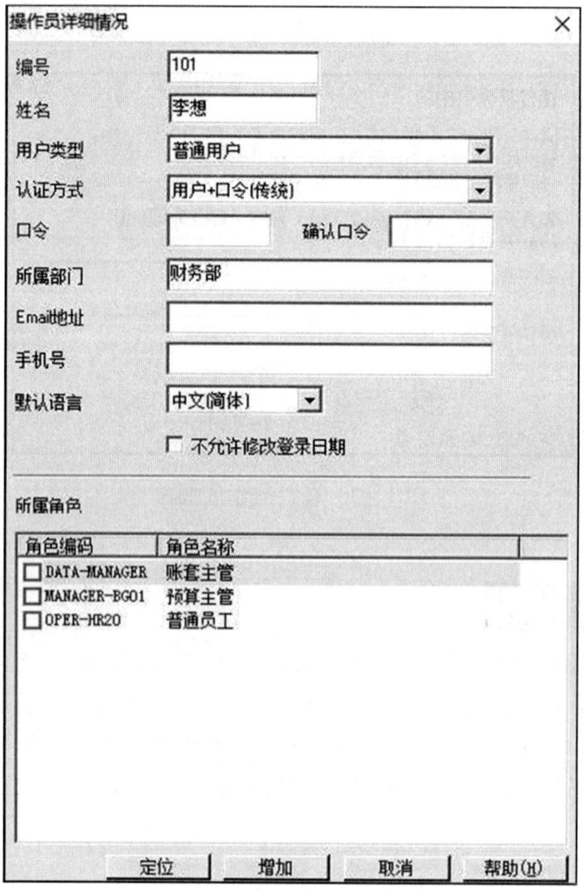

图 1-5 增加用户窗口

（3）输入结束后，单击“取消”按钮，返回“用户管理”窗口，所有操作员以列表方式显示。最后单击工具栏上的“退出”按钮，返回“系统管理”窗口。

任务操作提示

①只有系统管理员才有权限设置角色及其用户。

②设置用户口令时，为保密起见，输入的口令字以“*”在屏幕上显示。所设置的操作员一旦被引用，便不能被修改和删除。

3. 减少用户

执行“权限”→“用户”命令，打开“用户管理”窗口，如图1-4所示。选中要删除的操作员后，单击工具栏上的“删除”按钮。用户启用后，不能删除，只能注销该用户。

任务二 建立账套

工作实例

（1）账套号：777。

（2）账套名称：北京大唐股份有限公司（简称：大唐公司）；启用日期：2021年01月01日。

（3）会计期间设置：2021年01月01日～2021年12月31日。

（4）地址：北京市西城区广宁伯街1号，法定代表人：田伟，邮政编码：100001，联系电话及传真：88965298。本币名称：人民币（代码：RMB），企业类型：工业，账套主管：李想，行业性质：2007年新会计制度（建账时按行业性质预置会计科目）。

（5）分类编码方案如下：存货、客户、供应商均分类，无外币核算。科目编码级次：42222，存货分类编码级次：223，客户和供应商分类编码级次：223，部门编码级次：22，其余采用系统默认值，存货数量、存货单价及换算率的小数位数均为2。

（6）启用总账系统。

业务操作

一、建立账套

1. 创建账套

执行“账套”→“建立”命令，打开“账套信息”对话框，单击“下一步”

按钮。

2. 输入账套信息

（1）已存账套：系统将已存在的账套以下拉列表框的形式显示，用户只能查看，不能输入或修改。

（2）输入账套号777。账套名称输入“北京大唐股份有限公司”。

（3）账套路径：用来确定新建账套将要被放置的位置，系统默认的路径为C：\U8SOFT\Admin，用户可以人工更改，也可以利用“…”按钮进行参照输入。

（4）启用会计期：必须输入。系统默认为计算机的系统日期，本例为“2021年01月”。输入完成后，单击“下一步”按钮，如图1-6所示。接着进行单位信息设置，如图1-7所示。

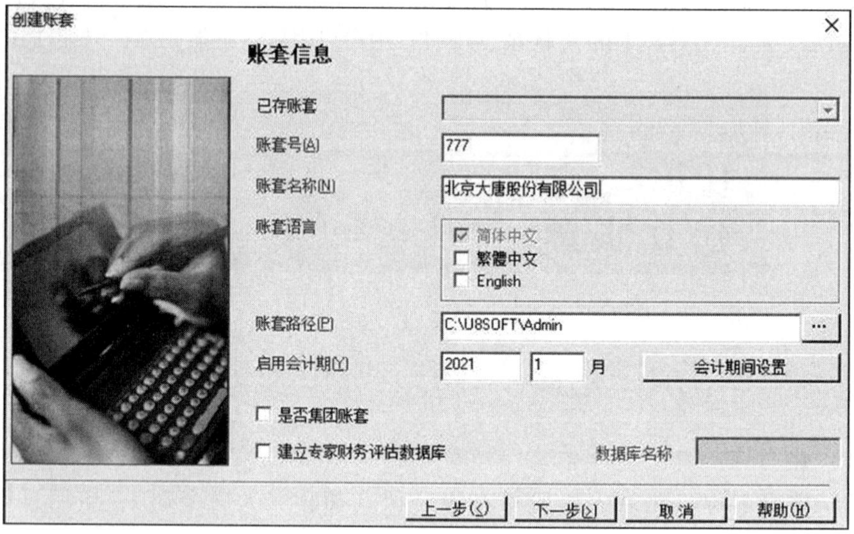

图1-6 创建账套——账套信息

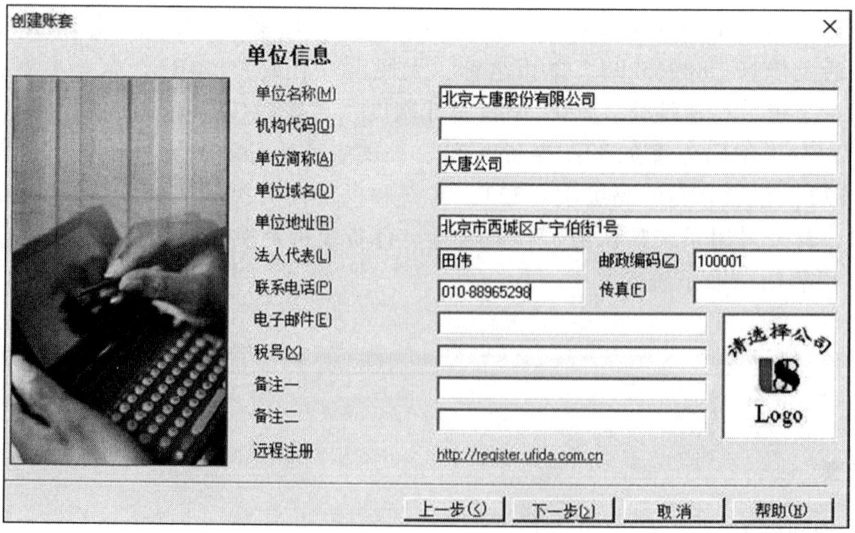

图1-7 创建账套——单位信息

3. 输入单位信息

(1) 单位名称：用户单位的全称，必须输入。单位全称只在打印发票时使用，其余情况全部使用单位简称。本例输入：北京大唐股份有限公司。

(2) 单位简称：用户单位的简称，建议输入。本例输入“大唐公司”。其他栏目都属于任意选项，参照实训资料输入其他信息即可。

(3) 输入完成后，单击“下一步”按钮，进入“核算类型”窗口，如图1-8所示，进行核算类型设置。

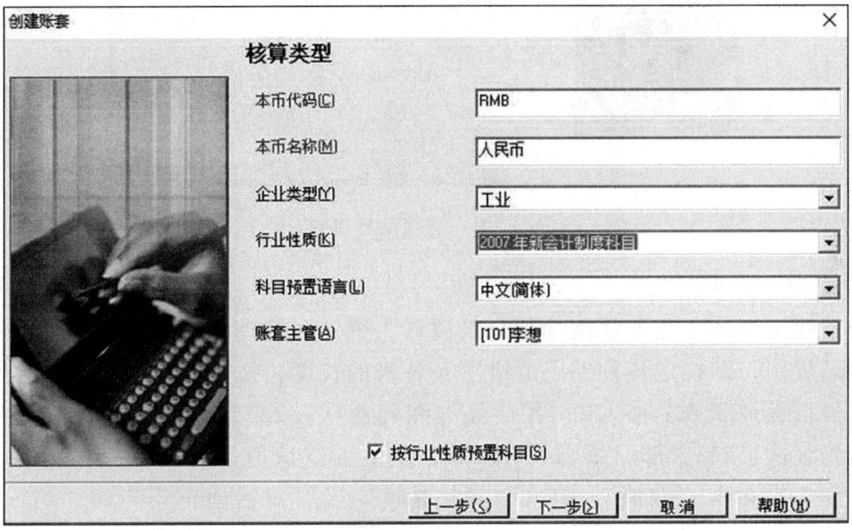

图1-8 创建账套——核算类型

4. 输入核算类型

(1) 本币代码：必须输入。本例采用系统默认值RMB。

(2) 本币名称：必须输入。本例采用系统默认值“人民币”。

(3) 企业类型：用户必须从下拉列表框中选择输入。系统提供了工业、商业两种类型。如选择工业模式，则系统不能处理受托代销业务；如果选择商业模式，委托代销和受托代销能处理。本例选择“工业”模式。

(4) 行业性质：用户必须从下拉列表框中选择输入，系统按照所选择的行业性质预置科目，本例选择行业性质为“2007年新会计制度科目”。

(5) 账套主管：必须从下拉列表框中选择输入。本例选择“[101] 李想”。

(6) 按行业性质预置科目：如果用户希望预置所属行业的标准一级科目，则选中该复选框，本例选择“按行业性质预置科目”。

(7) 单击“下一步”按钮，进行基础信息设置。

5. 确定基础信息

(1) 如果单位的存货、客户、供应商相对较多，可以对它们进行分类核算。如果此时不能确定是否进行分类核算，也可以建账完成后，由账套主管在“修改账套”功能中设置分类核算。

(2) 按照本例要求，选中“存货是否分类”“客户是否分类”“供应商是否分类”3

个复选框，单击“下一步”按钮，如图1-9所示。单击“完成”按钮，系统提示“可以创建账套了吗?”，单击“是”按钮，然后进入“分类编码方案”窗口。

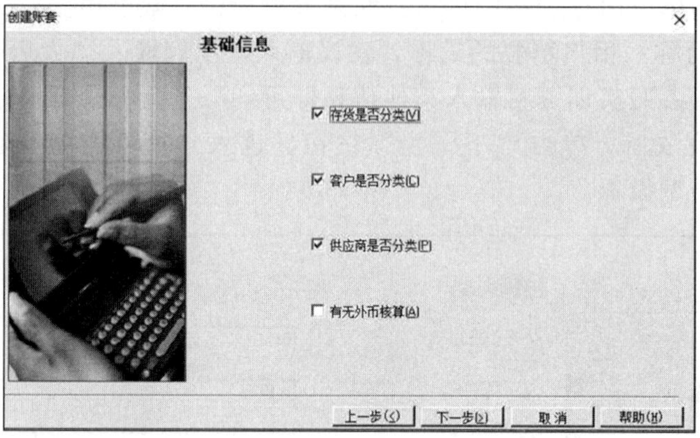

图1-9 基础信息窗口

6. 确定分类编码方案

为了便于对经济业务数据进行分级核算、统计和管理，系统要求预先设置某些基础栏的编码规则，即规定各种编码的级次及各级的长度。按实训资料所给内容修改系统默认值，科目编码级次：42222，客户分类编码级次：223，供应商分类编码级次：223，存货编码级次：223，部门编码级次：22，其他为默认值。如图1-10所示。单击“确认”按钮后，单击“取消”，打开“数据精度定义”对话框。

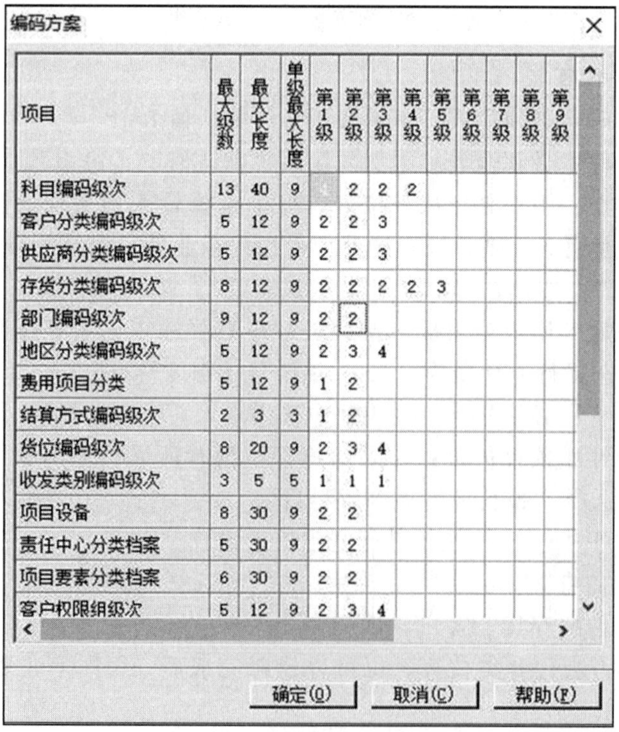

编码方案

项目	最大级数	最大长度	单级最大长度	第1级	第2级	第3级	第4级	第5级	第6级	第7级	第8级	第9级
科目编码级次	13	40	9	4	2	2	2					
客户分类编码级次	5	12	9	2	2	3						
供应商分类编码级次	5	12	9	2	2	3						
存货分类编码级次	8	12	9	2	2	2	2	3				
部门编码级次	9	12	9	2	2							
地区分类编码级次	5	12	9	2	3	4						
费用项目分类	5	12	9	1	2							
结算方式编码级次	2	3	3	1	2							
货位编码级次	8	20	9	2	3	4						
收发类别编码级次	3	5	5	1	1	1						
项目设备	8	30	9	2	2							
责任中心分类档案	5	30	9	2	2							
项目要素分类档案	6	30	9	2	2							
客户权限组级次	5	12	9	2	3	4						

确定(O) 取消(C) 帮助(F)

图1-10 编码方案窗口

7. 数据精度定义

数据精度是指定义数据的小数位数，如果需要进行数量核算，必须认真填写该项。本例中：存货数量、存货单价、开票单价、件数及换算率及税率的小数位数均为2，如图1－11所示。单击“确定”按钮，系统弹出“创建账套”提示对话框，如图1－12所示。单击“是”按钮，进入“系统启用”窗口。

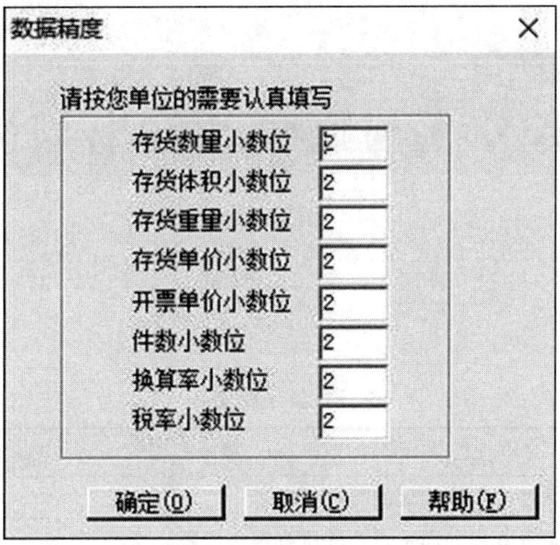

图1－11　数据精度定义对话框

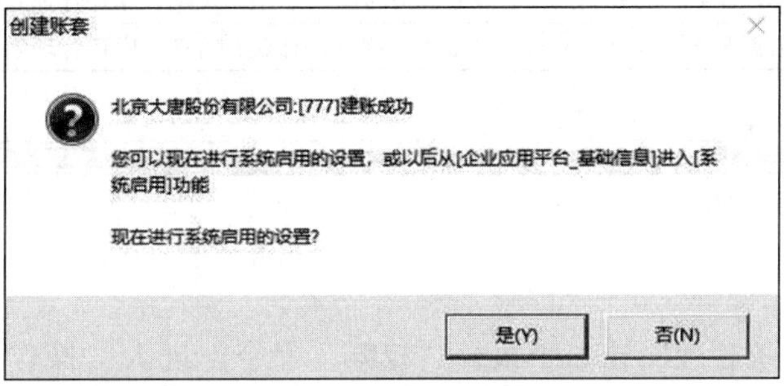

图1－12　创建账套对话框

8. 启用系统

在“系统启用”窗口中，单击选中“GL总账”系统，弹出“日历”对话框，选择系统启用日期为“2021－01－01”，单击“确定”按钮，系统提示“确实要启用当前系统吗?”单击“是”按钮返回。

9. 退出系统

单击工具栏上的“退出”按钮，系统提示“请进入企业应用平台进行业务操作”，确定后返回“系统管理”窗口。

任务操作提示

分类编码方案、数据精度、系统启用项目可以由账套主管在“企业应用平台”→“基础信息”→“基本信息”中进行修改。

二、修改账套

以账套主管“101 李想”身份登录系统管理，执行“账套”→“修改”命令，打开“账套信息”窗口，进行相应修改。

任务三 财务分工与账套的输出与引入

工作实例

以表 1－2 资料为例：

表 1－2　　财务分工

编码	姓名	权限
101	李想	账套主管，拥有软件操作和管理的所有权限
102	多亮	拥有总账系统、工资管理和固定资产的所有操作权限
103	魏来	拥有总账系统中凭证处理、出纳签字和出纳的全部权限
104	张楠	负责核算采购业务，具有公共目录设置、应付款、总账、采购、库存管理系统和存货核算的全部权限
105	王欣	负责核算销售业务，具有公共目录设置、应收款、总账、销售、库存管理系统和存货核算的全部权限

业务操作

一、财务分工

（1）在“系统管理”窗口中执行“权限”命令，进入“操作员权限”窗口，如图 1－13 所示。

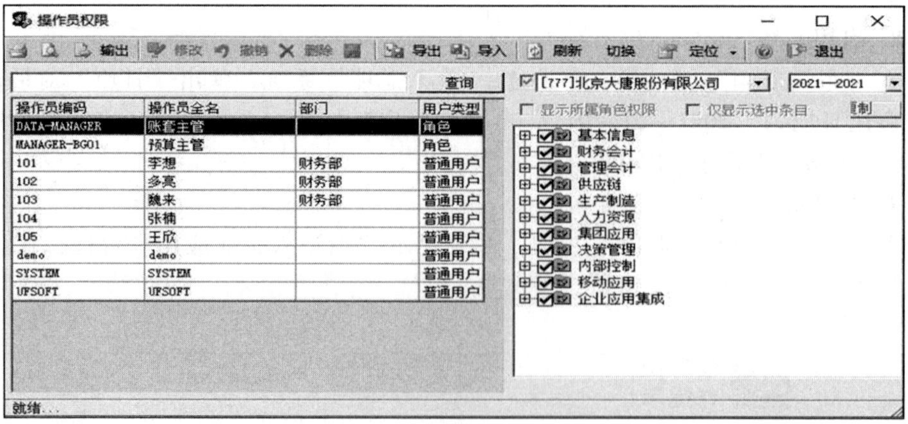

图 1－13　操作员权限

任务操作提示

一个账套可以设定多个账套主管。账套主管自动拥有该账套的所有权限。

（2）选择“102 多亮”，单击工具栏上的“修改”按钮，打开“增加和调整权限”对话框，选中“GL 总账”“WA 薪资管理”“FA 固定资产”，并根据实训资料确定明细选项。单击“确定”按钮。

（3）选择“103 魏来”，单击工具栏上的“修改”按钮，打开“增加和调整权限”对话框，选中“GL 总账”前的“+”图标，展开“总账”和“凭证”项目，选中“填制凭证”和“出纳签字”权限及“出纳”的全部权限，单击“保存”按钮，如图 1－14 所示。

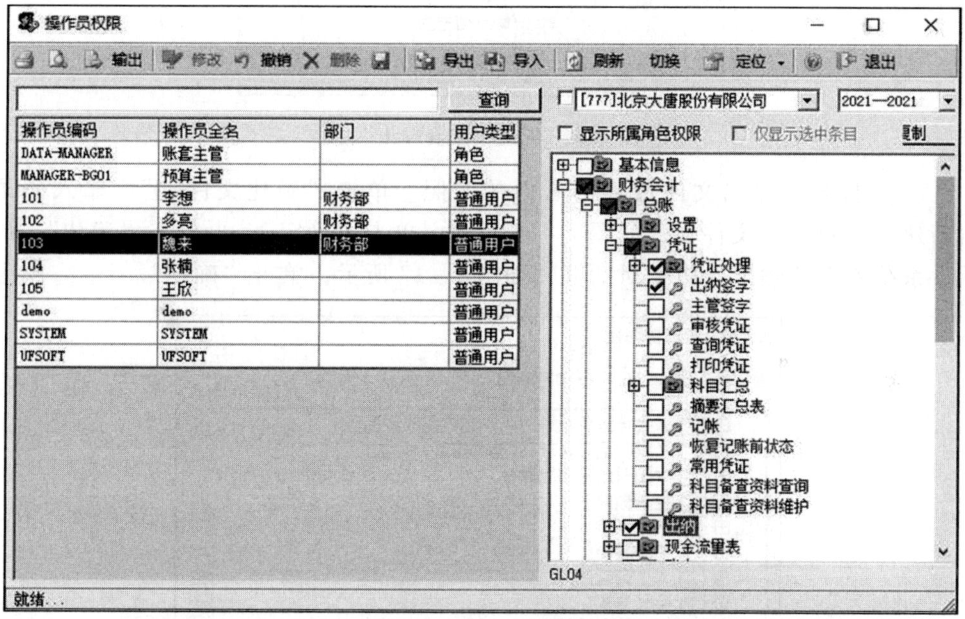

图 1－14　增加和调整权限

（4）按照上述方法设置全部操作员权限后，单击工具栏上的“退出”按钮，返回“系统管理”窗口。

任务操作提示

为了保证系统运行安全、有序，适应企业精细管理的要求，权限管理必须向更细、更深的方向发展。用友 ERP－U8V10.1 管理系统提供了权限的集中管理功能。除了提供用户对各模块操作权限的管理之外，还相应地提供了金额的权限管理和对数据的字段级和记录级的控制，不同的组合方式使得权限控制灵活、有效。功能权限的分配在系统管理中的“权限”

→“权限”中设置，数据级权限和金额级权限在“企业应用平台”→“基础信息”→“数据权限”中进行设置，且必须是在系统管理的功能权限分配之后才能进行。

二、账套的输出

（1）以系统管理员 admin 的身份注册进入系统管理。

（2）执行“账套”→“输出”命令，打开“账套输出”对话框，选择需要输出的账套 777，如图 1－15 所示。

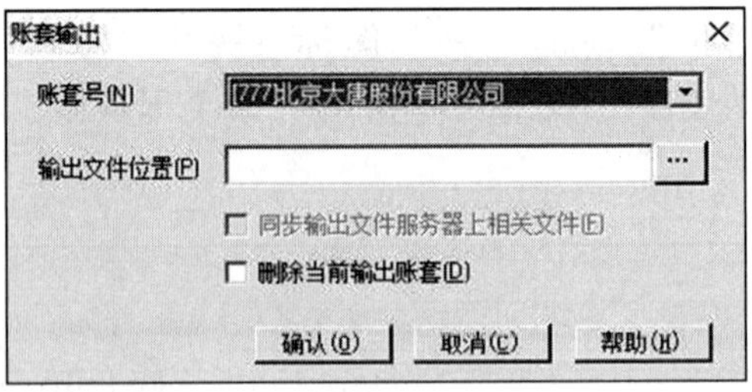

图 1－15　账套输出

（3）打开“输出文件位置”后面的参照，单击“新建文件夹”，输入公司名称，再新建“项目一”文件夹，如图 1－16 所示，单击“确定”，再单击“确认”等几分钟后，系统弹出“输出成功”对话框，如图 1－17 所示，单击“确定”。

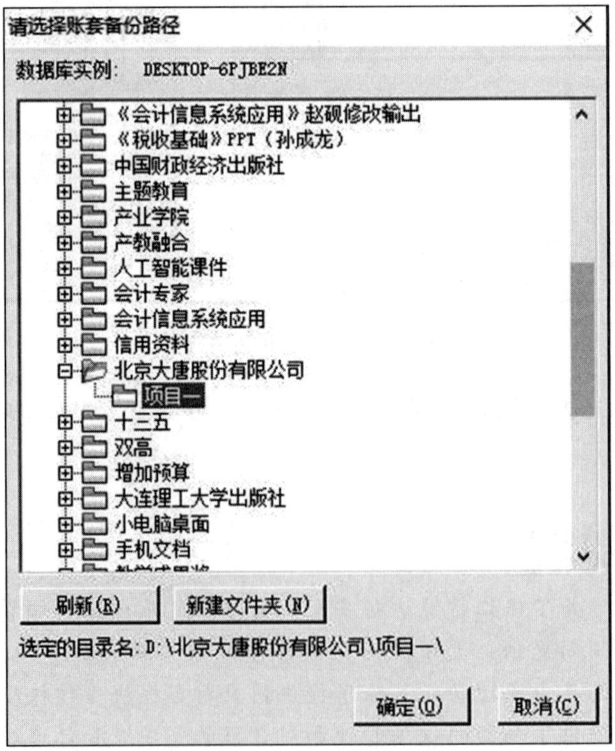

图 1－16　路径选择窗口

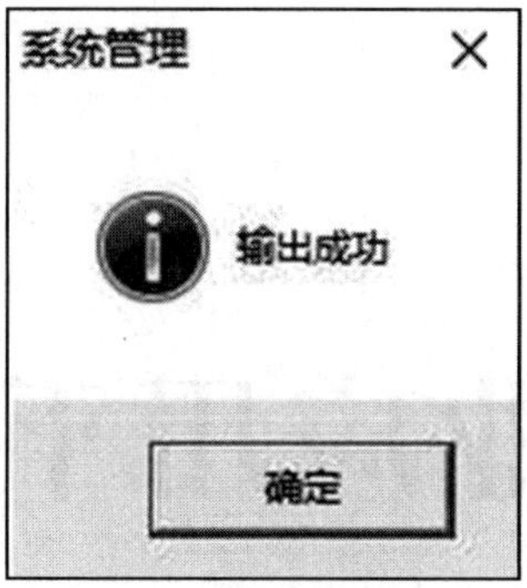

图 1-17 输出成功

三、账套的引入

（1）以系统管理员 admin 的身份注册进入系统管理。

（2）执行“账套”→“引入”命令，打开“账套引入”对话框，找到待引入账套的存储地址，单击“确定”按钮。引入完毕，系统会提示引入成功。

2 项目二 企业应用平台

职业能力目标

通过本项目的学习，要求掌握会计电算化下账套的启动方法，并能够进行财务、业务等信息的设置。

课程思政目标

培养学生对企业信息处理的标准化意识，明确信息的重要性，通过企业信息的全面规范化，了解企业构成，养成严谨细致的财务岗位工作素养。

典型工作任务

（1）理解基础设置在整个系统中的作用；
（2）用友软件的系统启用方法；
（3）会计信息系统中基础档案的录入方法；
（4）会计信息系统中数据权限的设置方法。

任务一 系统启用设置

工作实例

（1）需要启用的系统有“薪资管理”“固定资产”“应收款管理”“应付款管理”。
（2）各系统启用日期均为2021年01月01日。

业务操作

一、以账套主管“李想”（101）身份登录企业应用平台

（1）执行“开始”→“程序”→“用友 U8V10.1”→“企业应用平台”命令，进入企业应用平台登录窗口，如图 2－1 所示。

（2）操作员输入“李想”或“101”，选择“777”账套，操作日期输入“2021－01－01”。

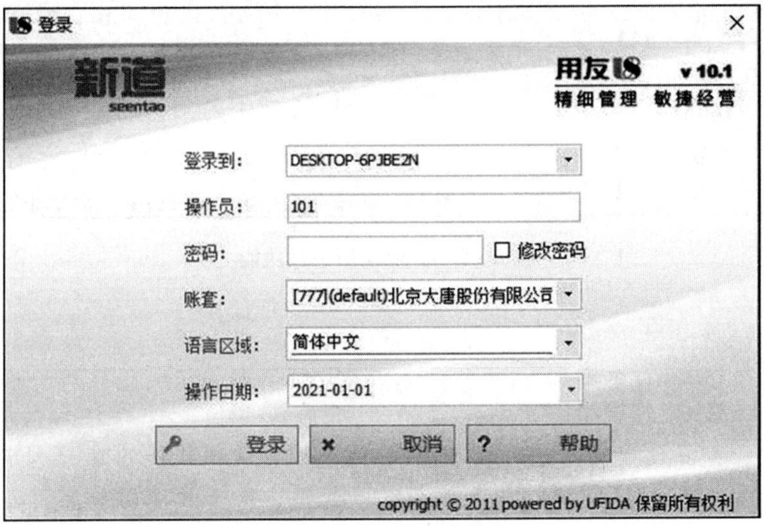

图 2－1 企业应用平台登录

任务操作提示

①操作员的角色和权限决定了其是否有权登录系统，是否可以使用企业应用平台中的各功能。

②输入完操作员和密码后，如果账套显示栏为空白，单击后提示“读取数据源出错：不存在的用户或已被注销！”，则表示该用户不是此账套的操作员，应返回“操作员权限”窗口检查并修改。

③登录进入企业应用平台的操作日期必须在企业账套启用日期之后，否则系统会提示“不存在的年度”。

（3）单击“确定”按钮，注册登录到企业应用平台，如图 2－2 所示。

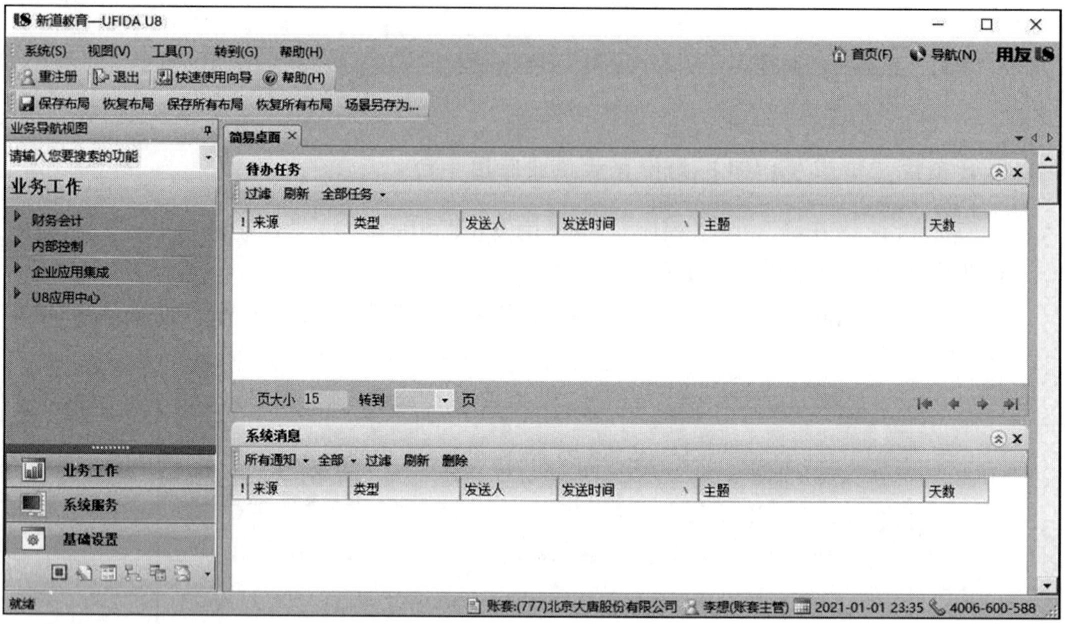

图 2-2 企业应用平台功能

任务操作提示

①企业应用平台是用友 ERP-U8 管理软件的唯一入口，实现了用友 ERP-U8 管理软件各产品统一登录、统一管理的功能。通过企业应用平台，企业员工可以通过单一的访问入口访问企业的各种信息，定义自己的业务工作，并设计自己的工作流程。

②在企业应用平台的桌面上，系统设置了三张选项卡，即“业务工作”“基础设置”和“系统服务”。操作员可通过选择不同的功能单元，进入有权限的相关模块进行工作。

③“基础设置”是为系统的日常运行做好基础工作，主要包括基本信息设置、基础档案设置和单据设置等内容。在基本信息设置中，可以对建账过程确定的编码方案和数据精度进行修改，并进行系统启用设置。

二、以账套主管“李想”（101）身份在“基础设置”中启用各系统

（1）在“基础设置”选项卡中，执行“基本信息”→“系统启用”命令，打开系统启用对话。

（2）选中“应收款管理”前的复选框，弹出“日历”对话框。

（3）选择“日历”对话框中的“2021 年 1 月 1 日”，如图 2-3 所示。

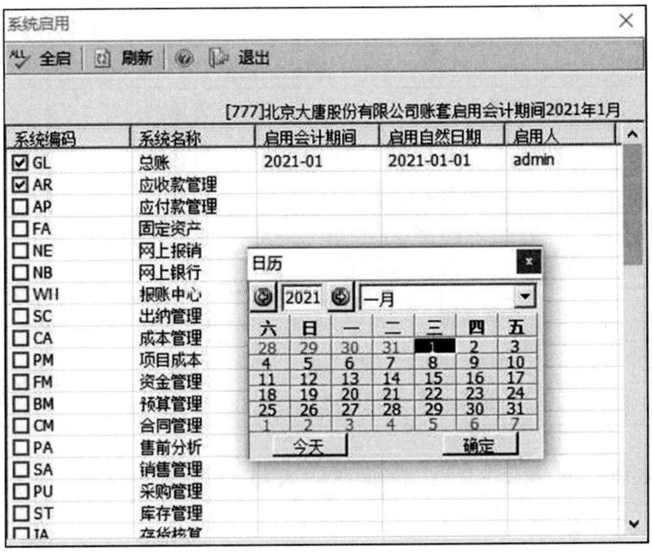

图 2－3　系统启用

（4）单击“确定”按钮，系统弹出“确实要启用当前系统吗”信息提示框，单击“是”按钮，完成系统的启用。

（5）以此类推，分别启用“薪资管理”“固定资产”“应付款管理”，启用日期均为“2021 年 1 月 1 日”。

任务操作提示

①系统启用的两种方法：一种是系统管理员在建立账套时直接启用；另一种是账套主管在企业应用平台的基本信息设置中启用。

②只有安装过的系统才能进行启用，只有启用过的系统才可以登录。

③各系统的启用日期必须大于或等于账套的启用时间。

任务二
基础档案设置

工作实例

一、机构人员档案

（1）部门档案（见表 2－1）。

表 2－1

编号	名称	部门属性	负责人
01	综合部	管理	田伟
02	财务部	财务	李想
03	生产部	生产	刘军
0301	一车间	生产	王猛
0302	二车间	生产	乔元
04	市场部	供应及销售	李超
0401	供应处	供应	李文明
0402	销售处	销售	汪洋

（2）人员类别（见表 2－2）：企业在职人员分为以下四种。

表 2－2

人员类别编码	人员类别名称
10101	管理人员
10102	生产人员
10103	采购人员
10104	销售人员

（3）人员档案（见表 2－3）。

表 2－3

职员编号	职员名称	性别	所属部门	是否操作员	是否业务员	人员类别
101	李想	男	财务部	否	是	管理人员
102	多亮	女	财务部	否	是	管理人员
103	魏来	男	财务部	否	是	管理人员
104	张楠	女	财务部	否	是	管理人员
105	王欣	男	财务部	否	是	管理人员
201	田伟	男	综合部	否	是	管理人员
301	刘军	男	一车间	否	是	生产人员
302	王猛	男	一车间	否	是	生产人员
303	乔元	女	二车间	否	是	生产人员
401	李超	男	供应处	否	是	采购人员
402	汪洋	男	销售处	否	是	销售人员
403	李文明	女	供应处	否	是	采购人员

二、客商信息档案

（1）客户分类（见表 2－4）。

表 2－4

客户分类编码	客户分类名称
01	长期客户
02	中期客户
03	短期客户

（2）客户档案（见表 2－5）。

表 2－5

编号	名称	简称	分类	税号	开户银行	账号
01	西安精诚公司	精诚	01	111111111111	工行西安分行	345678
02	北京大洋公司	大洋	02	222222222222	工行北京分行	567891
03	天津中海公司	中海	03	333333333333	工行天津分行	200912

（3）供应商分类（见表 2－6）。

表 2－6

供应商编码	供应商分类名称
01	东北地区
02	华北地区
03	华东地区

（4）供应商档案（见表 2－7）。

表 2－7

编号	名称	简称	分类	税号	开户银行	账号
01	沈阳立扬公司	立扬	01	444444444444	工行沈阳分行	13579
02	山西美禄公司	美禄	02	555555555555	工行太原分行	24680
03	山东天昊公司	天昊	03	666666666666	工行济南分行	12345

三、财务档案

（1）会计科目档案（见表 2－8）。

表 2－8

科目编码	科目名称	方向	辅助核算
1001	库存现金	借	日记账
1002	银行存款	借	日记账、银行账
100201	工行存款	借	日记账、银行账
1121	应收票据	借	客户往来、应收系统受控科目

续表

科目编码	科目名称	方向	辅助核算
1122	应收账款	借	客户往来、应收系统受控科目
1123	预付账款	借	供应商往来、应付系统受控科目
1221	其他应收款	借	个人往来
1231	坏账准备	贷	
1403	原材料	借	数量核算（公斤）
1405	库存商品	借	
140501	甲产品	借	数量核算（件）
140502	乙产品	借	数量核算（件）
1411	周转材料	借	
141101	包装物	借	
141102	低值易耗品	借	
1901	待处理财产损溢	借	
190101	待处理流动资产损溢	借	
190102	待处理非流动资产损溢	借	
2201	应付票据	贷	供应商往来、应付系统受控科目
2202	应付账款	贷	供应商往来、应付系统受控科目
2203	预收账款	贷	客户往来、应收系统受控科目
2211	应付职工薪酬	贷	
221101	应付工资	贷	
221102	应付社会保险	贷	
221103	应付住房公积金	贷	
2221	应交税费	贷	
222101	应交增值税	贷	
22210101	进项税额	贷	
22210105	销项税额	贷	
22210103	转出未交增值税	贷	
22210109	转出多交增值税	贷	
222102	未交增值税	贷	
222105	应交个人所得税	贷	
222106	应交企业所得税	贷	
2241	其他应付款	贷	
4104	利润分配	贷	
410401	提取法定盈余公积	贷	

续表

科目编码	科目名称	方向	辅助核算
410402	提取任意盈余公积	贷	
410403	未分配利润	贷	
5001	生产成本	借	
500101	基本生产成本	借	
50010101	直接材料	借	项目核算
50010102	直接人工	借	项目核算
50010103	制造费用	借	项目核算
6403	税金及附加	借	
6602	管理费用	借	
660201	工资费用	借	部门核算
660202	办公费用	借	部门核算
660203	折旧费用	借	部门核算
660204	其他费用	借	部门核算
6603	财务费用	借	
660301	利息支出	借	
660302	其他	借	

指定“1001 库存现金”为现金科目、“1002 银行存款”为银行科目。

（2）凭证类别（见表 2－9）。

表 2－9

凭证类别	限制类型	限制科目
收款凭证	借方必有	1001，100201
付款凭证	贷方必有	1001，100201
转账凭证	凭证必无	1001，100201

（3）项目目录档案。

项目大类：生产成本

核算科目：直接材料、直接人工、制造费用

项目分类：1 自行开发项目；2 委托开发项目

项目目录：见表 2－10

表 2－10

项目编号	项目名称	是否结算	所属分类码
1	11 号项目		1
2	22 号项目		2

（4）收付结算档案（见表 2－11）。

表 2－11

结算方式编号	结算方式名称	是否票据管理
1	现金结算	否
2	支票	否
201	现金支票	是
202	转账支票	是
3	电汇	否
4	银行汇票	否
5	银行本票	否
6	委托收款	否
7	托收承付	否
8	其他	否

业务操作

一、设置机构人员——部门档案

（1）在“基础设置”选项卡中，执行“基础档案”→“机构人员”→“部门档案”命令，进入“部门档案”窗口。

（2）单击“增加”按钮，录入部门编码“01”、部门名称“综合部”，如图 2－4 所示。

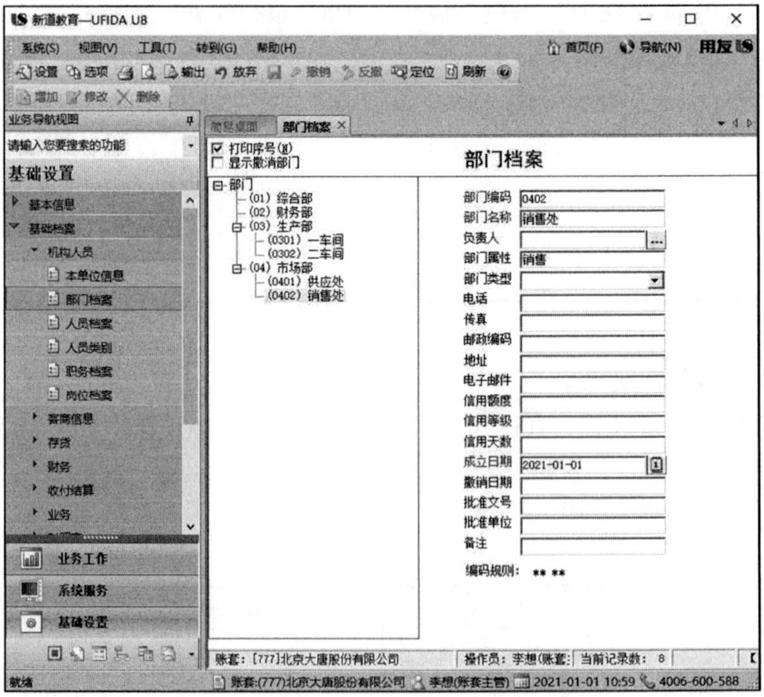

图 2－4 部门档案

（3）单击“保存”按钮，窗口左边会以树形目录显示。以此类推，录入其他的部门档案。

任务操作提示

①部门档案既可以在企业应用平台的基础档案中进行设置，也可以在使用部门档案的其他系统中进行设置，系统中基础档案信息是共享的。

②部门编码必须符合编码规则。如果在此发现编码方案不适合，可以在部门档案数据为空时修改部门编码方案。修改方法有两种：一种是以账套主管在系统管理中修改账套参数中的编码方案；另一种是由账套主管在企业应用平台的基本信息设置中修改编码方案。

③部门编码及部门名称必须录入，其他内容可以为空。建立部门档案时，应先从上级部门开始输入，然后再建立下级部门档案。

④由于此时还未设置“人员档案”，部门中的“负责人”暂时不能设置。如果需要设置，必须在完成“人员档案”设置后，再回到“部门档案”中以修改的方式补充设置。

二、设置机构人员——人员类别

（1）在“基础设置”选项卡中，执行“基础档案”→“机构人员”→“人员类别”命令，进入“人员类别”窗口。

（2）定位“正式工”，单击“增加”按钮，进入“增加档案项”窗口，录入档案编码“1001”、档案名称“管理人员”，如图2－5所示。

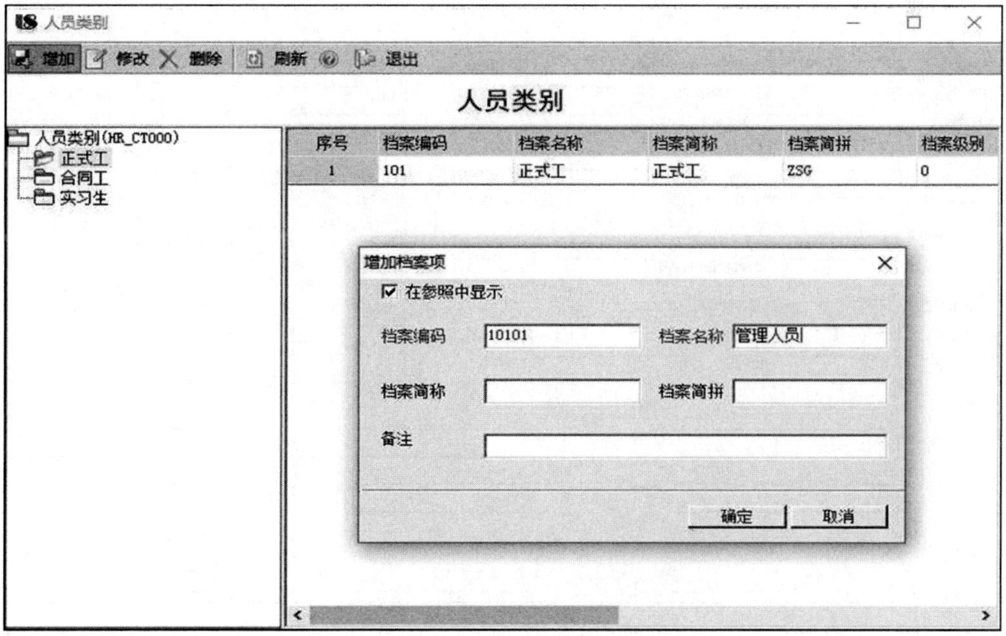

图2－5 人员类别

（3）单击“确定”按钮，加以保存。以此类推，录入其他人员类别资料。保存好的人员类别信息会在窗口左边以树形目录显示。

任务操作提示

①人员类别与工资费用分摊有关，工资费用分摊是薪资管理的一项重要功能。不同类别人员的工资在分摊时理应计入不同的入账科目，人员类别设置是为了工资分摊生成凭证时，按不同人员类别选择不同的入账科目。

②人员类别是人员档案中的必录项目，需要在人员档案建立之前设置。如果未先设置人员类别，而将人员档案所属类别选为“在职人员”加以保存，则不能再在“在职人员”下增设人员类别。

三、设置机构人员——人员档案

（1）在“基础设置”选项卡中，执行“基础档案”→“机构人员”→“人员档案”命令，进入“人员档案”窗口。

（2）单击“增加”按钮，进入“人员档案”窗口，在“基本”选项卡中，按任务资料录入人员编码“101”、人员姓名“李想”，性别选择“男”，人员类别选择“管理人员”→勾选“是否操作员”→勾选“是否业务员”，如图 2－6 所示。

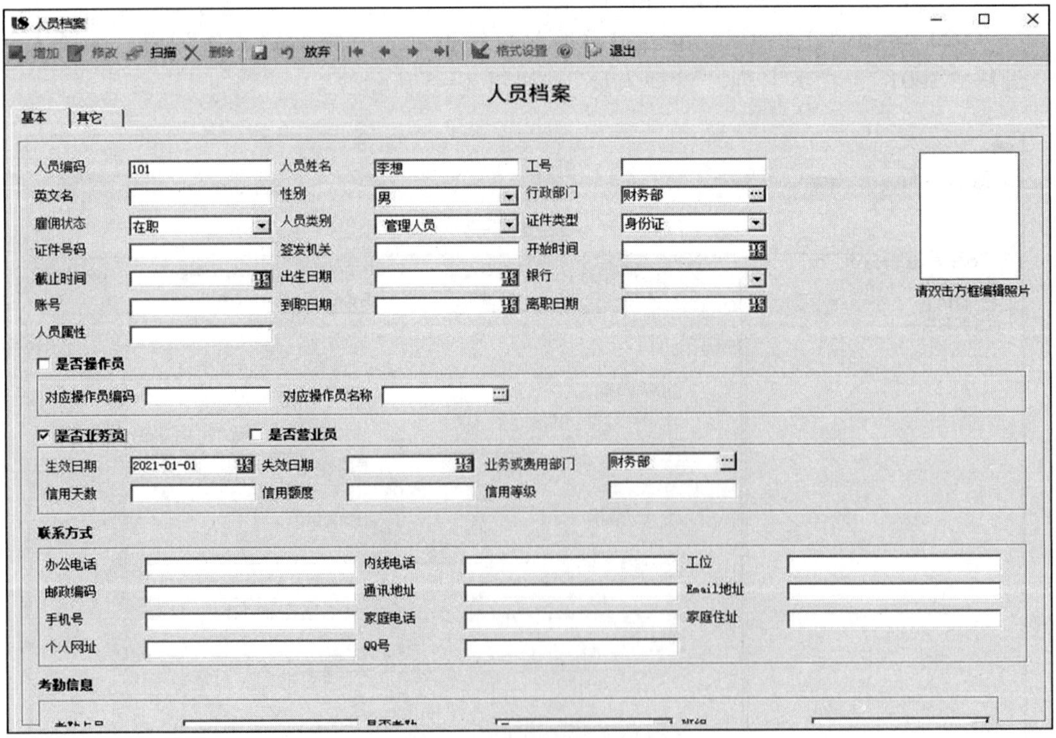

图 2－6 人员档案

（3）单击“保存”按钮。同理，输入其他人员档案信息。

任务操作提示

①设置人员档案之前必须先设置部门档案，否则“行政部门”下拉框中无内容。

②人员编码必须唯一，行政部门只能选择末级部门。如果行政部门选错了，需要重新选择时，必须先将错误的部门先删除，否则无法显示其他部门内容。

③如果该员工需要在其他档案或其他单据的“业务员”中被参照，需要选中“是否业务员”复选框。否则，在业务员列表中，将不显示此人的信息。

四、设置客商信息——客户分类

（1）在“基础设置”选项卡中，执行“基础档案”→“客商信息”→“客户分类”命令，进入“客户分类”窗口。

（2）单击“增加”按钮，按任务资料录入分类编码“01”、分类名称“长期客户”，如图2-7所示。

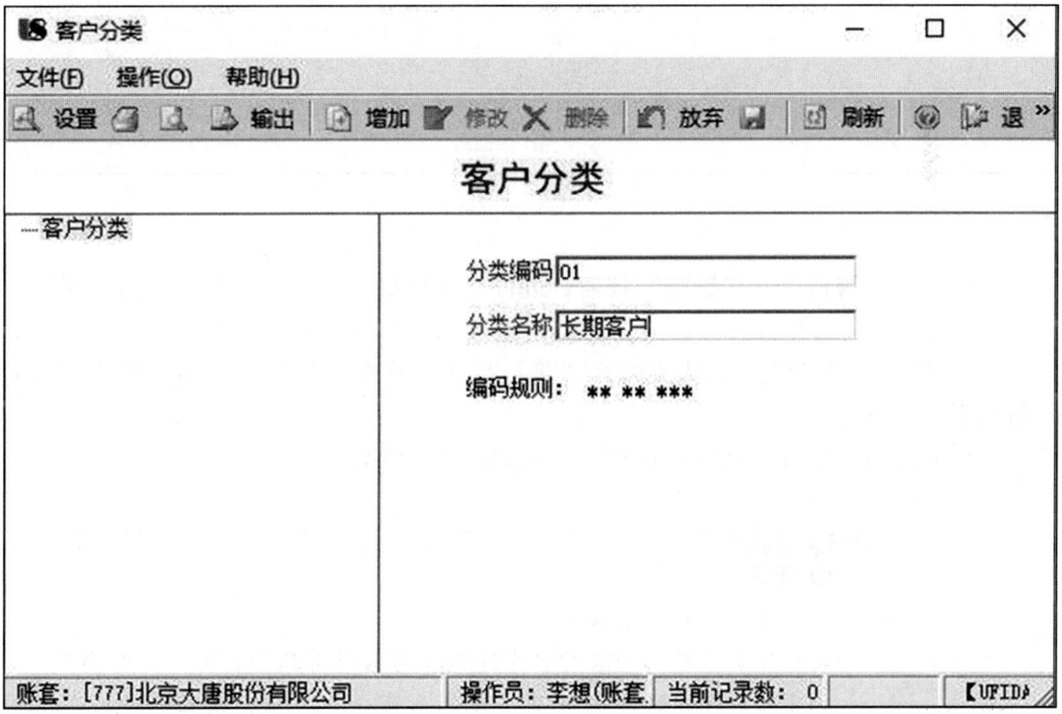

图2-7　客户分类

（3）单击“保存”按钮。同理，输入其他客户分类信息。

任务操作提示

①如果在建账时，没有选中“客户是否分类”复选框，则在此不能进行分类设置，可由账套主管注册“系统管理”进行账套参数修改。

②客户分类编码必须符合编码方案规定。

五、设置客商信息——客户档案

（1）在“基础设置”选项卡中，执行“基础档案”→“客商信息”→“客户档案”命令，进入“客户档案”窗口。

（2）单击左窗口客户分类下的“长期客户”，单击“增加”按钮，进入“增加客户档案”窗口，在“基本”选项卡中，按任务资料录入客户编码“01”、客户名称“西安精诚公司”、客户简称“精诚”、税号“111111111111”，如图2-8所示。

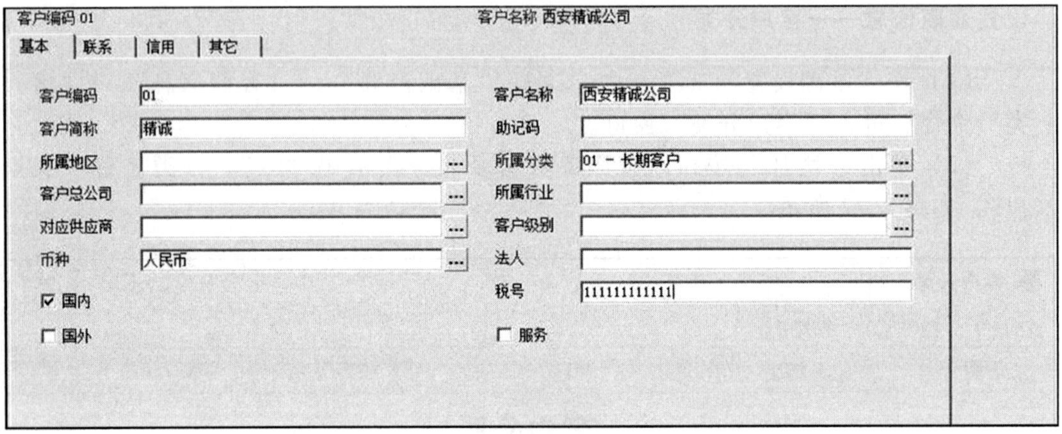

图2-8 客户档案

（3）单击窗口上方“银行”按钮，进行“客户银行档案”窗口，单击“增加”按钮，按任务资料选择所属银行“中国工商银行”，开户银行录入“工行西安分行”，银行账号录入“345678”，默认值选择“是”按钮。单击“保存”按钮后退出“客户银行档案”窗口。

（4）单击“保存”按钮。同理，输入其他客户档案信息。

任务操作提示

①客户编码必须唯一。

②如果账套中并未对客户进行分类，则所属分类为“无分类”。

③如果在建账时选中了“客户是否分类”项，则必须先设置客户分类，然后才能编辑客户档案。

④系统在“客户档案”窗口设置了“基本”“联系”“信用”和“其他”四张选项卡，其中“联系”选项卡中设置了“分管部门”“专管业

务员”，是为了在应收应付款管理系统填制发票等原始单据时能自动根据显示信息进行。

六、设置客商信息——供应商分类

（1）在“基础设置”选项卡中，执行“基础档案”→“客商信息”→“供应商分类”命令，进入“供应商分类”窗口。

（2）单击“增加”按钮，按任务资料录入分类编码“01”、分类名称“东北地区”，如图2-9所示。

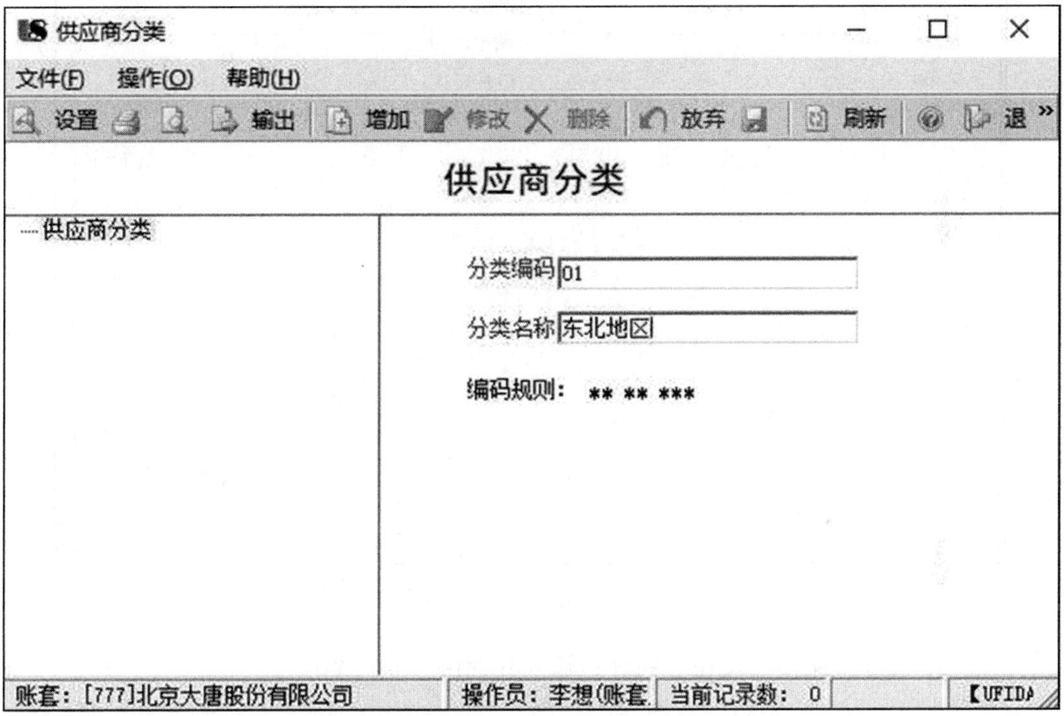

图2-9　供应商分类

（3）单击“保存”按钮。同理，输入其他供应商分类信息。

七、设置客商信息——供应商档案

（1）在“基础设置”选项卡中，执行“基础档案”→“客商信息”→“供应商档案”命令，进入“供应商档案”窗口。

（2）单击左窗口供应商分类下的“东北地区”，单击“增加”按钮，进入“增加供应商档案”窗口，在“基本”选项卡中，按任务资料录入供应商编码“01”、供应商名称“沈阳立扬公司”、供应商简称“立扬”、税号“444444444444”、开户银行“工行沈阳分行”、账号“13579”，其余可不录，如图2-10所示。

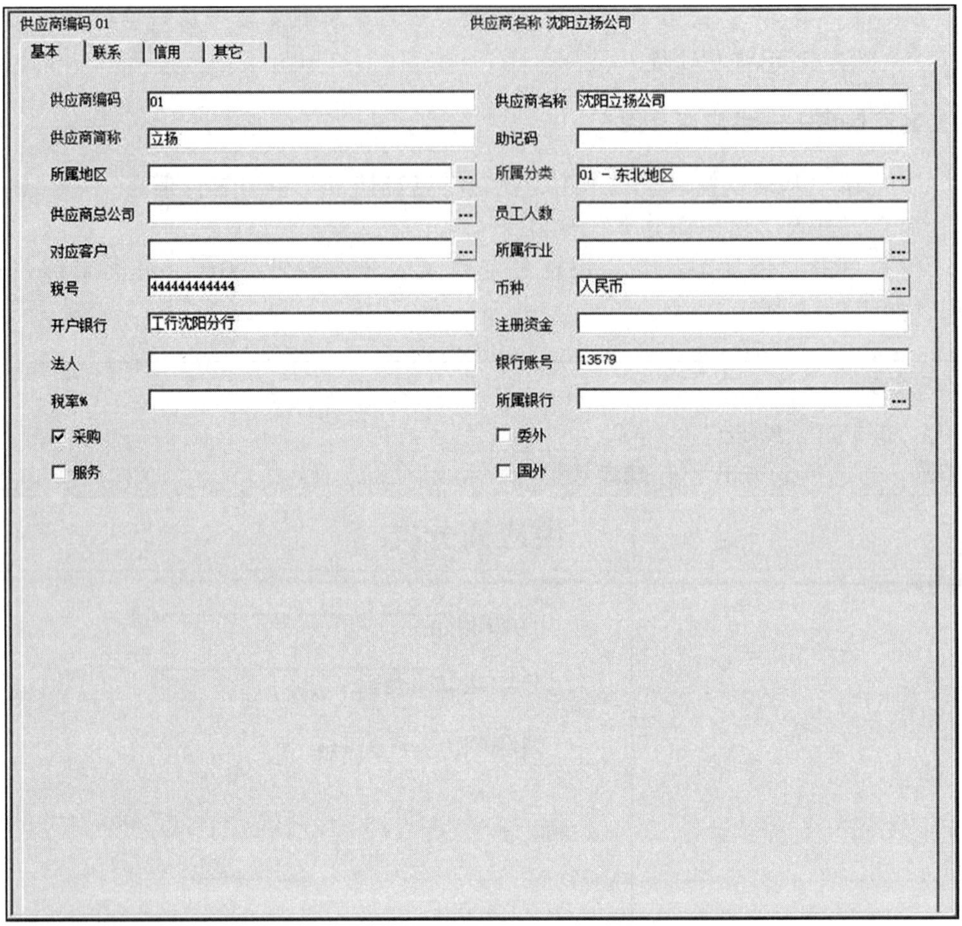

图 2－10　供应商档案

（3）单击“保存”按钮。同理，输入其他供应商档案信息。

任务操作提示

供应商分类和供应商档案设置原则和操作步骤同客户分类和客户档案设置基本相同。

八、设置财务信息——会计科目

1. 增加会计科目

（1）在“基础设置”选项卡中，执行“基础档案”→“财务”→“会计科目”命令，进入“会计科目”窗口，显示所有“2007 新会计制度”的科目。

（2）单击“增加”按钮，进入“新增会计科目”窗口，输入明细科目相关内容，如输入科目编码“100201”、科目名称“工行存款”；选择“日记账”“银行账”，单击“确定”按钮，如图 2－11 所示。

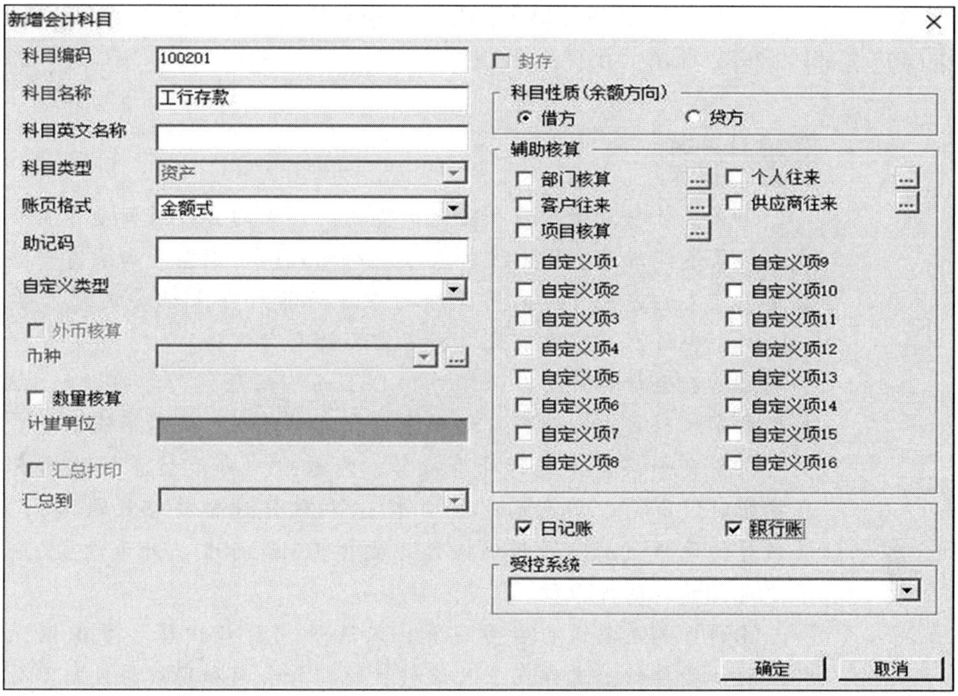

图 2－11　新增会计科目

主要栏目说明

①科目编码：科目编码只能由数字 0－9、英文字母 A－Z 或 a－z、减号（－）、正斜杠（/）表示，其他字符（如 &、空格等）禁止使用。

②科目名称：分为科目中文名称和科目英文名称，可以是汉字、英文字母或数字，可以是减号（－）、正斜杠（/），但不能输入其他字符。

③科目类型：行业性质为企业时，科目类型分为资产、负债、共同、权益、成本和损益六类。

④账页格式：系统提供了金额式、外币金额式、数量金额式、外币数量式四种账页格式供选择，用于定义该科目在账簿打印时的默认打印格式。

⑤辅助核算：也叫辅助账类。用于说明本科目是否有其他核算要求，系统除完成一般的总账、明细账核算外，提供了部门核算、个人往来、客户往来、供应商往来和项目核算五种供企业选择。凡是设置有辅助核算内容的会计科目，在录入期初余额或填制凭证时，都需要录入相应的辅助核算内容。

⑥日记账、银行账：选择了“日记账”的科目可以生成日记账数据供查询，选择了“银行账”的科目才能执行银行对账等功能。

⑦受控系统：设置某科目为受控科目，受控于某一系统，则使用该科目制单只能在该受控系统进行，而不能在总账系统中进行。如“应收账款”一般可设置为受控于“应收系统”，“应付账款”可设置为受控于“应付系统”。

（3）继续单击“增加”按钮，输入任务资料中其他明细科目的相关内容。

（4）全部输完后，单击“关闭”按钮。

任务操作提示

①在会计科目使用前一定先检查系统预置的会计科目是否能够满足需要，如果不能满足，则以增加或修改的方式进行调整。如果有一些会计科目是不需要的，也可以采用删除的方法删除。在上机实训时可学会删除一、两个会计科目，没有必要将不需要的全部删除。

②增加会计科目时，必须遵循自上而下的原则，即先增加上级科目，再增加下级科目；会计科目编码要符合编码规则；编码不能重复。

③科目如果需要进行外币核算，应选中“外币核算”复选框（如果在建账时没有选中“有无外币核算”，则该复选框将不被激活），并选择其核算的币种（必须在基础档案设置中事先进行过“外币设置”），否则，不能进行真正的外币核算。

④科目如果要进行数量核算，应选中“数量核算”复选框，并设置相应的计量单位。这样在录入该科目的期初余额和用该科目制单时，不仅要求录入金额，还需要录入物品数量。

2. 修改会计科目

（1）在“会计科目”窗口，双击“1122 应收账款”，或在选中“1122 应收账款”后单击“修改”按钮，打开“会计科目_修改”对话框。

（2）单击“修改”按钮，选中“客户往来”复选框，此时，右下角受控系统显示为“应收系统”，如图 2－12 所示。

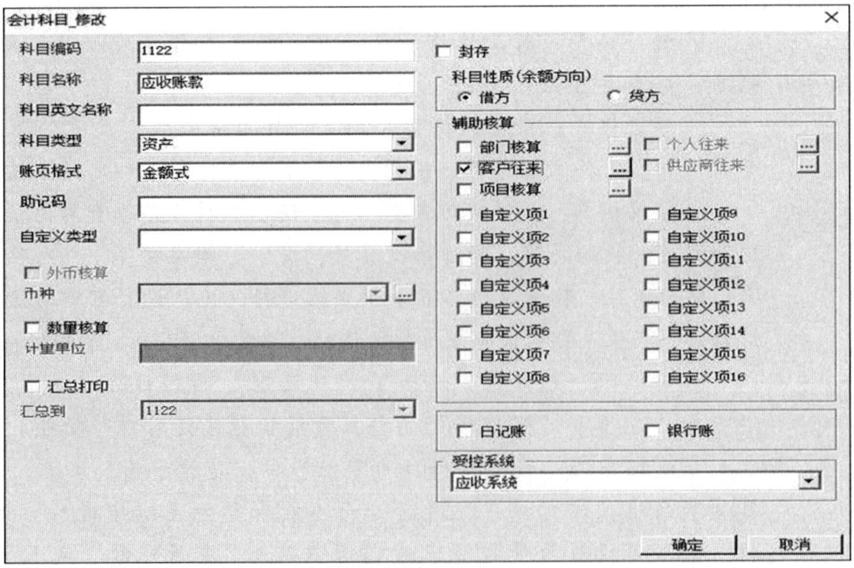

图 2－12 修改会计科目——客户往来

（3）单击“确定”按钮。

（4）在“会计科目”窗口，双击“1403 原材料”，或在选中“1403 原材料”后单击“修改”按钮，打开“会计科目_ 修改”对话框。

（5）单击“修改”按钮，再选中“数量核算”复选框，在计量单位栏录入“公斤”，单击“确定”按钮。如图 2－13 所示。

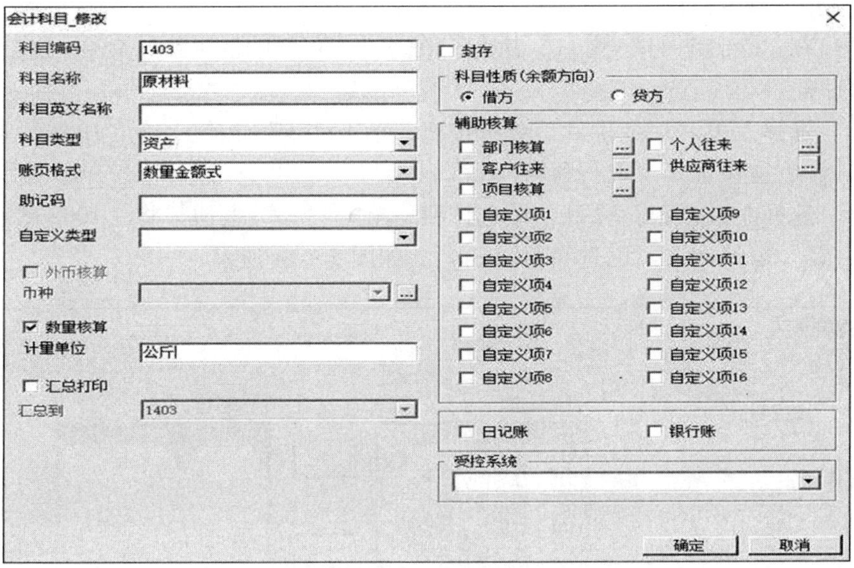

图 2－13　修改会计科目——数量核算

同理，修改任务资料中其他会计科目。

任务操作提示

①只有处于修改状态才能设置汇总打印和封存。

②已有数据的会计科目不能修改其科目性质。

③在修改“应收账款”会计科目时，如果通过下拉框将右下角受控系统显示为空白，则该应收往来业务可以在总账系统中进行制单。

3. 删除会计科目

（1）在“会计科目”窗口，选择要删除的会计科目。

（2）单击“删除”按钮，系统提示“记录删除后不能修复！真的删除此记录吗?”信息。

（3）单击“确定”按钮，即可删除该科目。

任务操作提示

①如果要删除已设置有明细科目的会计科目，应自下而上操作，先删除明细科目，再删除一级科目。

②如果科目已录入期初余额或已制单，则不能删除，必须先删除余额或凭证后，才能进行相应操作。

③被指定为“现金科目”“银行科目”的会计科目不能删除；若想删除，必须先取消指定。

4. 指定会计科目

（1）在“会计科目”窗口，执行“编辑”→“指定科目”命令，进入“指定科目”对话框。

（2）选择左边“现金科目”单选按钮，单击“>”按钮，将“1001 库存现金”从“待选科目”窗口选入“已选科目”窗口。

（3）选择左边“银行科目”单选按钮，单击“>”按钮，将“1002 银行存款”从“待选科目”窗口选入“已选科目”窗口，如图 2-14 所示。

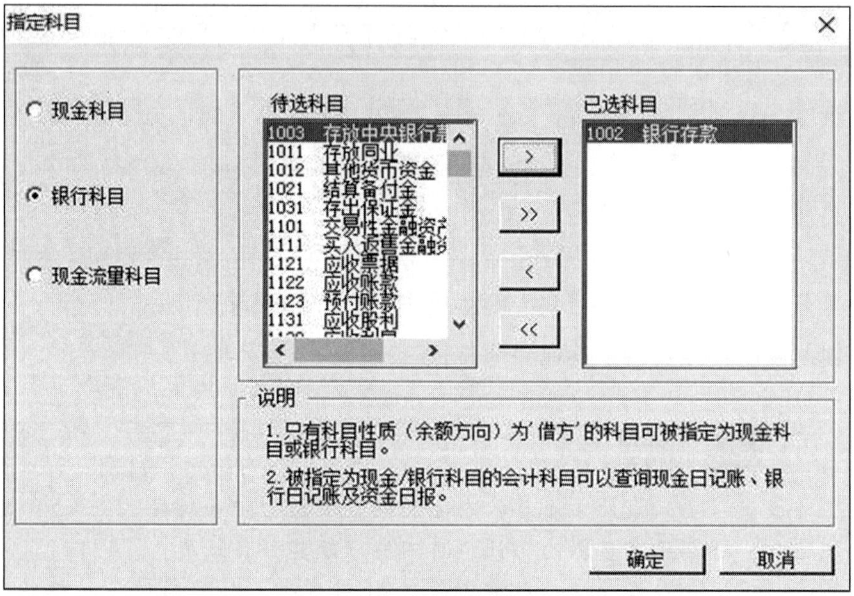

图 2-14 指定会计科目

（4）单击“确定”按钮。

任务操作提示

①指定会计科目是指指定出纳的专管科目。只有指定科目后，才能执行出纳签字，才能查看现金、银行存款日记账。

②被指定的“现金科目”和“银行科目”必须是一级科目。

③在指定科目之前，应在建立或修改“库存现金”和“银行存款”科目时选中“日记账”复选框。

④如果企业需要利用总账中的现金流量辅助核算编制现金流量表，则

可以将涉及现金流量的科目进行指定。

九、设置财务信息——凭证类别

（1）在“基础设置”选项卡中，执行“基础档案”→“财务”→“凭证类别”命令，进入“凭证类别预置”窗口。

（2）选中“收款凭证 付款凭证 转账凭证”前的单选按钮，如图2－15所示。

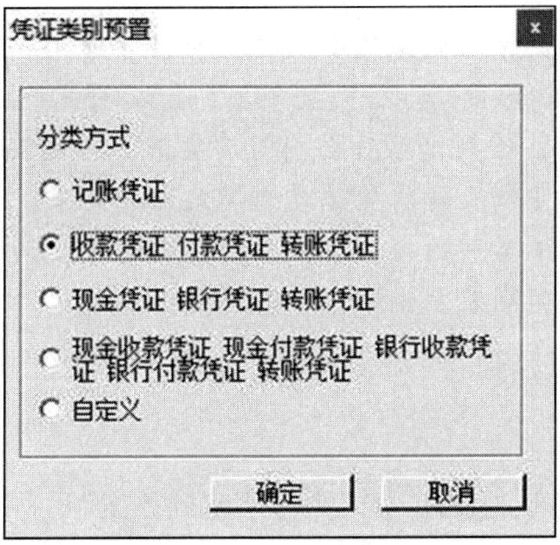

图2－15 指定会计科目

（3）单击“确定”按钮，打开“凭证类别”对话框。

（4）单击“修改”按钮，双击“收款凭证”所在行的“限制类型”栏，出现下三角按钮，从下拉框中选择“借方必有”，在“限制科目”栏录入“1001，100201”，或单击参照按钮，分别选择“1001”及“100201”。同理，完成对付款凭证和转账凭证的设置，如图2－16所示。

图2－16 指定会计科目

任务操作提示

①限制科目之间的逗号要在半角方式下输入，否则系统会提示科目编码有误。

②已使用的凭证类别不能删除，也不能修改类别字。

③系统提示的限制类型有借方必有、贷方必有、凭证必无、凭证必有、借方必无、贷方必无、无限制七种。

④如果收款凭证的限制类型为借方必有“1001，100201”，则在填制凭证时系统要求收款凭证的借方科目至少有一个是“1001”或“100201”，否则，系统会判断该凭证“不满足借方必有条件”，不允许保存。付款凭证及转账凭证也应满足相应要求。

⑤凭证类别的排列顺序将会影响账簿查询中凭证类别的排列顺序，可通过凭证类别表右侧的上下箭头进行调整。

十、设置财务信息——项目目录

1. 定义项目大类

（1）在“基础设置”选项卡中，执行“基础档案”→“财务”→“项目目录”命令，进入“项目档案”窗口。

（2）单击“增加”按钮，打开“项目大类定义_ 增加”对话框。

（3）录入新项目大类名称“生产成本”，如图 2－17 所示。

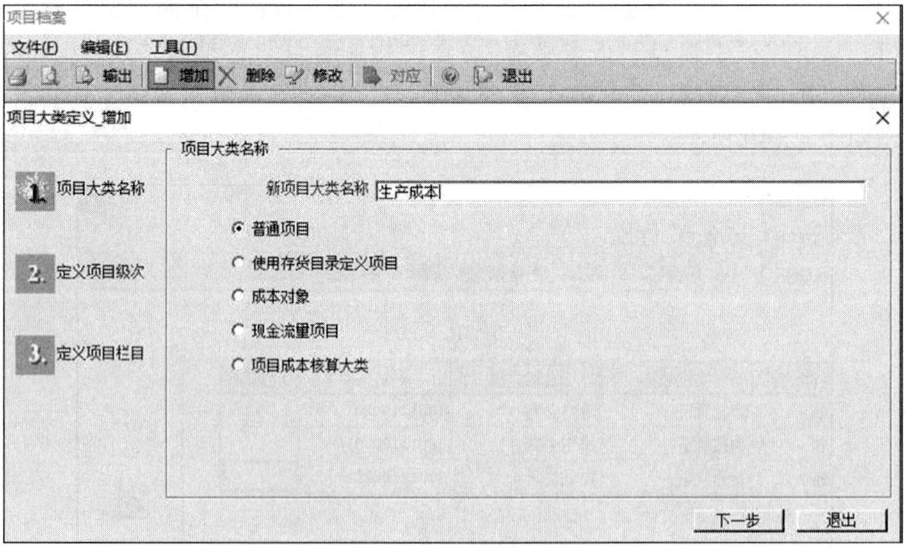

图 2－17 定义项目大类

任务操作提示

①项目大类的名称是该项目的总称，而不是会计科目的名称。如在建

工程按具体工程项目核算，其项目大类名称应为“工程项目”而不是“在建工程”。

②系统预设了“现金流量项目”和“项目管理”两个大类，企业可根据需要增设大类。

（4）单击“下一步”按钮，打开“定义项目级次”对话框，如图 2－18 所示。

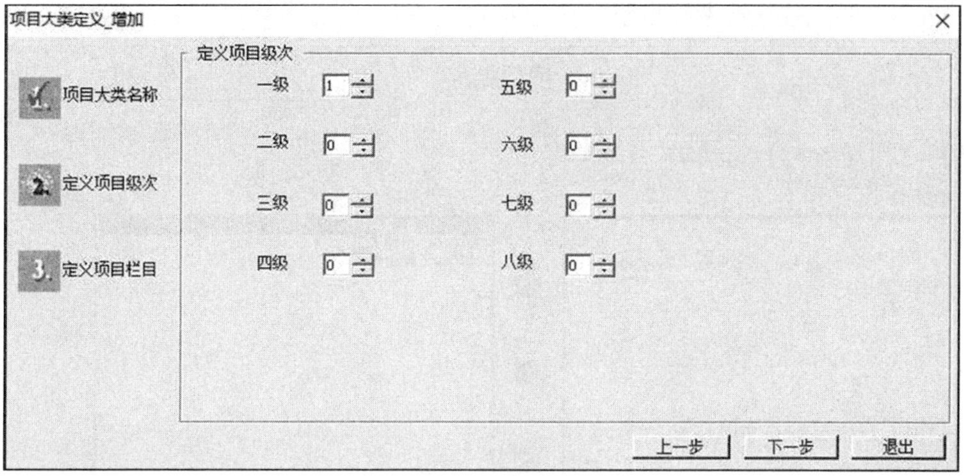

图 2－18　定义项目级次

（5）默认系统设置，单击“下一步”按钮，打开“定义项目栏目”对话框，如图 2－19 所示。

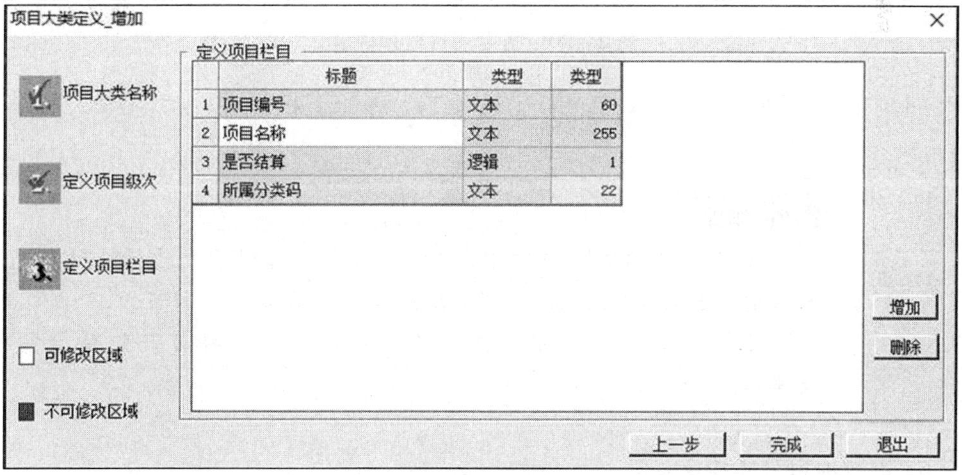

图 2－19　定义项目栏目

（6）在“定义项目栏目”对话框中，单击“完成”按钮，返回“项目档案”窗口。

2. 指定项目核算科目

（1）在“项目档案”窗口，单击“项目大类”栏的下三角按钮，选择“生产成本”项目大类。

（2）单击“核算项目”选项卡。

（3）单击“〉”按钮，将“直接材料”“直接人工”和“制造费用”科目从“待选科目”列表中选入“已选科目”列表，如图 2－20 所示。

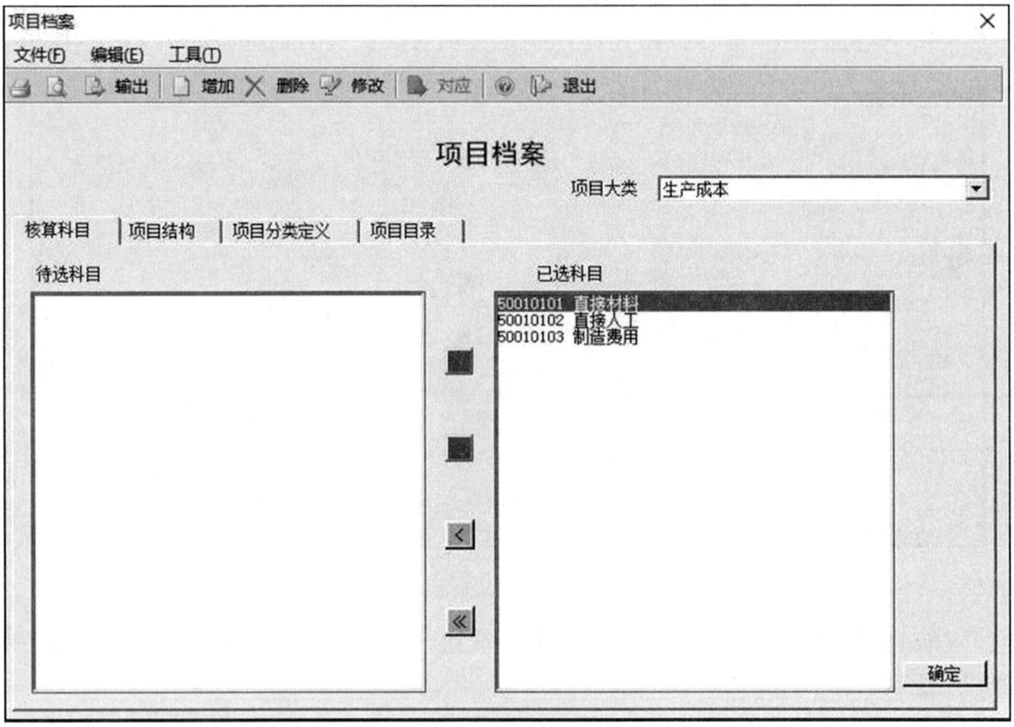

图 2－20 指定项目核算科目

（4）单击“确定”按钮。

任务操作提示

①“项目档案”窗口中，“核算项目”选项卡中的待选科目是指设置科目时选择了辅助核算中“项目核算”功能的所有科目。

②一个项目大类可以指定多个科目，一个科目只能核算一个项目大类。

3. 进行项目分类定义

（1）在“项目档案”窗口，单击“项目分类定义”选项卡。

（2）录入分类编码“1”、分类名称“自行开发项目”，单击“确定”按钮。同理，增加“委托开发项目”分类。

（3）单击“确定”按钮，如图 2－21 所示。

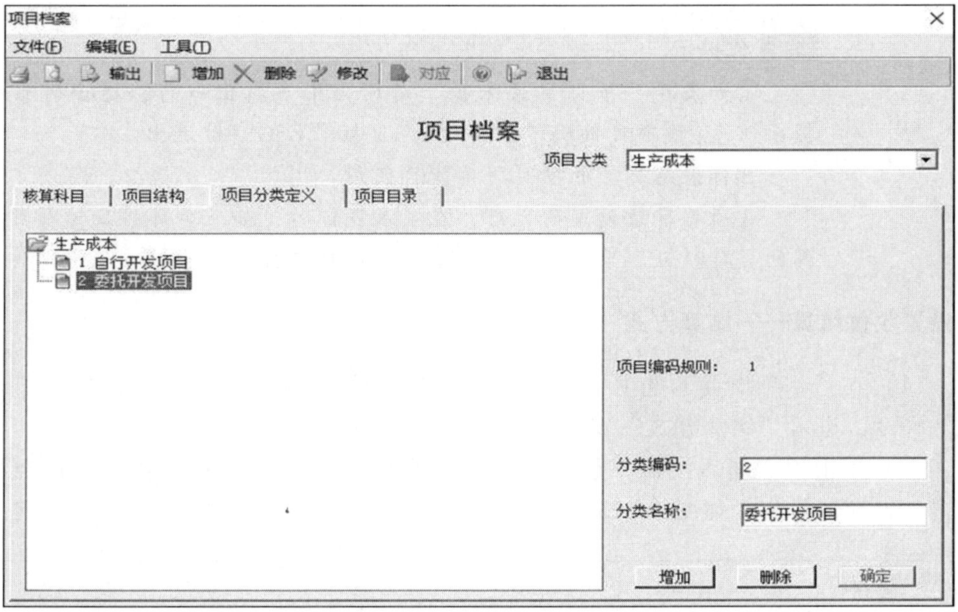

图 2－21 项目分类定义

任务操作提示

①为了便于统计，可对同一项目大类下的项目进一步划分，即定义项目分类。

②显示“已使用”标记的项目分类不能删除。

4. 项目目录维护

（1）在“项目档案”窗口，单击“项目目录”选项卡，单击“维护”按钮，进入“项目目录维护”窗口。

（2）单击“增加”按钮，录入项目编号“1”、项目名称“11 号项目”，单击“所属分类码”按钮，选择“自行开发项目”。同理，增加“22 号项目”，如图 2－22 所示。

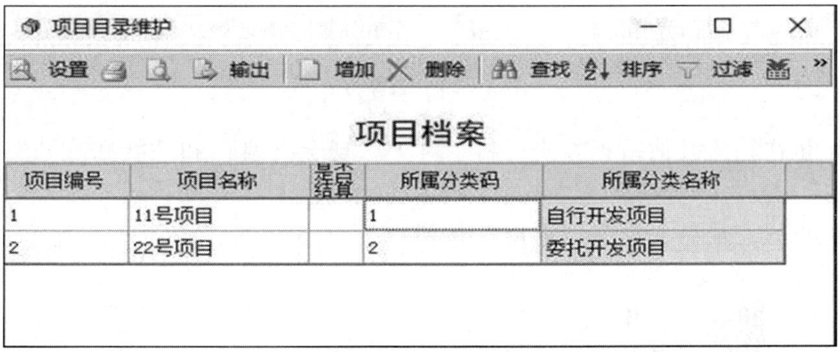

图 2－22 项目目录维护

（3）单击“退出”按钮。

任务操作提示

①如果在“项目目录维护”对话框中多拉出一行，退出时系统出现提示信息：“项目编码不能为空”，可按“ESC”键退出。

②标识结算后的项目将不能再使用。

③项目目录设置好之后，在录入凭证时，如果会计科目为项目辅助核算的会计科目，系统会自动提示输入项目名称。

十一、设置收付结算——结算方式

（1）在“基础设置”选项卡中，执行“基础档案”→“收付结算”→“结算方式”命令，进入“结算方式”窗口。

（2）单击“增加”按钮，录入结算方式编码“1”、结算方式名称“现金结算”，单击“保存”按钮，如图2－23所示。

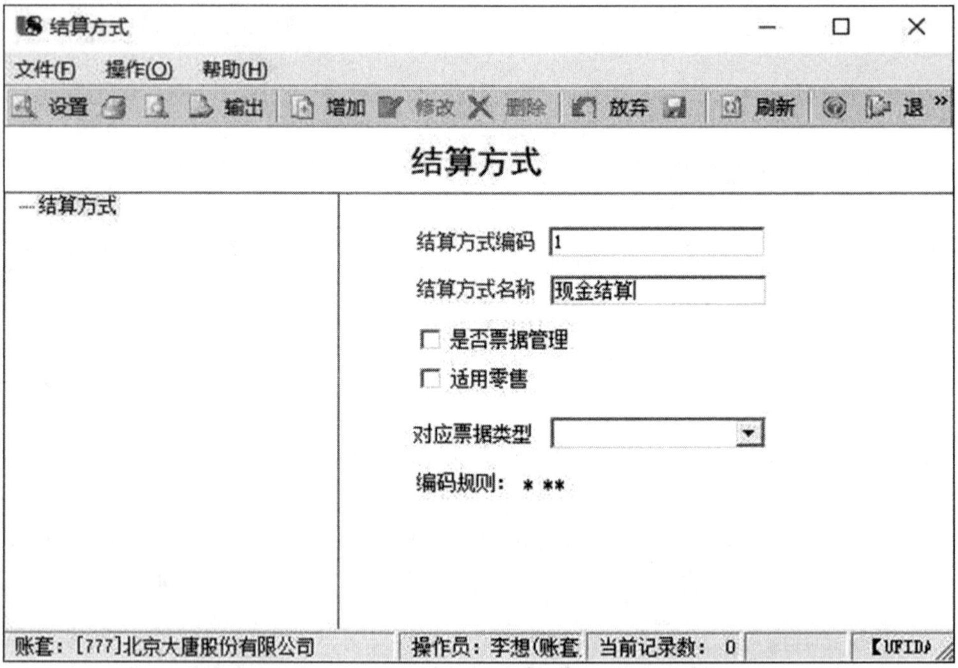

图2－23 结算方式

（3）依次输入其他结算方式资料。对于“现金支票”和“转账支票”要选“票据管理标志”。

（4）设置完成后，单击“退出”按钮。

任务操作提示

①如选中“是否票据管理”复选框，则在执行该种结算方式时，系统会提示记录发生该笔业务的票据信息，否则不提示。

②在总账系统中，结算方式将会在使用“银行账”类科目填制凭证时使用，并可作为银行对账的一个参数。

③结算方式必须符合编码规则。结算方式最多设置为两级。

④结算方式一旦被使用，不能进行修改和删除操作。

任务三 数据权限设置

工作实例

操作员“王欣”只具有应收账款、应付账款、其他应收款3个科目的明细账的查询权限。

业务操作

一、数据权限控制设置

（1）在企业应用平台“系统服务”选项卡中，执行“权限”→“数据权限控制设置”命令，进入“数据权限控制设置”对话框。

（2）在“记录级”列表中选择“科目”，单击“确定”按钮，如图2－24所示。

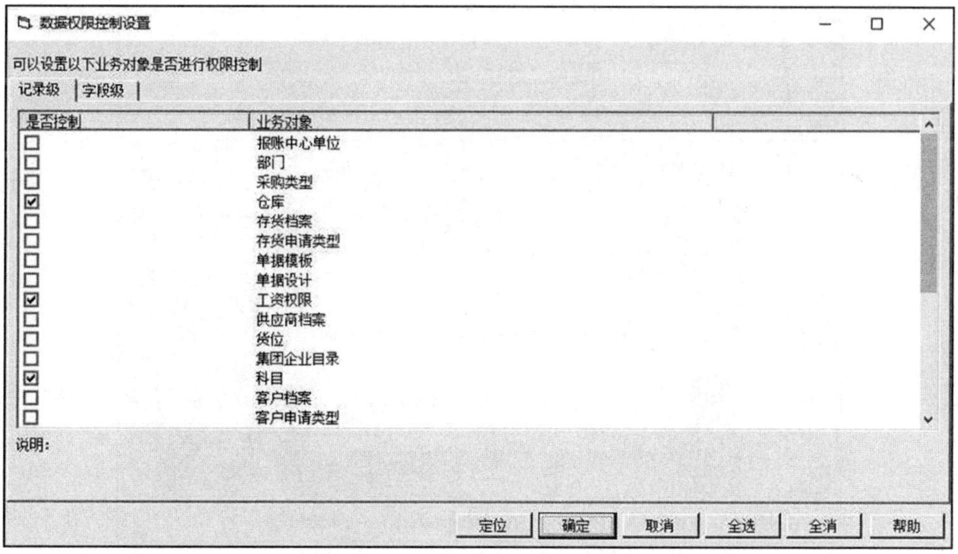

图2－24　数据权限控制设置

二、数据权限设置

(1) 在企业应用平台“系统服务”选项卡中，执行“权限”→“数据权限分配”命令，进入“权限浏览”窗口，从“用户及角色”列表中选择“105 王欣”，如图 2-25 所示。

图 2-25　权限浏览窗口

(2) 单击工具栏上的“授权”按钮，打开“记录权限设置”窗口。

(3) 分别将“应收账款”“其他应收款”和“应付账款”科目通过单击“〉”按钮，从“禁用”列表框中选入“可用”列表框中。

(4) 单击“保存”按钮，系统弹出“保存成功，重新登录门户，此配置才能生效!”信息框，如图 2-26 所示，单击“确定”按钮。

图 2-26　记录权限（科目）设置

任务操作提示

①用友的权限管理分为三个层次，即功能级权限、数据级权限和金额级权限，其中数据级权限和金额级权限统称为数据权限。

②数据权限分三个方面内容：一是数据权限控制设置；二是数据权限分配；三是金额权限分配。其中数据权限控制是数据权限设置的前提，只有进行了数据权限控制设置的科目或字段才可以进行数据权限设置。

③在“数据权限控制设置”窗口中有“记录级”和“字段级”两个标签，“字段级”主要用于GSP质量管理所需，“记录级”是会计核算和企业管理所需要控制的项目。

④必须在系统管理中定义角色或用户，并分配完功能级权限后才能进行数据权限设置。

3 项目三 总账系统

职业能力目标

通过本项目的学习，要求掌握总账系统的初始化、日常业务处理以及期末业务处理。

课程思政目标

培养学生数字经济背景下对数据作为一种重要资产的认知，提高财务数据处理的分析能力，以及能够勇于吃苦的劳动品质。

典型工作任务

（1）总账系统初始化选项设置和录入期初余额；
（2）总账系统日常业务中凭证处理和账簿管理；
（3）出纳管理的内容和处理方法；
（4）期末业务处理的内容和方法；
（5）往来管理和项目管理的基本内容和方法。

任务一 总账系统选项设置

工作实例

总账控制参数（见表3-1）。

表 3－1

选项卡	参数设置
凭证	制单序时控制 支票控制 赤字控制：资金及往来科目 赤字控制方式：提示
凭证	可以使用应收款、应付款科目 凭证编号方式采用系统编号
权限	允许修改、作废他人填制的凭证 出纳凭证必须由出纳签字 明细账查询权限控制到科目

业务操作

一、以账套主管“李想”（101）身份登录总账系统

（1）执行“开始”→“程序”→“用友 U8V10.1”→“企业应用平台”命令，弹出系统“登录”对话框，选择相关账套、操作员及操作日期登录进入企业应用平台。

（2）在企业应用平台“业务工作”选项卡中，执行“财务会计”→“总账”命令，打开总账系统，如图 3－1 所示。

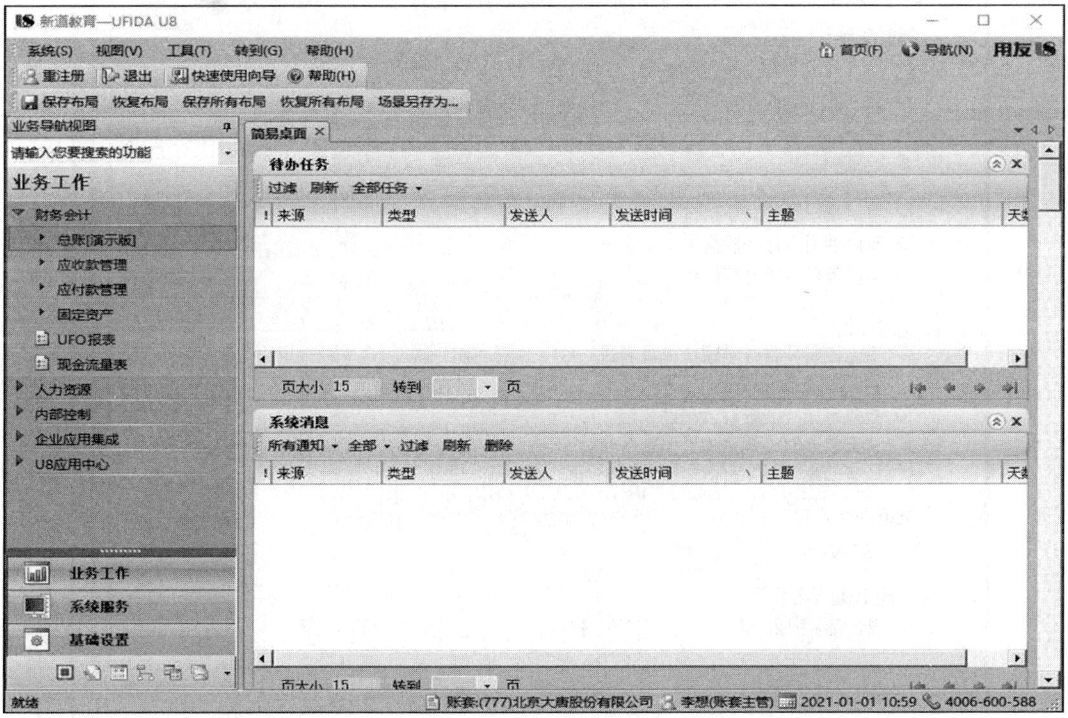

图 3－1　总账系统

任务操作提示

①如果在“财务会计”下没有显示“总账”系统，则表示该系统尚未启用，应先启用再注册（启动）。

②登录总账系统的操作员应是具有相应账套操作权限的操作员；系统管理员无权进入企业应用平台对任一账套进行操作。

③输入完操作员和密码后，如果账套显示栏为空白，单击后提示“读取数据源出错：口令不正确!”，应返回系统管理窗口检查该操作员密码并修改。

④操作日期必须在总账系统启用日期之后，否则系统会提示“不存在的年度”。

二、选项设置

（1）在总账系统中，单击“设置”→“选项”命令，打开“选项”对话框。

（2）单击“编辑”按钮，进入选项编辑状态。

（3）分别打开“凭证”“权限”“其他”选项卡，按照任务资料的要求进行相应的设置，如图 3－2 所示。最后单击“确定”按钮保存设置。

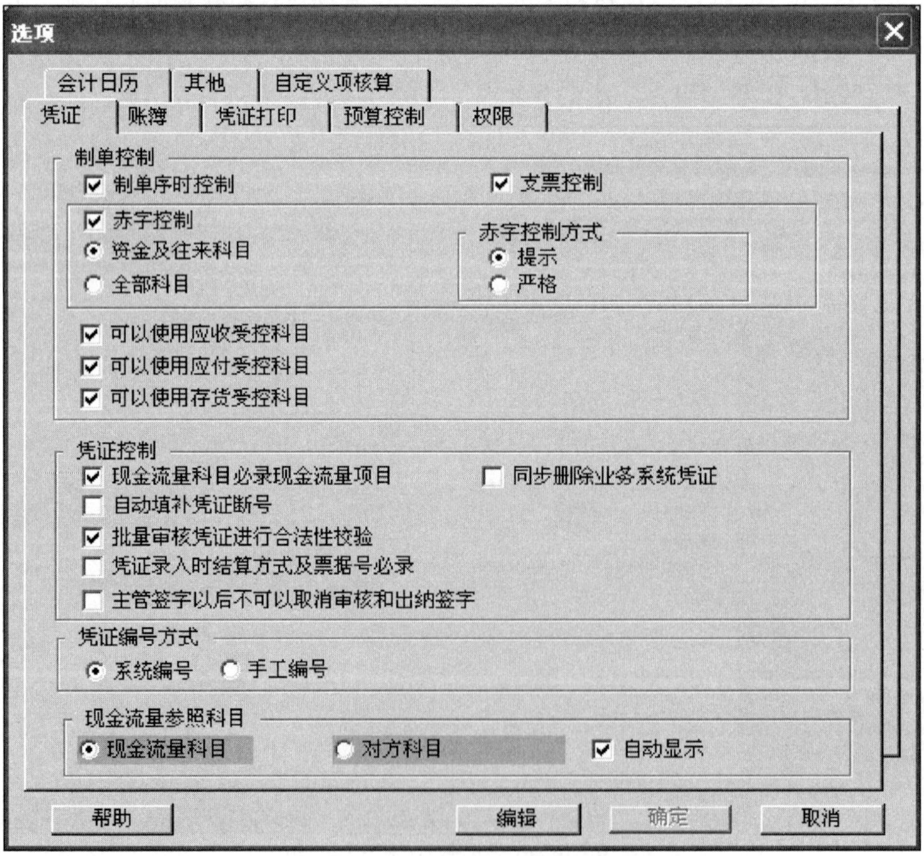

图 3－2 总账系统选项设置

主要选项说明：

（1）“凭证”选项卡：

①制单序时控制：选中该复选框，则制单日期只能由前往后填。例如，填制了2021年1月8日的凭证就不能再填制1月7日前的凭证。

②支票控制：选中该复选框，则在使用银行科目编制凭证时，如果录入了未在支票登记簿中登记的支票号，系统将提供登记支票登记簿的功能。

③赤字控制：表示在科目制单时如果最新余额出现负数，系统将予以提示；控制方式可以选择是显示提示还是严格控制（不能再制单）。

④可以使用应收、应付和存货受控科目：通常情况下，对于受控于其他系统的科目，为了防止重复制单，只允许其受控制系统使用此科目制单，总账系统则不能使用此科目制单。所以，如果需要在总账系统中使用这些科目制单，则应选是此复选框。

⑤现金流量科目必录现金流量项目：选中此复选框，则在录入凭证时如果使用现金流量科目则必须输入现金流量项目及金额，反之，则不选中。

⑥凭证编号方式：若选中“系统编号”，则凭证编号自动生成，不受人工干预。

（2）“账簿”选项卡：

①打印位数宽度：在此可定义正式账簿打印时各栏目的宽度。

②凭证、账簿套打：套打是用友公司专门为用友软件用户设计的，适合于用各种打印机输出管理用表单和账簿。

③明细账按年排页：全年账页统一排页，即只有一个第一页。若选择按月排页，则每月账页都从第一页开始排序。

（3）“凭证打印”选项卡：

①打印凭证的制单、出纳、审核、记账等人员姓名：若选中此项，系统会自动打印出这些操作员姓名，反之则不打印。

②凭证、正式账每页打印行数：此项设置决定输出的凭证和正式账页每页的行数。

（4）“权限”选项卡：

①制单权限控制到科目：选中此项，则在制单时，操作员只能使用具有相应制单权限的科目制单，这个功能要与“数据权限”中设置科目权限共同使用才有效。

②制单权限控制到凭证类别：选中此项，则在制单时，只显示此操作员有权限的凭证类别，这个功能要与“数据权限”中设置凭证类别权限共同使用才有效。

③操作员进行金额权限控制：选中此项，可以对不同级别的人员进行金额大小的控制，这个功能要与“数据权限”中设置金额权限共同使用才有效。

④凭证审核控制到操作员：选中此项，则只允许某操作员审核另外某个操作员填制的凭证，这个功能要与“数据权限”中设置用户权限共同使用才有效。

⑤出纳凭证必须经由出纳签字：选中此项，则要求现金、银行科目凭证必须由出纳人员核对签字后才能记账。

⑥允许修改、作废他人填制的凭证：选中此项，则允许操作员修改、作废他人

填制的凭证。如选择“控制到操作员”，则要与“数据权限”中设置用户权限共同使用才有效。

⑦可查询他人凭证：选中此项，则允许操作员查询他人填制的凭证。如选择“控制到操作员”，则要与“数据权限”中设置用户权限共同使用才有效。

⑧明细账查询权限控制到科目：这是权限控制的开关，在数据权限设置中设置明细账查询权限，必须在总账系统选项中打开此项，才能起到控制作用。

任务操作提示

总账系统的参数将决定总账系统的输入控制、处理方式、数据流向、输出格式等，设置后一般不能随意改变。

任务二 期初余额录入

工作实例

（1）北京大唐股份有限公司2021年1月会计科目及期初余额表（见表3-2）。

表3-2

科目编码	科目名称	方向	期初余额
1001	库存现金	借	80100.00
1002	银行存款	借	620000.00
100201	工行存款	借	620000.00
1012	其他货币资金	借	
1121	应收票据	借	99600.00
1122	应收账款	借	160000.00
1123	预付账款	借	67800.00
1131	应收股利	借	
1132	应收利息	借	
1221	其他应收款	借	18000.00
1231	坏账准备	贷	1000.00
1401	材料采购	借	
1403	原材料	借	349600.00
			6992公斤
1405	库存商品	借	335000.00

续表

科目编码	科目名称	方向	期初余额
140501	甲产品		225000.00
			1500 件
140502	乙产品		110000.00
			1000 件
1411	周转材料	借	84700.00
141101	包装物	借	74700.00
141102	低值易耗品	借	10000.00
1501	持有至到期投资	借	
1503	可供出售金融资产	借	
1511	长期股权投资	借	
1601	固定资产	借	7146000.00
1602	累计折旧	贷	519760.00
1604	在建工程	借	334000.00
1605	工程物资	借	
1606	固定资产清理	借	
1701	无形资产	借	76600.00
1801	长期待摊费用	借	
1901	待处理财产损溢	借	
190101	待处理流动资产损溢	借	
190102	待处理固定资产损溢	借	
2001	短期借款	贷	5116080.00
2201	应付票据	贷	
2202	应付账款	贷	174720.00
2203	预收账款	贷	
2211	应付职工薪酬	贷	76000.00
221101	应付工资	贷	56000.00
221102	应付社会保险	贷	20000.00
2221	应交税费	贷	51280.00
222101	应交增值税	贷	
22210101	进项税额	贷	
22210105	销项税额	贷	
22210103	转出未交增值税	贷	
22210109	转出多交增值税	贷	
222102	未交增值税	贷	43680.00
222106	应交所得税	贷	7600.00
2241	其他应付款	贷	6000.00

续表

科目编码	科目名称	方向	期初余额
2231	应付利息	贷	16000.00
2232	应付股利	贷	
2501	长期借款	贷	160000.00
2502	应付债券	贷	600000.00
4001	实收资本	贷	3000000.00
4002	资本公积	贷	
4101	盈余公积	贷	
4103	本年利润	贷	
4104	利润分配	贷	
410401	提取法定盈余公积	贷	
410402	提取任意盈余公积	贷	
410403	未分配利润	贷	
5001	生产成本	借	349440.00
500101	基本生产成本	借	349440.00
50010101	直接材料	借	203840.00
50010102	直接人工	借	93184.00
50010103	制造费用	借	52416.00
5105	制造费用	借	
6001	主营业务收入	贷	
6051	其他业务收入	贷	
6111	投资收益	贷	
6301	营业外收入	贷	
6401	主营业务成本	借	
6402	其他业务成本	借	
6403	营业税金及附加	借	
6601	销售费用	借	
6602	管理费用	借	
660201	工资费用	借	
660202	办公费用	借	
660203	折旧费用	借	
660204	其他费用	借	
6603	财务费用	借	
660301	利息支出	借	
660302	其他	借	
6711	营业外支出	借	
6801	所得税费用	借	
6901	以前年度损益调整	借	

（2）“应收票据（1121）”辅助账期初余额表（见表3－3）。

表3－3

日期	凭证号	客户	摘要	方向	金额	业务员
2020.12.28	转－32	精诚	赊销甲产品600件	借	99600	汪洋

（3）“应收账款（1122）”辅助账期初余额表（见表3－4）。

表3－4

日期	凭证号数	客户	摘要	方向	金额	业务员
2020.12.28	转－46	大洋	赊销甲产品1000件	借	160000	汪洋

（4）“其他应收款（1221）”辅助账期初余额表（见表3－5）。

表3－5

日期	凭证号数	部门名称	个人名称	摘要	方向	金额
2020.12.28	转－25	综合部	田伟	出差借款	借	18000

（5）“预付账款（1123）”辅助账期初余额表（见表3－6）。

表3－6

日期	凭证号数	客户	摘要	方向	金额	业务员
2020.12.31	转－50	立扬	购买材料	借	67800	李超

（6）“应付账款（2202）”辅助账期初余额表（见表3－7）。

表3－7

日期	凭证号数	供应商	摘要	方向	金额	业务员	票号	票据日期
2020.11.18	转－17	天昊	购买材料	贷	74720	李超	C51	
2020.12.31	转－20	美禄	购买材料	贷	100000	李超	H32	

（7）基本生产成本的金额为11号项目金额。

业务操作

（1）在总账系统中，执行“设置”→“期初余额”命令，进入期初余额录入窗口，如图3－3所示。

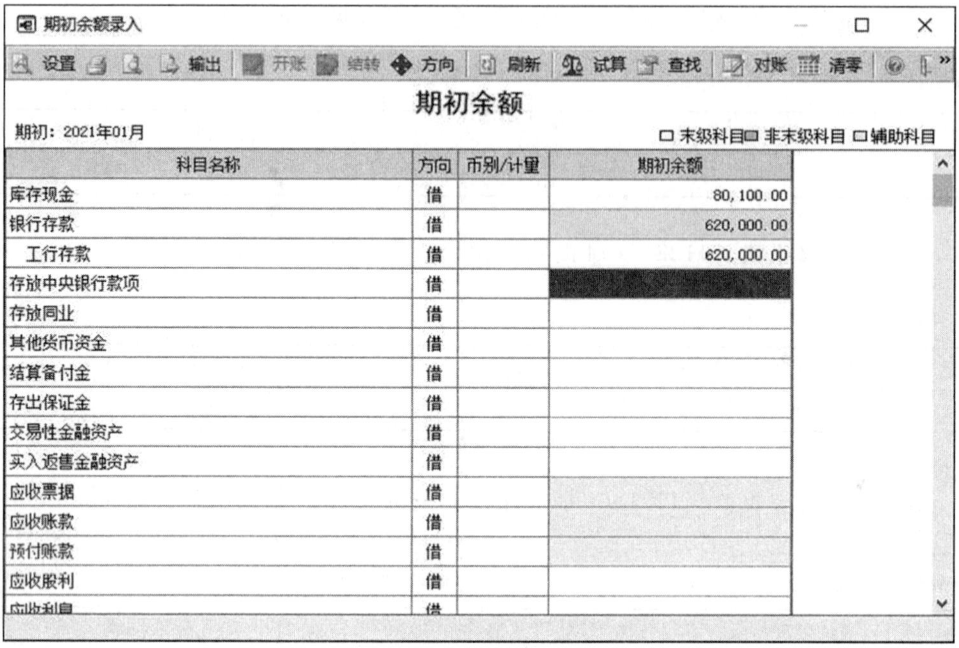

图 3－3　期初余额录入

（2）非辅助核算科目录入：直接输入末级科目的累计发生额和期初余额，如录入“银行存款——工行存款”620000。同理录入资料中“库存现金”“固定资产”“长期借款”等科目。

（3）辅助核算科目录入：设置了辅助核算的科目，其累计发生额可直接输入，但期初余额录入时，应双击“期初余额”栏，进入“辅助期初余额”窗口。在该窗口中单击“往来明细”按钮，进入“期初往来明细”窗口。单击“增行”按钮，录入辅助核算的明细期初数据，如“应收票据”科目；根据实训资料，在“日期”选择“2020－12－28”，在“凭证号”栏选择“转－32”，在“客户”栏选择“精诚”，在“业务员”栏选择“汪洋”，在“摘要”栏录入“赊销甲产品600件”，在“金额”栏录入99600，如图3－4所示。

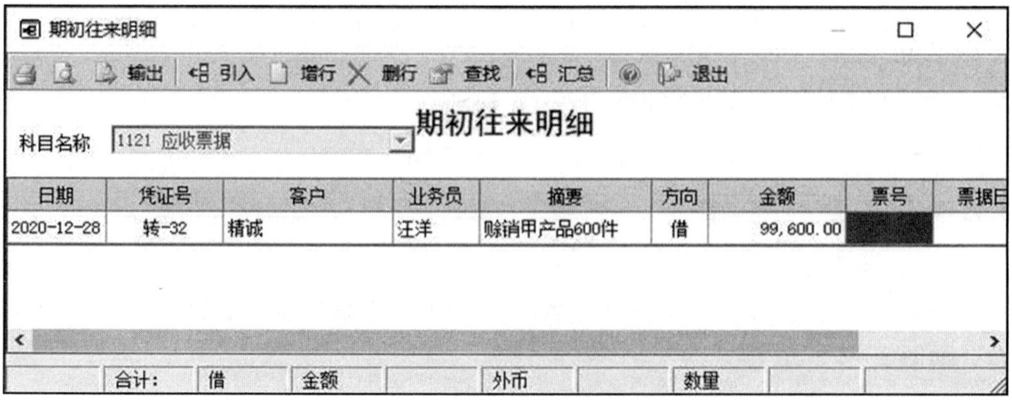

图 3－4　期初往来明细录入

（4）单击“汇总”按钮，提示“完成了往来明细到辅助期初表的汇总!”。单击“确定”后，再单击“退出”按钮。

（5）同理，录入其他带辅助核算的科目余额。

（6）单击“试算”按钮，系统进行试算平衡。试算结果如图 3 – 5 所示。

（7）单击“确定”按钮。

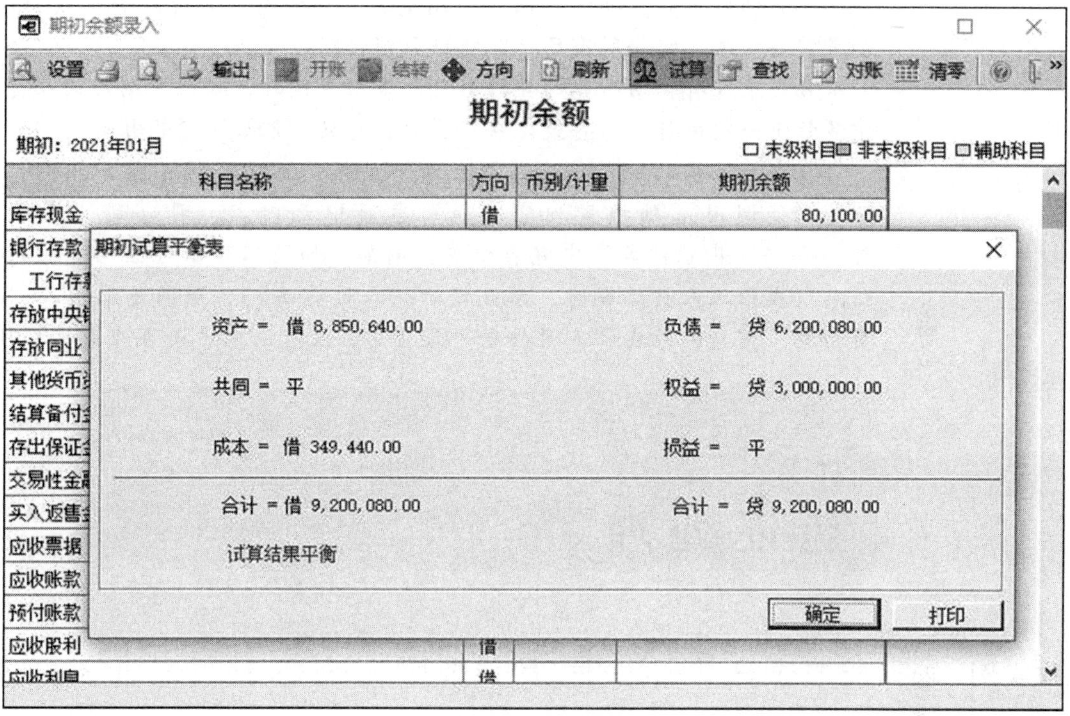

图 3 – 5　期初试算平衡

任务操作提示

①录入期初余额时，“期初余额”栏会显示 3 种颜色。其中，白色代表“末级科目”，灰色代表“非末级科目”，黄色代表“辅助核算科目”，需要采用不同的方法进行录入。操作员只需录入末级科目的余额，非末级科目的余额由系统自动计算生成；辅助核算科目，在录入期初余额时必须录入辅助核算的明细内容，而修改时也应修改明细内容。

②如果要修改余额的方向，可以在未录入余额的情况下，单击“方向”按钮加以改变。已经录入期初余额的，则不能调整余额方向，必须删除期初余额后，才可进行调整。

③总账科目与其下级科目的方向必须一致。如果所录明细余额的方向与总账余额方向相反，则可用“ – ”表示。

④如果某一科目有数量（或外币）核算的要求，录入余额时还应输入该余额的数量（或外币金额）。

⑤如果是在年中某月建账，则需要录入启用月份的月初余额及其年初到该月的借贷方累计发生额，而年初余额由系统根据月初余额及借贷方累计发生额自动计算生成。

⑥系统只能对月初余额的平衡关系进行试算，而不能对年初余额进行试算。如果期初余额试算不平衡，系统将不允许记账，但可以填制凭证。

⑦凭证记账后，期初余额变为浏览、只读状态，只可以查询或打印。如果需要修改，需将所有已记账凭证取消记账。

⑧当录入有辅助核算的会计科目的期初余额时，如果在期初录入窗口中多拉出一空白行，而导致无法退出时，可按“ESC”键退出。

⑨在录入辅助核算科目期初余额时，部分栏目可利用右下角的“参照”功能调用基础档案内容，如果参照中无内容，则应到“基础设置”——“基础档案”中完善信息。例如：如果不显示对应的个人档案信息（或录入人员编码时，系统提示“人员非法”），原因是未录入“人员档案”信息，或在“人员档案”设置中，没有选中“是否业务员”项。

任务三
凭证处理

工作实例

（1）常用摘要（见表3-8）。

表3-8

摘要编码	摘要内容
1	购买办公用品
2	购买材料
3	生产领料
4	报销差旅费
5	销售商品

（2）2021年1月北京大唐股份有限公司发生以下经济业务：

①7日，收到罚没收入3000元。

借：库存现金　　3000.00

　　贷：营业外收入　　3000.00

②7日，市场部供应处购买600元的办公用品，以现金支付，附单据一张。

借：管理费用——办公费用　　600.00

　　贷：库存现金　　600.00

③7 日，市场部供应处（李超）交来沈阳立扬公司开具的增值税专用发票一张，发票列明材料 2000 公斤，单价 20 元/公斤，增值税 5200 元，材料已验收入库。电汇（票号 DH1234）价税款 45200 元。

借：原材料　　40000.00

　　应交税费——应交增值税——进项税额　　5200.00

　　贷：银行存款——工行存款　　45200.00

④8 日，供应处从山西美禄公司购进的 4000 公斤材料已到，单价 20 元/公斤，款项转账支票（票号 zz1234）支付。

借：原材料　　80000.00

　　应交税金——应交增值税——进项税额　　10400.00

　　贷：银行存款——工行存款　　90400.00

⑤10 日，车间为生产 11 号项目领用原材料 200 公斤，单价 20 元/公斤。

借：生产成本——基本生产成本——直接材料　　4000.00

　　贷：原材料　　4000.00

⑥15 日，综合部田伟出差归来，报销差旅费 18000 元。

借：管理费用　　18000.00

　　贷：其他应收款（田伟）　　18000.00

⑦20 日，销售处根据供货合同销售给天津中海公司一批甲产品 2000 件，销售单价 100 元（增值税税率为 13%）。价税款全部收回，转账支票（票号 zz2345）存入银行。

借：银行存款——工行存款　　226000.00

　　贷：主营业务收入　　200000.00

　　　　应交税费——应交增值税——销项税额　　26000.00

⑧20 日，收到大洋公司前欠货款 160000 元，以转账支票形式支付（票号 zz6513）。

借：银行存款——工行存款　　160000

　　贷：应收账款　　160000

（3）常用凭证设置：

使用常用凭证设置：从银行提取现金 200 元；

摘要：从工行提现金；

凭证类别：付款凭证；

结算方式：现金支票；

科目编码：1001 和 100201。

（4）常用凭证生成：从银行提取现金 200 元。

（5）修改 1 号付款凭证，金额为 400 元。

（6）对本月凭证进行处理。

（7）删除第 1 号收款凭证、第 3 号、第 4 号付款凭证出纳签字、审核。

（8）对本月凭证记账处理。

（9）冲销第 1 号付款凭证。

业务操作

一、设置常用摘要

（1）在企业应用平台“基础设置”选项卡中，执行“基础档案”→“其他”→“常用摘要”命令，进入“常用摘要”对话框。

（2）单击“增加”按钮，在摘要编码栏录入“1”，在摘要内容栏录入“购买办公用品”，继续单击“增加”按钮，录入实训资料其他内容，如图3－6所示。

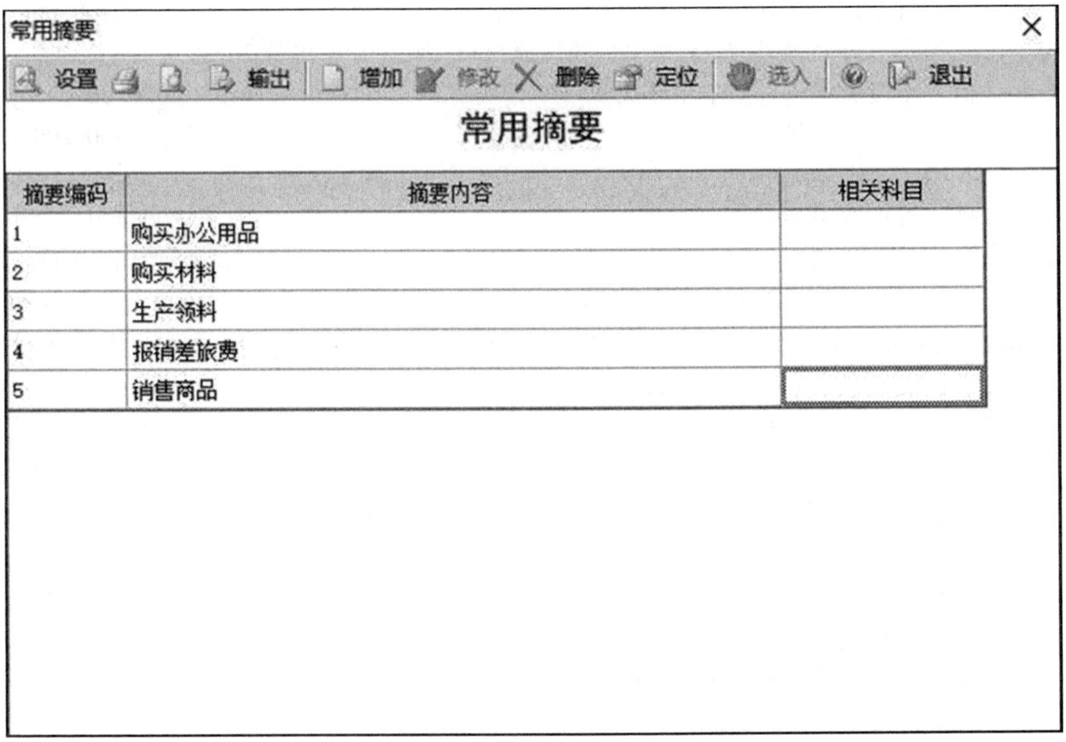

摘要编码	摘要内容	相关科目
1	购买办公用品	
2	购买材料	
3	生产领料	
4	报销差旅费	
5	销售商品	

图3－6　设置常用摘要

（3）单击“退出”按钮。

任务操作提示

①账套主管有权限设置常用摘要。一般操作员需要在“系统管理”中进行“常用摘要”功能权限设置后，方可进行此项操作，如图3－7所示。

②设置常用摘要后，可以在填制凭证时调用，以提高凭证的录入速度。但是制单人员也必须具有“常用摘要”功能权限。设置方法

同图3-7。

③常用摘要的“相关科目”是指使用该摘要时通常使用的相关科目。如果设置相关科目，则在调用该常用摘要时系统会将相关科目一并列出，可以修改，也可以不设置。

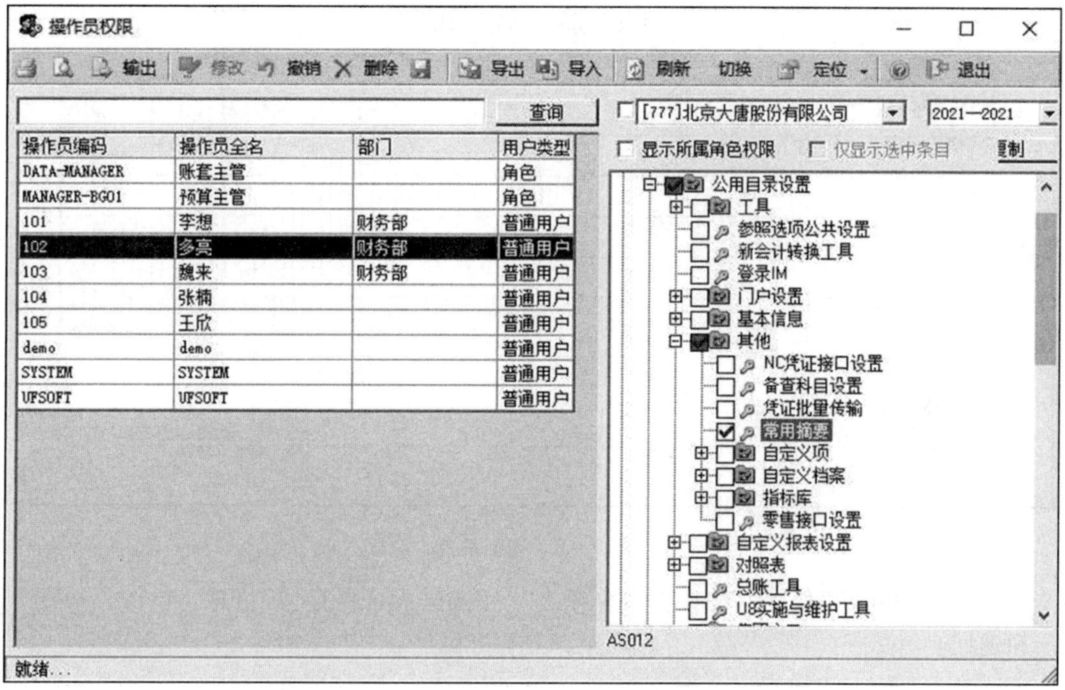

图3-7 设置常用摘要功能权限

二、填制记账凭证

1. 业务1：无辅助核算业务

（1）以“101”号操作员身份注册进入企业应用平台。若已经以其他操作员进入企业应用平台，则需单击左上角“重注册”按钮。

（2）选中“业务工作”选项卡中，执行“总账”→“凭证”→“填制凭证”命令，进入“填制凭证”窗口。

（3）单击“增加”按钮或者按F5快捷键。

（4）单击凭证类别的参照按钮，选择“收款凭证”。

（5）修改凭证日期为“2021.01.07”。

（6）在摘要栏直接录入“收到罚没收入”。

（7）在“科目名称”栏录入科目名称“库存现金”，或者录入科目代码“1001”，或者单击参照按钮（或按F2快捷键），选择资产类科目“1001库存现金”。

（8）在“借方金额”栏录入“3000”。

（9）按回车键复制上一行摘要，在“科目名称”栏录入科目名称“营业外收入”，或者录入科目代码“6301”，或者单击参照按钮（或按F2快捷键），选择损益类科目

"6301 营业外收入"。

(10) 在"贷方金额"栏录入"3000",或者直接按"="键,进行借贷自动平衡,如图 3-8 所示。

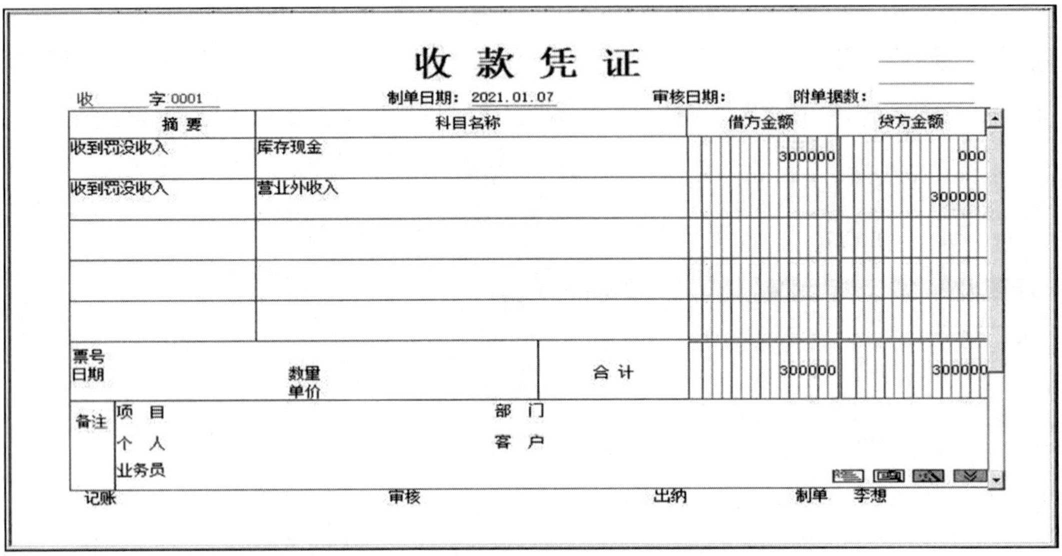

图 3-8 凭证填制

(11) 单击"保存"按钮,系统弹出"凭证已成功保存!"信息,单击"确定"按钮返回。

任务操作提示

①填制凭证时,应首先检查当前操作员是否为财务分工中应该进行制单的操作员,否则应以重注册方式进行更换。

②凭证日期应大于等于总账系统启用日期,并小于等于计算机系统日期。如果录入日期后系统提示"日期不能超前建账日期",则需要在"基础设置"选项卡"基本信息"——"系统启用"中检查总账启用日期;如果录入日期后系统提示"日期不能滞后系统日期",则需要检查计算机的系统日期。

③凭证体中不同行的摘要可以相同也可以不同,但不能为空。每行摘要将随相应的会计科目在明细账、日记账中出现。

④输入的科目名称或科目编码必须是最末级科目。

⑤分录中的金额不能为零,但可以为红字,即如果金额是负数,则在金额处按"-",系统会显示金额为红字,但打印凭证时,该金额前会打印出"-"字样。如果凭证的金额录错了方向,可以按"空格"键改变借贷方向。

⑥系统在总账选项中设置每页凭证可以有 5 行,当某张凭证超过 5 行时,系统将自动在凭证号后标上几分之一,如付-0001 号 0002/0003 表

示为付款凭证第 0001 号凭证共有 3 张分单，当前光标所在分录是在第二张分单上。

⑦凭证填制完成后，在未审核前可以直接光标定位进行修改。

⑧凭证填制完成后，可以单击“保存”按钮保存凭证，也可以单击“增加”按钮保存并新增一张空白凭证。保存凭证时，如果借贷不平，系统会给出提示，并不予保存。凭证一旦保存，其凭证类别、凭证编号将不能再修改。

⑨如果在设置凭证类别时已经设置了不同种类凭证的限制类型及限制科目，则在填制凭证时，如果凭证类别选择错误，在保存凭证时，系统会提示凭证不能满足的条件，此时应根据业务类型重新选择凭证类别或修改凭证类别字的设置。

2. 业务 2：辅助核算业务——部门核算

（1）参照业务 1 凭证填制过程，录入本业务凭证头信息。

（2）在摘要栏直接录入“购买办公用品”，或者在摘要栏录入“1”，按回车键调用第 1 号常用摘要，或者单击摘要栏参照按钮，选入第 1 号常用摘要。

（3）在“科目名称”栏录入科目名称“管理费用——办公费用”，或者录入科目代码“660202”，或者单击参照按钮（或按 F2 快捷键），选择损益类科目“660202 管理费用——办公费用”。

（4）按回车键，出现“辅助项”对话框，单击参照按钮，选择“供应处”或直接录入供应处的编码“0401”，如图 3－9 所示，单击“确定”按钮。

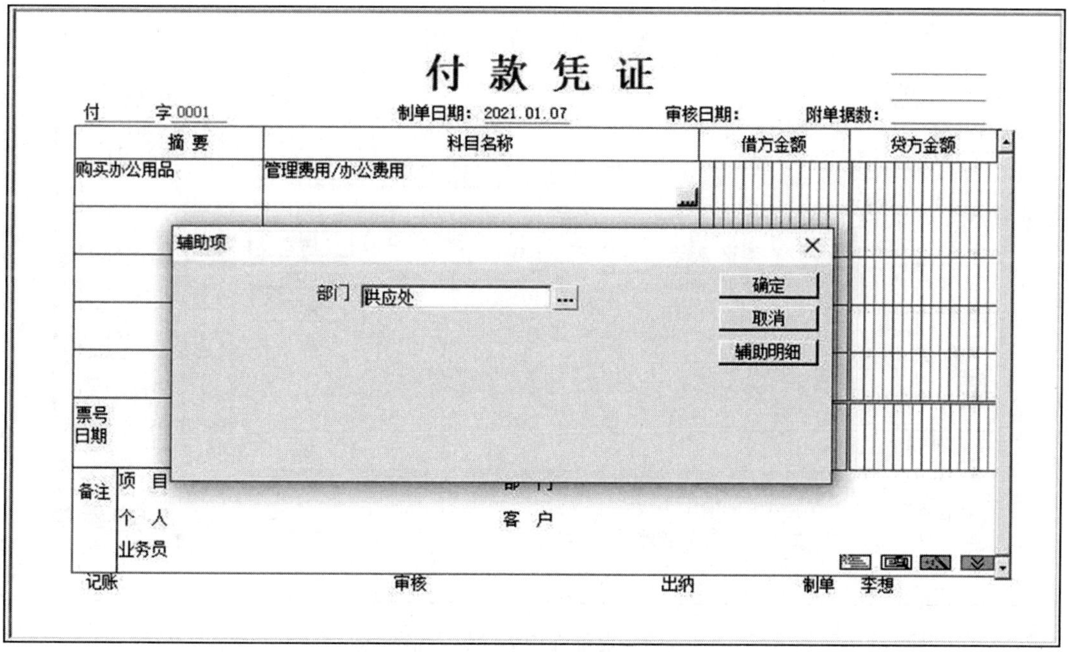

图 3－9　部门辅助核算信息录入

（5）其余录入过程同业务1，单击“保存”按钮，系统弹出“凭证已成功保存！”信息，单击“确定”按钮返回。

任务操作提示

①只有对科目设置了辅助核算，在填制凭证时输入该科目，系统才弹出“辅助项”窗口。

②在填制凭证时如果使用设置了辅助核算的会计科目，则除了录入金额信息，还应录入其辅助信息。如果空过辅助信息，仍可继续操作，不显示出错信息，但不能查询到辅助项的相关资料。

③如果单击辅助项窗口的参照按钮后，无法查看部门信息，有可能是基础档案中部门信息没录入，此时应先完善部门档案后再选择；或者是该操作员没有“部门”查询的权限，此时应在数据权限设置中进行相应设置。

3. 业务3：辅助核算业务——数量金额辅助核算

（1）参照业务1凭证填制过程，录入本业务凭证体信息及摘要栏信息。

（2）在凭证体第一行录入科目名称“原材料”，或者录入科目代码“1403”，弹出“辅助项”对话框。输入数量“2000”，单价“20”，单击“确定”按钮。如图3－10所示。系统会自动将金额信息显示在凭证体借方栏，所录信息会显示在凭证体下方。

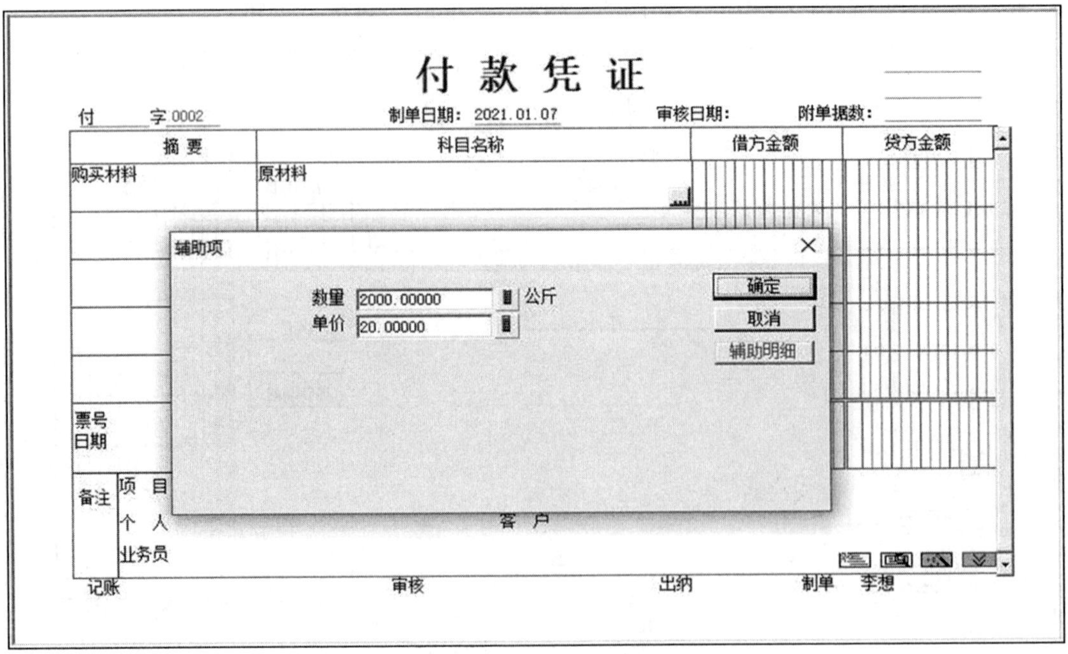

图3－10 数量金额辅助核算信息录入

（3）回车，录入下一行“应交税费——应交增值税进项税额”、借方金额“5200”后，回车录入下一行，科目“100201”，回车弹出“辅助项”结算方式为“3”，票号为“DH1234”，单击“确定”按钮，如图3－11所示。

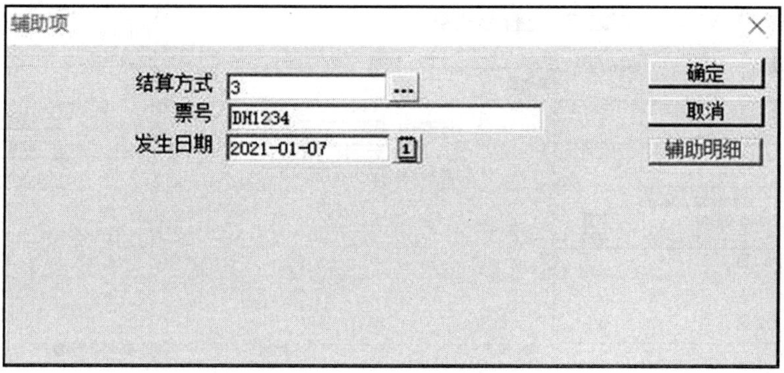

图3－11　银行存款辅助项录入

（4）其余录入过程同业务1。

任务操作提示

①只有对科目设置了数量金额核算，在填制凭证时输入该科目，系统才弹出输入数量和单价的“辅助项”窗口。

②数量、单价和金额信息三者只能输入二者，系统会自动计算第三个信息，否则可能会出现因为小数四舍五入原因出现总账和明细账数据不平现象。

③如果空过辅助信息，仍可继续操作并保存凭证，不显示出错信息，但有可能导致数量金额核算科目对账不平。

4. 业务4：辅助核算业务——银行账辅助核算

（1）参照业务3凭证填制过程，录入本业务凭证头信息、摘要栏信息及借方“原材料”科目、“应交税费——应交增值税——进项税额”科目及金额信息。

（2）在凭证体第三行录入科目名称“银行存款——工行存款”，或者录入科目代码“100201”，或者单击“参照”按钮（或按F2快捷键），选择资产类科目“100201银行存款——工行存款”。

（3）按回车键，出现“辅助项”对话框，在“结算方式”栏单击“参照”按钮，双击“转账支票”或直接录入转账支票的编码“202”；在“票号”栏录入“zz1234”，单击“确定”按钮，如图3－12所示。

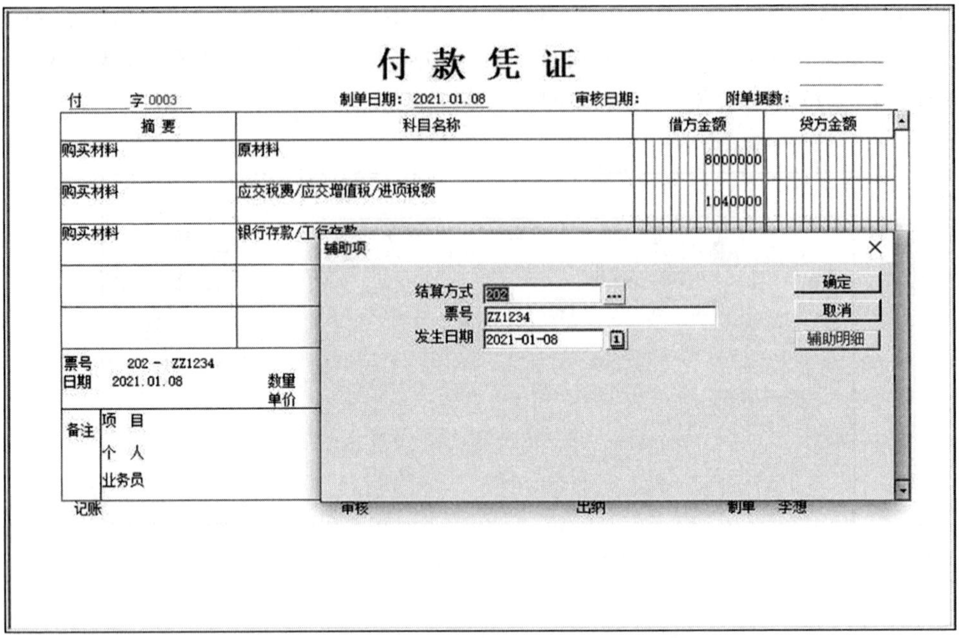

图 3 - 12 银行账辅助核算信息录入

（4）凭证输入完成后，若此张支票尚未登记，则系统弹出“此支票尚未登记，是否登记?”对话框。

（5）单击“是”按钮，弹出“票号登记”对话框。

（6）输入领用日期“2021 - 01 - 08”，领用部门“供应处”，限额“90400”，用途“购材料”等内容，如图 3 - 13 所示，单击“确定”按钮。所登记内容在支票登记簿中可查看。凭证自动保存。

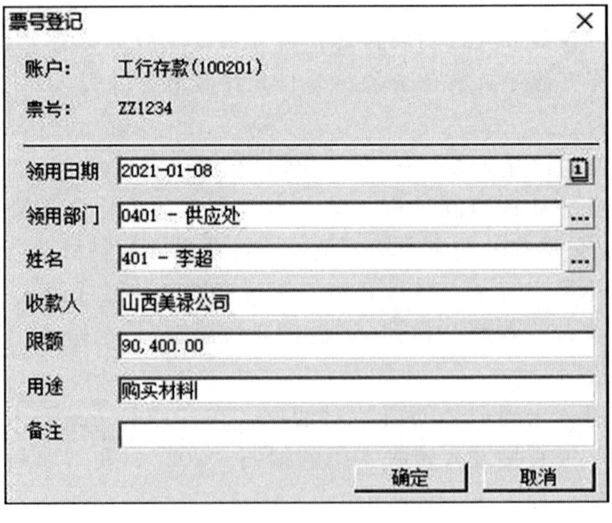

图 3 - 13 支票登记窗口

任务操作提示

①凡是涉及“银行账”科目，均应输入结算方式及票据号，否则将导致期末无法与银行账对账。如果系统未弹出提示输入结算方式、票据号等内容的“辅助项”窗口，说明在科目设置时，未在有关“银行存款”科目中选中“银行账”复选框。

②“结算方式”栏参照内容是共享基础档案设置中的内容，如果无内容或内容不全，应先在基础档案中完善后再选择。

③如果在对已领用支票报销制单前，已经在支票登记簿登记过，则此处不要进行“票号登记”，系统只是在支票登记簿报销日期自动填上凭证制单日期“2021－01－08”。

5. 业务5：辅助核算业务——项目辅助核算

（1）参照业务1凭证填制过程，录入本业务凭证头信息及摘要栏信息。

（2）在凭证体第一行录入科目名称“生产成本——基本生产成本——直接材料”，或者录入科目代码“50010101”，或者单击“参照”按钮（或按F2快捷键），选择成本类科目“50010101 生产成本——基本生产成本——直接材料”，弹出“辅助项”对话框。

（3）输入项目名称“11号项目”，单击“确定”按钮，如图3－14所示。

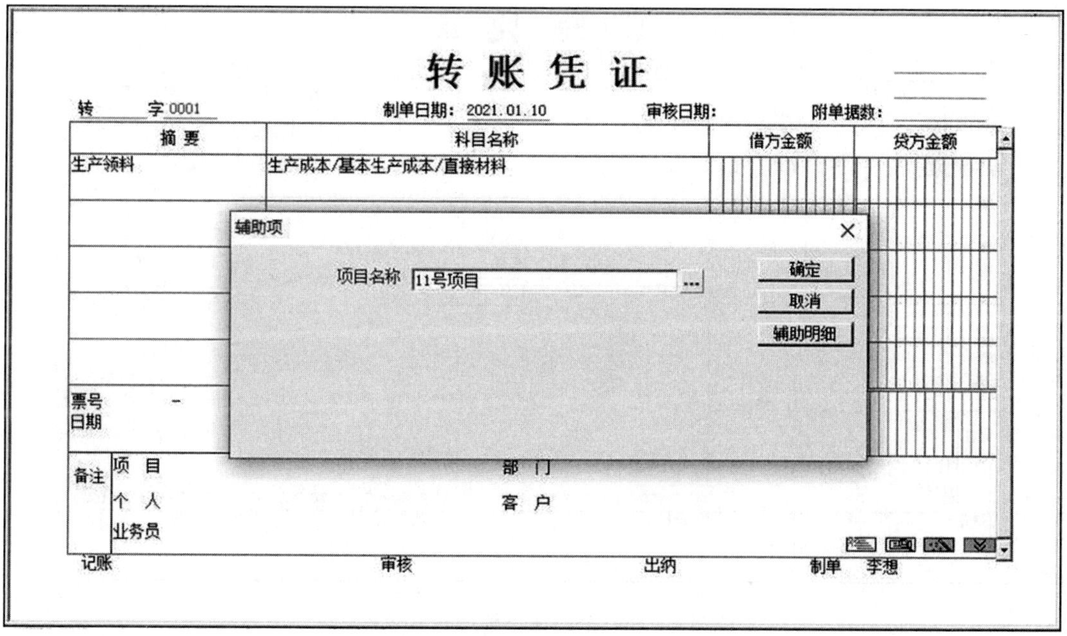

图3－14　项目辅助核算信息录入

（4）在凭证体第二行录入科目名称“原材料”，或者录入科目代码“1403”，弹出“辅助项”对话框。输入公斤“200”，输入单价“20”，单击“确定”按钮。金额出现在借方按空格键，金额移至贷方。

（5）单击“保存”按钮，保存该凭证。

任务操作提示

①录入项目核算信息的前提是已经在基础档案中进行了项目大类、项目核算科目、项目目录维护等设置。

②对生产成本数据在录入时及时归集到所对应的科目，便于准确快捷计算完工产品和在产品生产成本。

③此处的原材料单价“20”元可以通过查询原材料数量金额明细账（包含未记账凭证）获取。如果企业领用原材料是用加权平均法，也可以在原材料数量金额明细账中查看系统自动算出的加权平均单价。

6. 业务6：辅助核算业务——个人往来辅助核算

（1）参照业务1凭证填制过程，录入本业务凭证头信息及摘要栏信息。

（2）在凭证体第一行录入科目代码“660204”，回车后，录入部门“综合部”，单击“确定”按钮。在借方金额栏录入“18000”。

（3）在凭证体第二行录入科目名称“其他应收款”，或者录入科目代码“1221”，系统弹出“辅助项”对话框。录入或选择部门“综合部”，个人“田伟”，如图3－15所示。

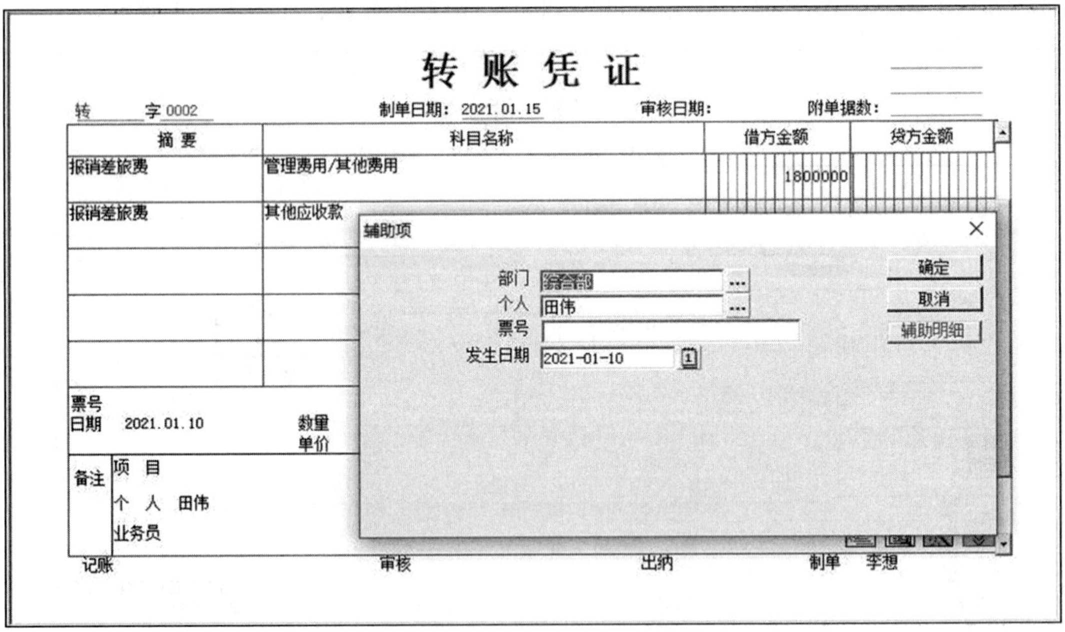

图3－15 个人往来辅助核算录入

（4）单击“确定”按钮，并保存凭证。

7. 业务7、8：操作方法同上述业务，不再赘述。

三、常用凭证的设置与调用

（1）在“填制凭证”界面，按所给任务资料，先填制一张工行提现凭证执行“凭证”→“常用凭证”，单击“增加”，编码输入“1”，说明输入“从工行提现金”，凭证类别为“付款凭证”，单击“详细”，单击“增分”，增加一条分录，录入科目名称“1001”，借方金额录入“200”，单击“增分”，录入下一行，科目为“100201”，回车后录入“结算方式”为“现金支票”，单击“确定”，贷方金额输入“200”，单击“退出”，如图 3－16 所示。

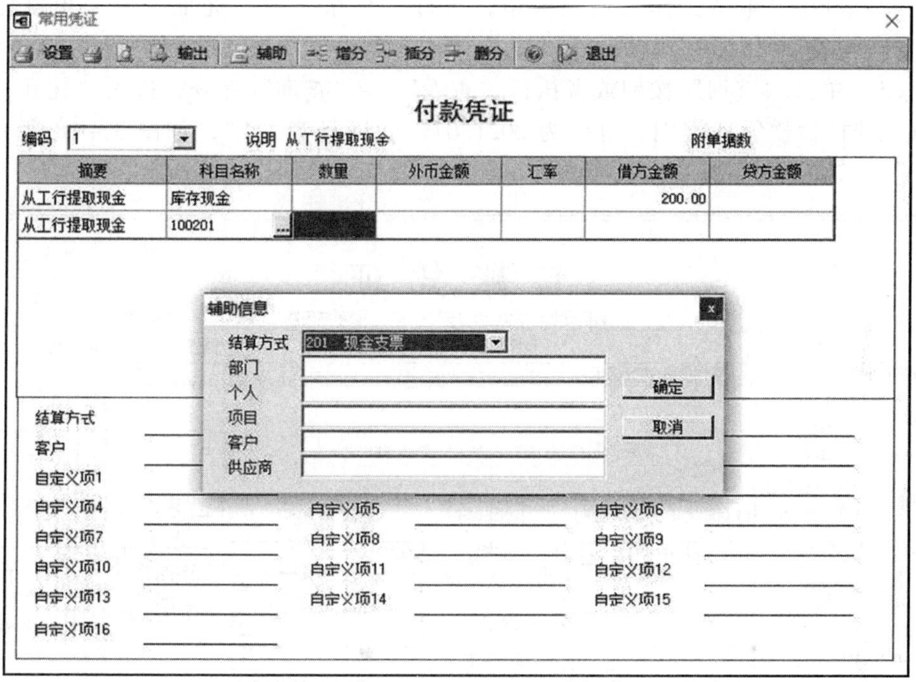

图 3－16　常用凭证生成

（2）在“填制凭证”界面，单击“常用凭证”→“调用常用凭证”命令，系统弹出“调用常用凭证”对话框，输入代码“1”，单击“确定”按钮系统即自动生成一张提现凭证，如图 3－17 所示。操作员可根据业务日期和金额对所生成凭证进行修改，然后保存。

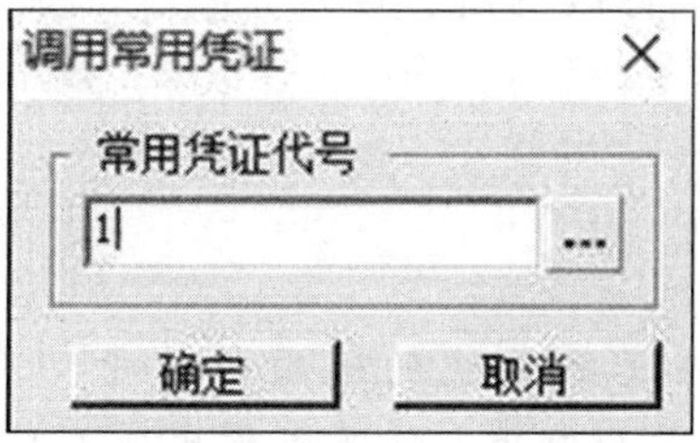

图 3－17　常用凭证调用

任务操作提示

对于每月重复发生的会计业务，如果其借贷方对应科目不变，只是每次业务日期和金额有可能变化，可利用常用凭证功能，一次生成，多次调用，提高凭证录入速度。

四、修改第 1 号付款凭证——无痕迹修改

（1）以“101”号操作员身份注册进入企业应用平台。

（2）选中“业务工作”选项卡中，执行“总账”→“凭证”→“填制凭证”命令，进入“填制凭证”窗口。

（3）单击“查询”按钮或者执行“查看”→“查询”命令，进入“凭证查询”对话框。选择付款凭证类别，月份为 2021.01，凭证号为“1”，如图 3－18 所示。单击“确定”按钮，系统即显示需要修改的付款 1 号凭证。

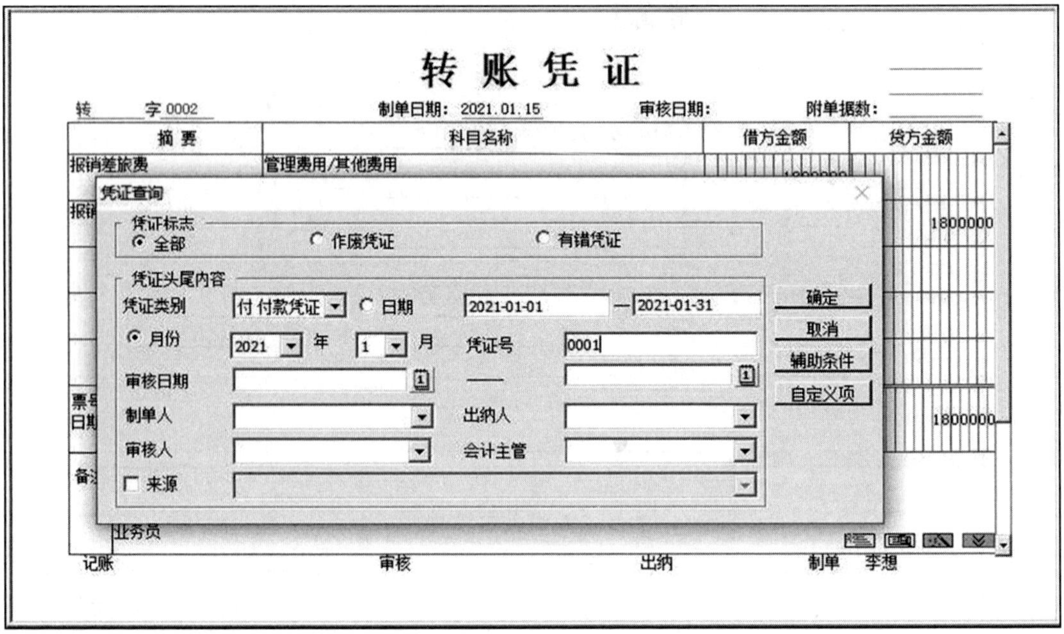

图 3－18 凭证修改

（4）将光标定位在需要修改的借、贷方金额栏，将“600”改为“400”，保存凭证即可。

任务操作提示

①如果在总账系统的选项中选中“允许修改、作废他人填制的凭证”，则可由非原制单人修改或作废他人填制的凭证，被修改凭证的制单人将被修改为现在修改凭证的人。

②如果在总账系统的选项中没有选中“允许修改、作废他人填制的凭证”，则只能由原制单人修改或作废他人填制的凭证。

③对于未由出纳签字或审核人签字的凭证，可以在填制凭证界面直接进行光标定位修改。但是凭证类别不能被修改；凭证日期修改后，如果已

采用制单序时控制，则在修改制单日期时，不能在上一张同类凭证的制单日期之前。

④如果已经由出纳或审核人签字的凭证出错需要修改，则须先取消签字后再进行修改。

⑤凭证的辅助项内容如果有错误，可以在单击含有错误辅助项的会计科目后，将鼠标移到错误的辅助项信息处，当出现“笔头状光标”时双击此处，弹出辅助项录入窗口，直接修改辅助项的内容，或者按 CTRL + S 键调出辅助项录入窗口后修改。

⑥外部系统传递到总账系统的凭证，不能在总账系统中修改，只能在生成该凭证的系统中进行修改。

⑦对于尚未记账的凭证进行修改，在系统中没有留下痕迹，因此又称为“无痕迹修改”。

五、出纳签字与取消签字

1. 出纳签字

（1）以“103”号操作员身份注册进入企业应用平台。若已经以其他操作员身份进入企业应用平台，则需单击左上角“重注册”按钮。

（2）选中“业务工作”选项卡中，执行“总账”→“凭证”→“出纳签字”命令，进入“出纳签字”查询条件对话框，如图 3－19 所示。也可在此窗口进行条件筛选，分批进行出纳签字。

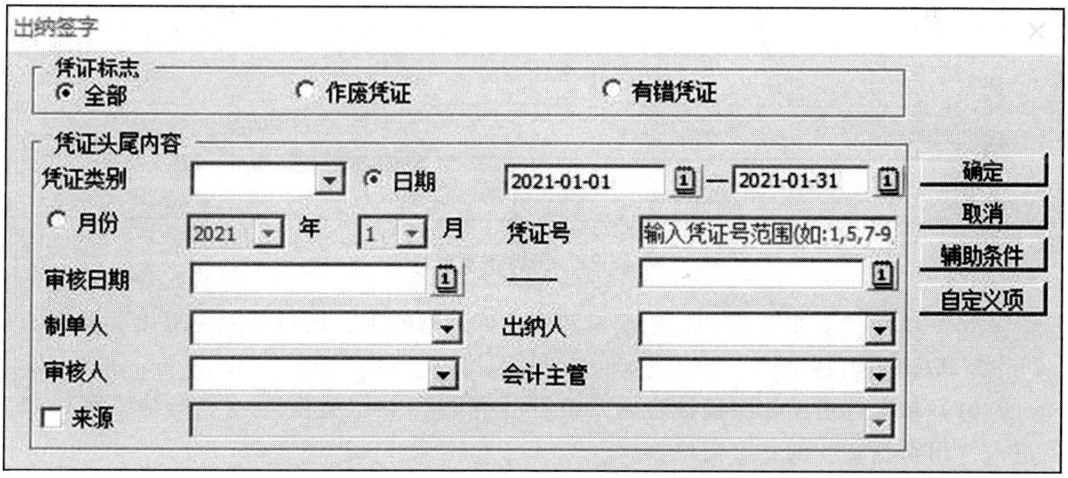

图 3－19 出纳签字查询条件

（3）单击“确定”按钮，选定全部需要出纳签字的凭证，进入“出纳签字”凭证列表对话框，如图 3－20 所示。

凭证共 7张　已签字 0张　未签字 7张　◉ 凭证号排序　○ 制单日期排序

制单日期	凭证编号	摘要	借方金额合计	贷方金额合计	制单人	签字人	系统名	备注	审核日期	年度
2021-01-07	收 - 0001	收到罚没收入	3,000.00	3,000.00	李想					2021
2021-01-20	收 - 0002	销售商品	226,000.00	226,000.00	李想					2021
2021-01-20	收 - 0003	收到客户前欠货款	160,000.00	160,000.00	李想					2021
2021-01-07	付 - 0001	购买办公用品	400.00	400.00	李想					2021
2021-01-07	付 - 0002	购买材料	45,200.00	45,200.00	李想					2021
2021-01-08	付 - 0003	购买材料	90,400.00	90,400.00	李想					2021
2021-01-20	付 - 0004	从工行提取现金	200.00	200.00	李想					2021

图 3－20　出纳签字凭证列表

（4）双击某一要签字的凭证或单击“确定”按钮，进入“出纳签字”的签字窗口。

（5）单击“签字”按钮或执行“出纳”→“出纳签字”命令，凭证底部的“出纳”位置被自动签上出纳人姓名，如图 3－21 所示。

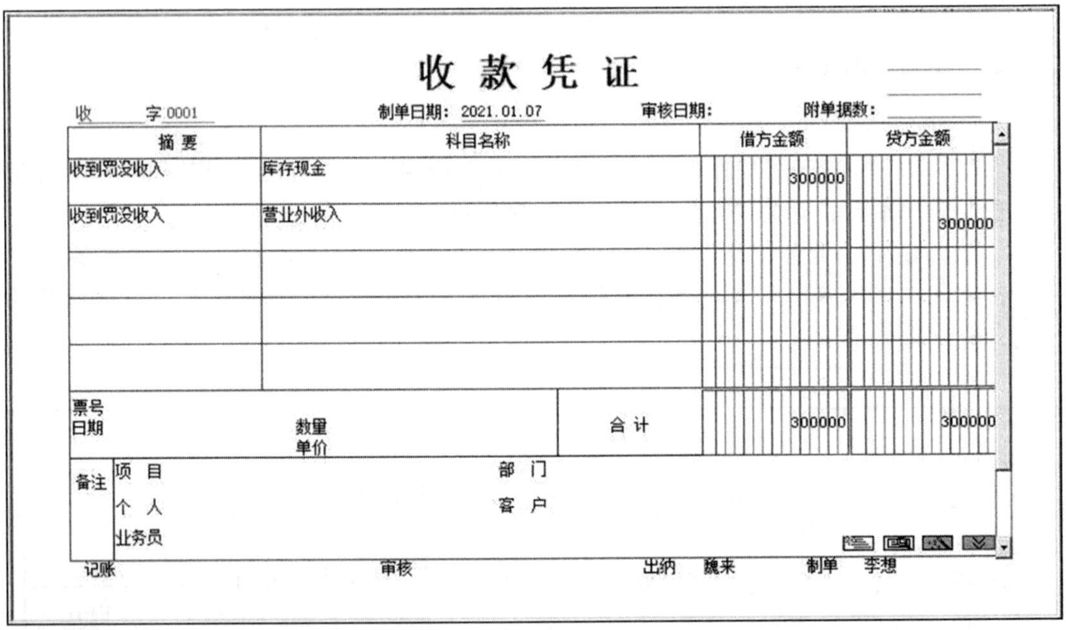

图 3－21　出纳签字窗口

（6）单击“下张”按钮，依次对其他凭证进行签字，最后单击“退出”按钮。

2. 取消出纳签字

（1）依上述出纳签字操作步骤，执行“总账”→“凭证”→“出纳签字”命令，进入“出纳签字”的签字窗口。

（2）单击“取消”按钮或执行“出纳”→“取消签字”命令，凭证底部的“出纳”位置出纳人姓名便自动消失。

（3）单击“下张”按钮，依次对其他凭证进行取消签字，最后单击“退出”按钮。

任务操作提示

①出纳凭证是指涉及现金和银行存款科目的凭证。出纳签字是指由出纳人员通过“出纳签字”功能对制单员填制的凭证进行检查核对，核对的主要内容是出纳凭证的出纳科目金额是否正确。

②进行出纳签字的操作员应是已在系统管理中赋予了出纳签字权限的操作员。

③只有指定为现金科目和银行科目的凭证才需出纳签字。

④出纳签字并非审核凭证的必要步骤，即出纳签字的操作既可以在“凭证审核”前进行，也可以在“凭证审核”后进行。若在设置总账参数时，不选择“出纳凭证必须经由出纳签字”，则可以不执行“出纳签字”功能。

⑤为了提高效率，除单张签字或单张取消签字外，也可以执行“成批出纳签字”或“成批取消签字”，即一次完成对所有收付凭证的出纳签字或取消签字。

⑥如果在出纳签字时，发现凭证有错，而系统又“不允许修改、作废他人填制的凭证”，则应交由制单人修改后再签字。

⑦凭证一经签字，就不能被修改或删除，只有取消签字后才可以修改或删除。取消签字只能由出纳自己进行。

六、凭证审核与取消审核

1. 凭证审核

（1）以“102”号操作员身份注册进入企业应用平台。若已经以其他操作员进入企业应用平台，则需单击左上角“重注册”按钮。

（2）选中“业务工作”选项卡中，执行“总账”→“凭证”→“凭证审核”命令，进入“凭证审核”查询条件对话框，如图3－22所示。也可在此窗口进行条件筛选，分批进行凭证审核。

图3－22　凭证审核查询条件

（3）单击“确定”按钮，选定全部需要审核的凭证，进入“凭证审核”凭证列表对话框，如图 3－23 所示。

凭证共 9张 已审核 0 张 未审核 9 张 凭证号排序 制单日期排序

制单日期	凭证编号	摘要	借方金额合计	贷方金额合计	制单人	审核人	系统名	备注	审核日期	年度
2021-01-07	收 - 0001	收到罚没收入	3,000.00	3,000.00	李想					2021
2021-01-20	收 - 0002	销售商品	226,000.00	226,000.00	李想					2021
2021-01-20	收 - 0003	收到客户前欠货款	160,000.00	160,000.00	李想					2021
2021-01-07	付 - 0001	购买办公用品	400.00	400.00	李想					2021
2021-01-07	付 - 0002	购买材料	45,200.00	45,200.00	李想					2021
2021-01-08	付 - 0003	购买材料	90,400.00	90,400.00	李想					2021
2021-01-20	付 - 0004	从工行提取现金	200.00	200.00	李想					2021
2021-01-10	转 - 0001	生产领料	4,000.00	4,000.00	李想					2021
2021-01-15	转 - 0002	报销差旅费	18,000.00	18,000.00	李想					2021

图 3－23　凭证审核列表

（4）双击某一要审核的凭证或单击“确定”按钮，进入“审核凭证”窗口。

（5）单击“审核”按钮或执行“审核”→“审核凭证”命令，系统会在凭证底部的“审核”位置自动签上审核人姓名，并自动进入下一张需要审核的凭证，如图 3－24 所示。

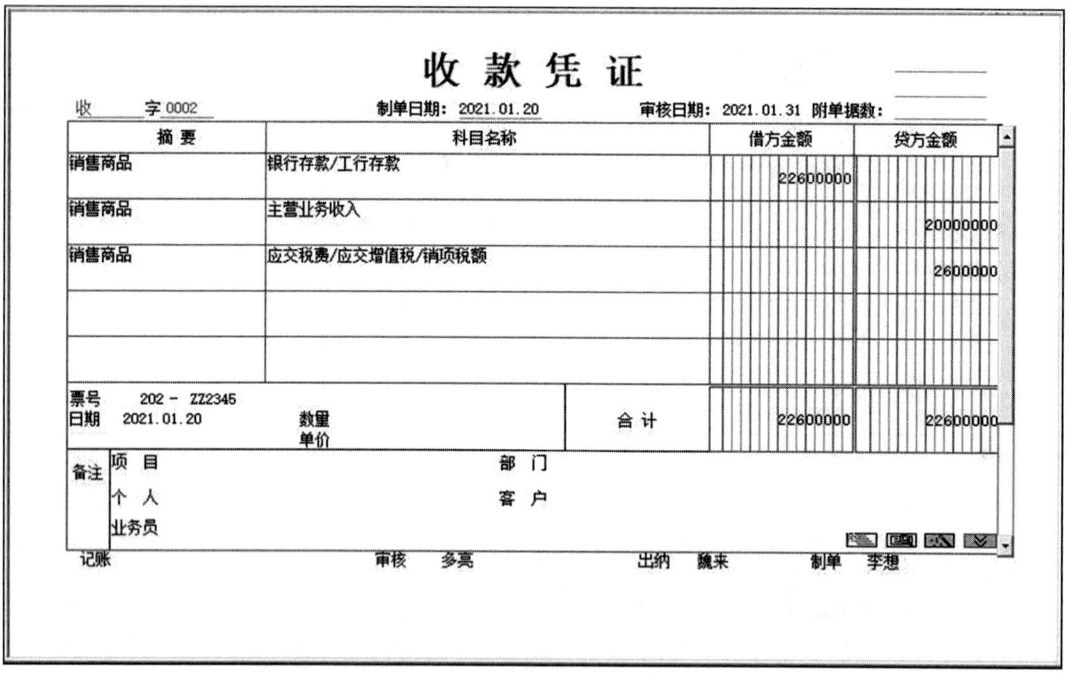

图 3－24　审核凭证窗口

（6）单击“退出”按钮。

2. 取消凭证审核

（1）依上述凭证审核操作步骤，执行“总账”→“凭证”→“审核凭证”命令，进入“审核凭证”的签字窗口。

（2）单击“取消”按钮或执行“审核”→“取消审核”命令，凭证底部的“审核”位置审核人姓名便自动消失。

（3）单击“下张”按钮，依次对其他凭证进行取消审核，最后单击“退出”按钮。

任务操作提示

①凭证审核主要审核记账凭证是否与原始凭证相符，会计分录是否正确。审核人员认为错误或有异议的凭证，应由制单人进行修改后再进行审核。

②凭证审核的操作权限应首先在“系统管理”的权限中进行赋权，其次还要注意在总账系统中的选项中是否选中“凭证审核控制到操作员”复选框，如果设置了该选项，则应继续设置审核的明细权限，即“数据权限”中的“用户”权限。只有在“数据权限”中设置了某一用户有权审核另外某一用户所填制的凭证的权限，该用户才真正拥有了审核凭证的权限。

③系统要求审核人与制单人不能为同一人，因此在审核前必须确保当前操作员不是制单人。

④在审核凭证的功能中，还可以对有错误的凭证进行“标错”。标错凭证不能被审核，必须取消标错后才能审核。

⑤为了提高效率，除单张审核或单张取消审核外，也可以执行“成批审核凭证”或“成批取消审核”，即一次完成对所有凭证的审核或取消审核。

⑥凭证一经审核签字，就不能被修改或删除，只有取消签字后才可以修改或删除。取消签字只能由审核人自己进行。

七、删除第1号收款凭证、第3号、第4号付款凭证，并整理断号

1. 凭证作废

（1）由操作员“102”取消对第1号收款凭证、第3号、第4号付款凭证的审核签字。

（2）由操作员“103”取消对三张凭证的出纳签字。

（3）由操作员“101”执行“凭证”→“填制凭证”命令，进入“填制凭证”窗口。

（4）单击“上张”“下张”按钮，或通过“查看”→“查询”命令，找到第1号收款凭证。

（5）执行“制单”→“作废/恢复”命令，将该张凭证打上“作废”标志，如图3-25所示。

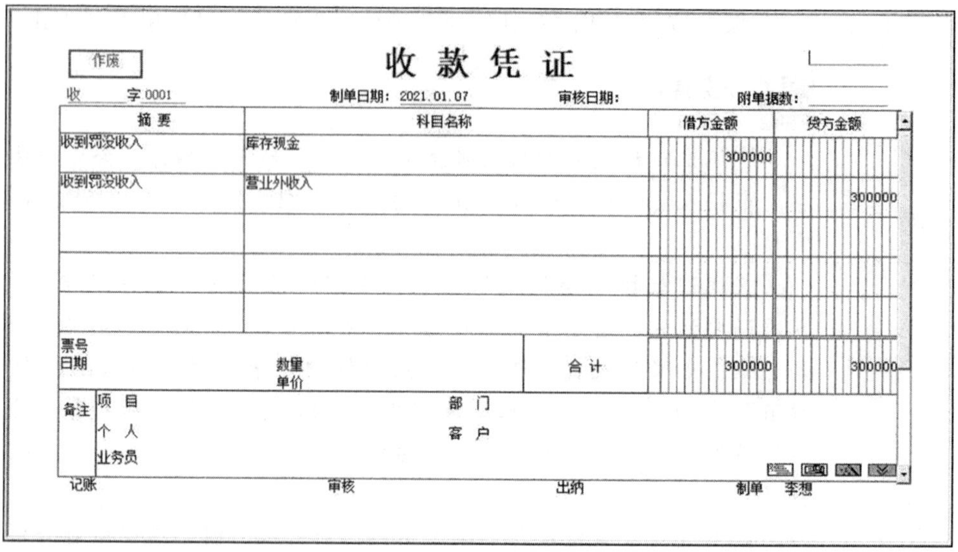

图 3-25 作废凭证

2. 凭证整理

(1) 由操作员“101”执行“制单”→“整理凭证”命令，进入“凭证期间选择”对话框，选择凭证期间“2021.01”，单击“确定”按钮，打开“作废凭证表”对话框。

(2) 双击“作废凭证表”对话框中需要删除凭证所在行的“删除”栏，如图3-26所示。

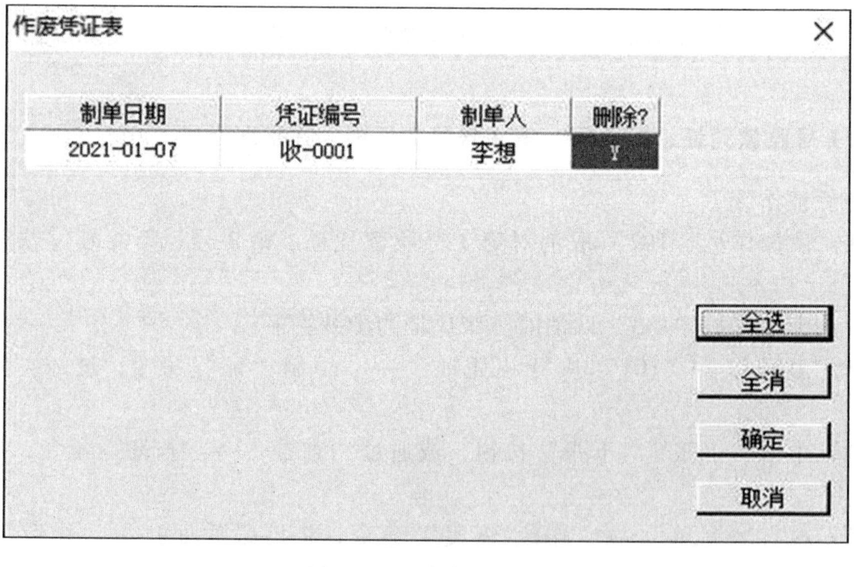

图 3-26 作废凭证表

(3) 单击“确定”按钮，系统弹出“是否还需整理凭证断号”信息提示框，并提供三种断号整理方式：“按凭证号重排”“按凭证日期重排”“按审核日期重排”。

(4) 选择“按凭证号重排”，单击“是”按钮，系统完成对凭证号的重新整理。

同理，依次删除第 3 号、第 4 号付款凭证。

任务操作提示

①用友 U8 中，若要删除凭证，必须分两步进行操作，即先进行“作废”操作，然后再进行“整理”操作才能删除凭证。

②未审核签字的凭证可以直接删除，已审核或出纳签字的凭证，必须在取消签字以后才能删除。

③只能对未记账凭证进行凭证整理。对已记账凭证进行整理，应先取消记账，取消审核签字后，才能做凭证整理。

④如果在对作废凭证进行整理时，选择了不整理断号，但在总账系统的选项设置中选中“自动填补凭证断号”及“系统编号”复选框，那么在填制凭证时可以由系统自动填补断号。否则，将会出现凭证断号。

⑤对于作废凭证，可以单击“作废”→“恢复”命令，取消“作废”标记。

⑥作废凭证不能修改、不能审核，但参与记账，而且不对作废凭证作数据处理，相当于一张空凭证。账簿查询时，查不到作废凭证的数据。

八、凭证记账与取消记账

1. 凭证记账

（1）以“102”号操作员身份注册进入企业应用平台。

（2）选中“业务工作”选项卡中，执行“总账”→“凭证”→“记账”命令，进入“记账”窗口，选择“2021.01 月份凭证”，“记账范围”为“全选”，如图 3－27 所示。

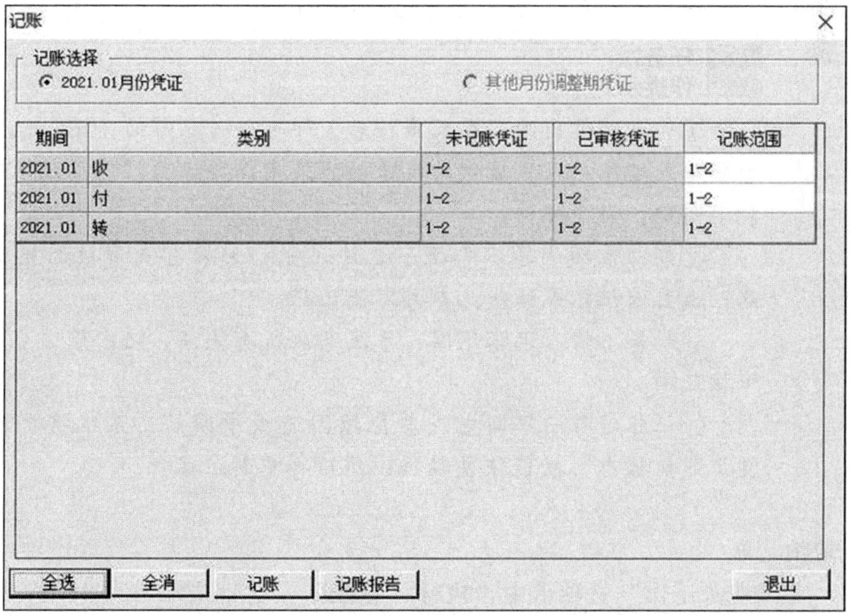

图 3－27　选择记账范围

（3）单击“记账”按钮，打开“期初试算平衡表”窗口。

（4）单击“确定”按钮，系统自动进行记账，记账完毕后，系统弹出“记账完毕！”信息框，如图3－28所示。

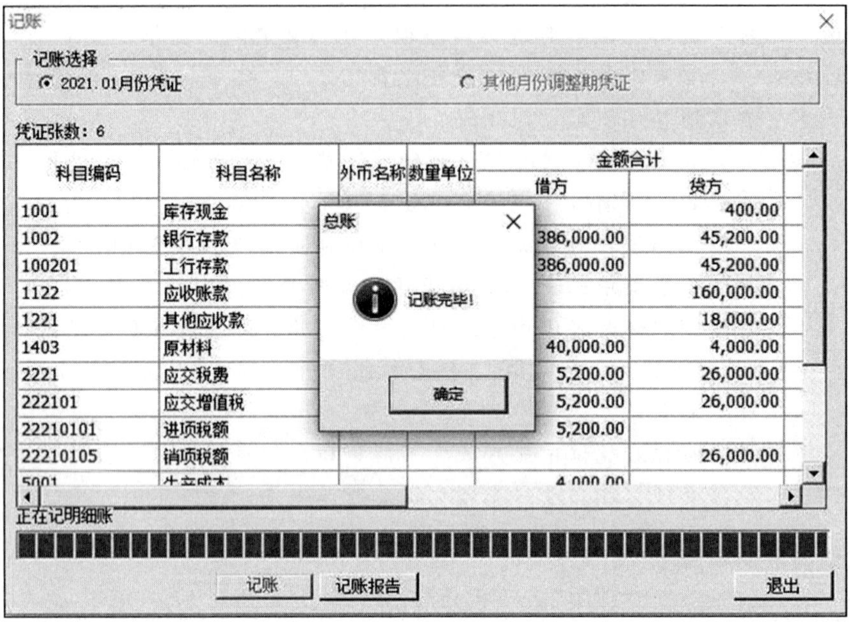

图3－28　记账完毕

（5）单击“确定”按钮，系统显示科目汇总表信息，可进行“预览”“打印”或“输出”。单击“退出”按钮，记账完毕。

任务操作提示

①凭证经过出纳签字及审核后，即可进行账簿的登记，记账通常也称为登账或过账。系统提供的记账功能采用向导方式，使得记账过程更加直观、明确，便于操作。

②期初余额试算不平衡不允许记账；如果有未审核的凭证不允许记账；上月未记账或结账，本月不能记账。

③如果不输入记账范围，系统默认所有凭证。记账范围应小于等于已审核范围。

④记账过程一旦断电或其他原因造成中断后，系统将自动调用“恢复记账前状态”功能恢复数据，然后再重新记账。

2. 取消记账

（1）在“业务工作”选项卡中，执行“总账”→“期末”→“对账”命令，进入“对账”窗口。

（2）按“CTRL＋H”键，系统弹出“恢复记账前状态功能已被激活”信息提示框架，同时，在屏幕左边“凭证”菜单下显示“恢复记账前状态功能”菜单项，如图3－29所示。

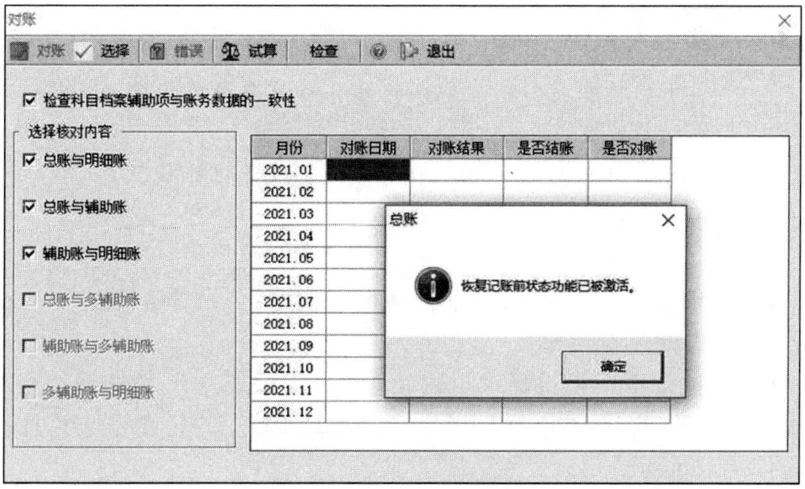

图 3－29　恢复记账前状态

（3）单击“确定”按钮，再单击工具栏上的“退出”按钮。

（4）执行“凭证”→“恢复记账前状态”命令，打开“恢复记账前状态”对话框。

（5）从三种恢复方式选择其一，如选择“最近一次记账前状态”按钮。

（6）单击“确定”按钮，系统弹出“请输入口令”信息框，如图 3－30 所示。

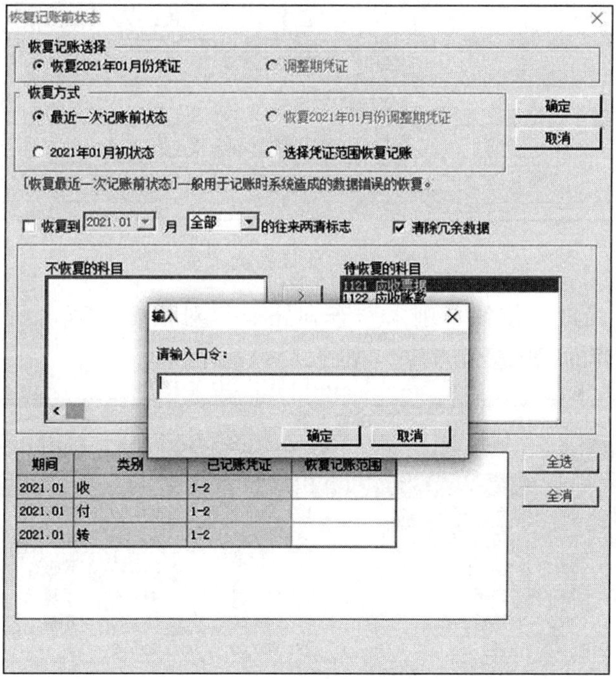

图 3－30　选择恢复记账方式

（7）输入口令“无”，单击“确认”按钮，系统弹出“恢复记账完毕！”信息框，单击“确定”按钮。

（8）本月暂不恢复记账。

任务操作提示

①已结账月份不能取消记账，如果要恢复记账前状态，可以取消结账后再取消记账。

②只有账套主管才能取消记账，恢复记账前状态。

九、查询已记账的第 1 号转账凭证

（1）选中“业务工作”选项卡中，执行“总账”→“凭证”→“查询凭证”命令，进入“凭证查询”对话框。

（2）在“记账范围”栏选择“记账凭证”，“凭证标志”栏选择“全部”，“凭证类别”栏选择“转账凭证”，“月份”栏选择“2021. 01”，“凭证号”栏选择“1”，其余默认。如图 3 – 31 所示。

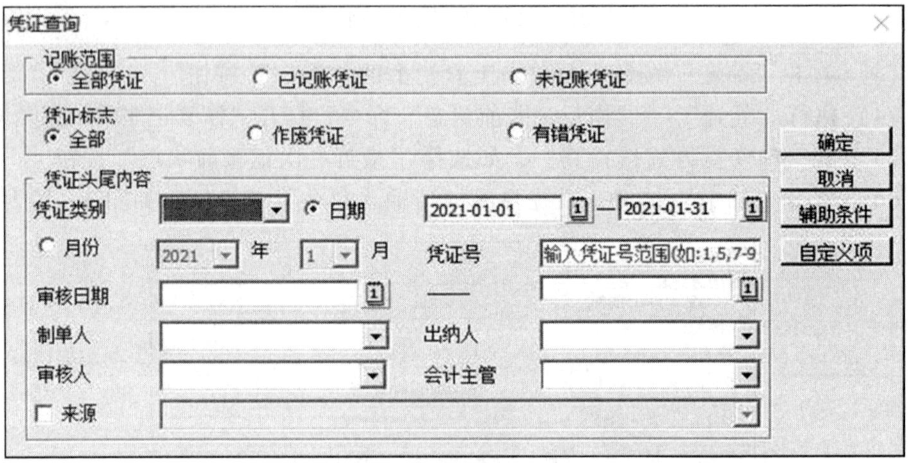

图 3 – 31　凭证查询范围

（3）单击“确定”按钮，进入“查询凭证”对话框，双击所要查询的凭证行，系统会显示所要查询的记账凭证信息，如图 3 – 32 所示。

凭证共 6张　已审核 6 张　未审核 0 张　凭证号排序

制单日期	凭证编号	摘要	借方金额合计	贷方金额合计	制单人	审核人
2021-01-20	收 - 0001	销售商品	226,000.00	226,000.00	李想	多亮
2021-01-20	收 - 0002	收到客户前欠货款	160,000.00	160,000.00	李想	多亮
2021-01-07	付 - 0001	购买办公用品	400.00	400.00	李想	多亮
2021-01-07	付 - 0002	购买材料	45,200.00	45,200.00	李想	多亮
2021-01-10	转 - 0001	生产领料	4,000.00	4,000.00	李想	多亮
2021-01-15	转 - 0002	报销差旅费	18,000.00	18,000.00	李想	多亮
		合计	453,600.00	453,600.00		

图 3 – 32　查询凭证

（4）查询完毕后，单击“退出”按钮。

任务操作提示

①在“查询凭证”功能中既可以查询已记账凭证，也可以查询“未记账凭证”。而在“填制凭证”窗口则只能查询未记账凭证。

②通过设置查询条件可以查询“作废凭证”“有错凭证”某制单人填制的凭证、其他子系统传递过来的凭证以及一定日期区间、一定凭证号区间的记账凭证。

③如果不输入具体查询范围，系统默认所有凭证。

④在已记账凭证查询界面，定位某会计科目可以联查账簿资料。在查询账簿资料时，也可以用联查的方式查询记账凭证。

十、冲销第 1 号付款凭证

（1）以“101 李想”的身份执行“凭证”→“填制凭证”命令，进入“填制凭证”窗口。

（2）单击“冲销凭证”，进入“冲销凭证”范围窗口。选择月份为“2021.01，选择凭证类别为“付 付款凭证”，选择凭证号为“1”，如图 3－33 所示。

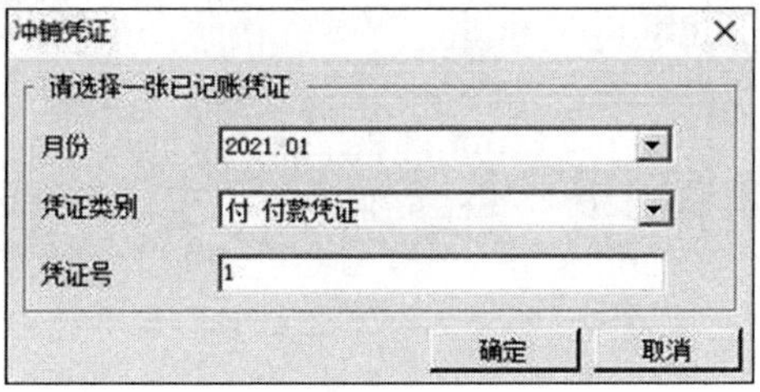

图 3－33　冲销凭证

（3）单击“确定”按钮，完成凭证冲销工作，系统会自动生成和付 1 号凭证内容一样的红字凭证，如图 3－34 所示。

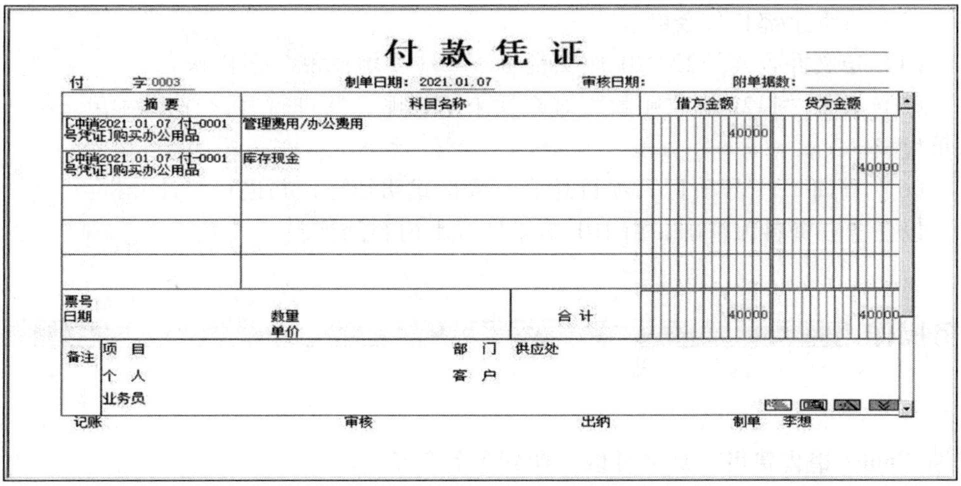

图 3－34　红字凭证

（4）单击“保存”按钮。

（5）以操作员“103”身份“重注册”，执行“凭证”→“出纳签字”命令，对冲销凭证进行出纳签字。

（6）以操作员“102”身份“重注册”，执行“凭证”→“审核凭证”命令，对冲销凭证进行审核。

（7）以操作员“102”身份，执行“凭证”→“记账”命令，进行未记账凭证的记账工作。

任务操作提示

①冲销凭证是针对已记账凭证由系统自动生成与冲销凭证内容一样的一张红字凭证。

②制作红字冲销凭证将错误凭证冲销后，需要再做一张正确的凭证进行补充。

③冲销凭证和新填制的正确凭证仍需审核、出纳签字和记账。

任务四 账簿管理

工作实例

（1）查询“6602 管理费用”的总账并联查明细账和凭证。

（2）查询“1403 原材料”数量金额式明细账并联查总账和凭证。

（3）查询全部科目余额表。

（4）定义并查询“222101 应交税费——应交增值税”多栏账。

（5）查询“1122 应收账款”客户往来明细账，并进行客户往来两清、客户往来催款单生成。

（6）查询“11 号项目”项目总账、多栏式明细账，并进行统计分析。

以任务三资料为基础，由 101 李想进行本内容处理。

业务操作

一、查询“6601 销售费用”总账并联查明细账和凭证

（1）在总账系统中，执行“账表”→“科目账”→“总账”命令，进入“总账查

询条件”对话框。

（2）直接录入或选择科目编码“6602”，单击“确定”按钮，进入“管理费用总账”窗口。

（3）将光标定位在“当前合计”栏，单击工具栏中的“明细”按钮，进入“管理费用明细账”窗口。

（4）在“管理费用明细账”窗口，定位某业务行，单击工具栏的“凭证”按钮，进入“联查凭证”窗口，系统显示该笔业务的记账凭证。如图 3－35 所示。

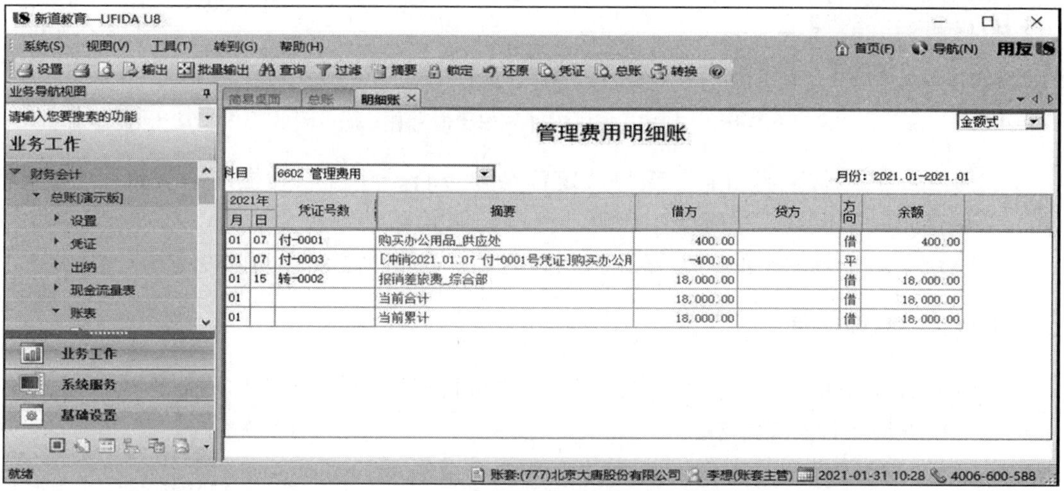

图 3－35　明细账联查记账凭证

任务操作提示

①在“总账查询条件”窗口，若直接单击“确定”按钮，则系统进入第一个会计科目总账窗口，在此窗口“科目”下拉框中，可选择其他的一级科目进行总账查询。

②在“总账查询条件”窗口，若选择“包含未记账凭证”复选框，则查询结果包含未记账的会计数据，此项功能提高了会计信息的时效性。

二、查询“1403 原材料”数量金额式明细账并联查总账和凭证

（1）在总账系统中，执行“账表”→“科目账”→“明细账”命令，进入“明细账查询条件”对话框。

（2）直接录入或选择科目编码“1403”，单击“确定”按钮，进入金额式“原材料明细账”窗口。

（3）在右上角下拉框中选择“数量金额式”，进入数量金额式“原材料明细账”窗口，系统除了列示该账户借方、贷方、余额等金额信息，还显示数量、单价等信息，如图 3－36 所示。

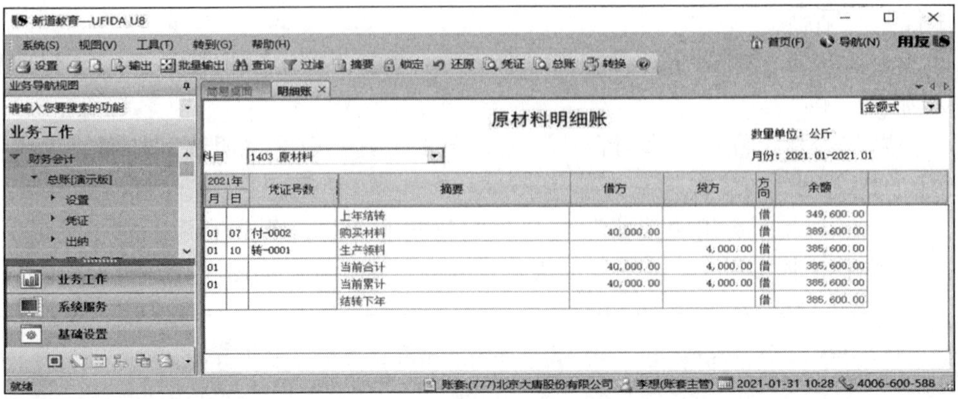

原材料明细账

数量单位：公斤

科目 1403 原材料

月份：2021.01-2021.01

2021年 月	日	凭证号数	摘要	借方	贷方	方向	余额
			上年结转			借	349,600.00
01	07	付-0002	购买材料	40,000.00		借	389,600.00
01	10	转-0001	生产领料		4,000.00	借	385,600.00
01			当前合计	40,000.00	4,000.00	借	385,600.00
01			当前累计	40,000.00	4,000.00	借	385,600.00
			结转下年			借	385,600.00

图 3-36　数量金额式明细账

（4）在“原材料明细账”窗口，定位某业务行，单击工具栏的“凭证”按钮，进入“联查凭证”窗口，系统显示该笔业务的记账凭证。

（5）单击工具栏中的“总账”按钮，进入“原材料总账”窗口。

三、查询全部科目余额表

（1）在总账系统中，执行“账表”→“科目账”→“余额表”命令，打开“发生额及余额查询条件”对话框。

（2）单击“确定”按钮，进入“发生额及余额表”窗口，如图 3-37 所示。

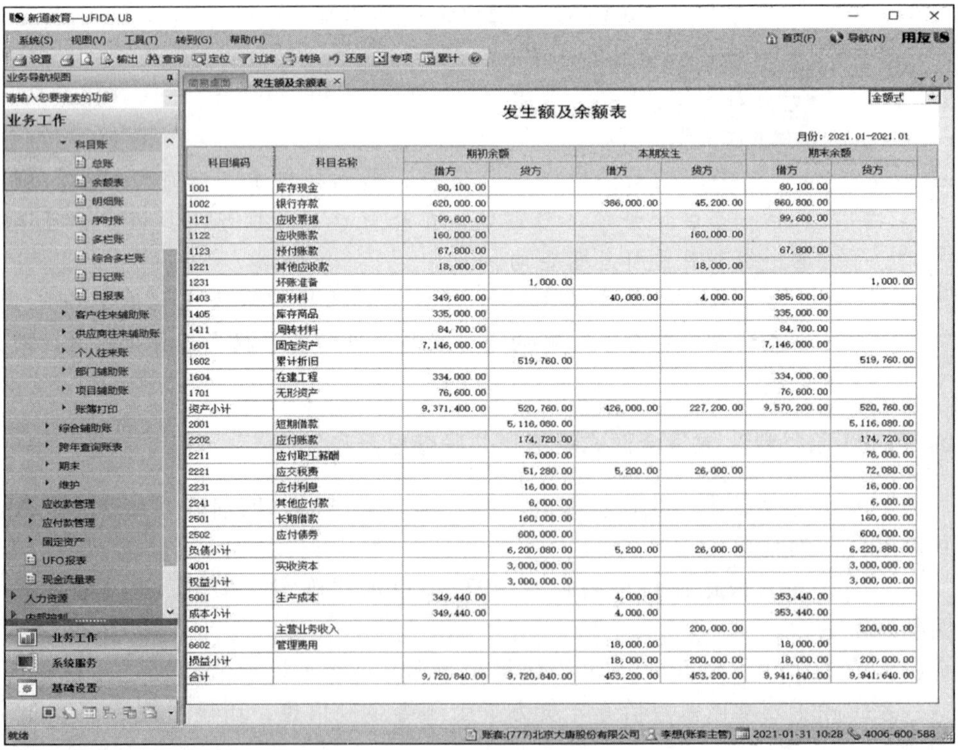

发生额及余额表

月份：2021.01-2021.01

科目编码	科目名称	期初余额		本期发生		期末余额	
		借方	贷方	借方	贷方	借方	贷方
1001	库存现金	80,100.00				80,100.00	
1002	银行存款	620,000.00		386,000.00	45,200.00	960,800.00	
1121	应收票据	99,600.00				99,600.00	
1122	应收账款	160,000.00			160,000.00		
1123	预付账款	67,800.00				67,800.00	
1221	其他应收款	18,000.00			18,000.00		
1231	坏账准备		1,000.00				1,000.00
1403	原材料	349,600.00		40,000.00	4,000.00	385,600.00	
1405	库存商品	335,000.00				335,000.00	
1411	周转材料	84,700.00				84,700.00	
1601	固定资产	7,146,000.00				7,146,000.00	
1602	累计折旧		519,760.00				519,760.00
1604	在建工程	334,000.00				334,000.00	
1701	无形资产	76,600.00				76,600.00	
资产小计		9,371,400.00	520,760.00	426,000.00	227,200.00	9,570,200.00	520,760.00
2001	短期借款		5,116,080.00				5,116,080.00
2202	应付账款		174,720.00				174,720.00
2211	应付职工薪酬		76,000.00				76,000.00
2221	应交税费		51,280.00	5,200.00	26,000.00		72,080.00
2231	应付利息		16,000.00				16,000.00
2241	其他应付款		6,000.00				6,000.00
2501	长期借款		160,000.00				160,000.00
2502	应付债券		600,000.00				600,000.00
负债小计			6,200,080.00	5,200.00	26,000.00		6,220,880.00
4001	实收资本		3,000,000.00				3,000,000.00
权益小计			3,000,000.00				3,000,000.00
5001	生产成本	349,440.00		4,000.00		353,440.00	
成本小计		349,440.00		4,000.00		353,440.00	
6001	主营业务收入				200,000.00		200,000.00
6602	管理费用			18,000.00		18,000.00	
损益小计				18,000.00	200,000.00	18,000.00	200,000.00
合计		9,720,840.00	9,720,840.00	453,200.00	453,200.00	9,941,640.00	9,941,640.00

图 3-37　发生额及余额表

(3) 将光标定位在“1221 其他应收款”，单击“专项”按钮，打开余额表中的专项资料，如图 3－38 所示。

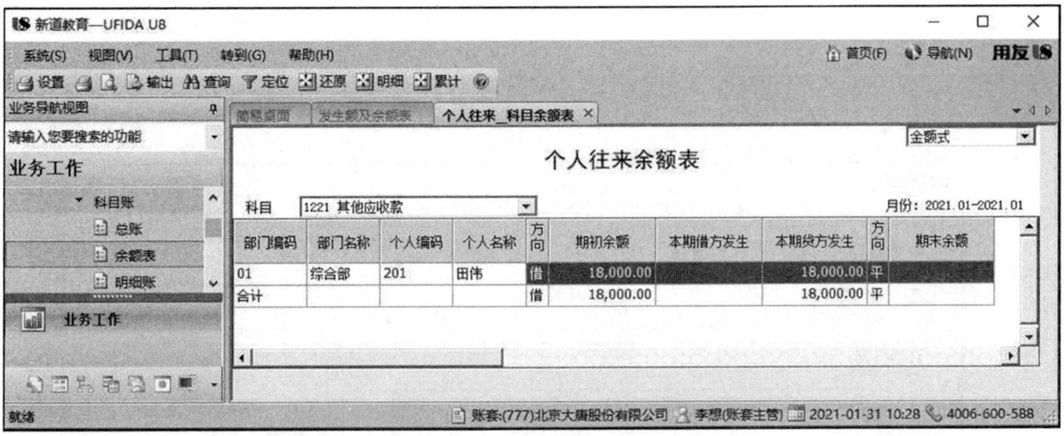

图 3－38　个人往来余额表

(4) 单击“退出”按钮。

任务操作提示

①在余额表查询功能中，可以查询各级科目的本月期初余额、本期发生额及期末余额。

②在发生额及余额表中，单击“专项”按钮，可以查询到带有辅助核算内容的辅助资料。

四、定义并查询“222101 应交税费——应交增值税”多栏账

(1) 在总账系统中，执行“账表”→“科目账”→“多栏账”命令，进入“多栏账”窗口。

(2) 单击“增加”按钮，打开“多栏账定义”对话框。

(3) 单击“核算科目”栏的下三角按钮，选择“222101 应交税费——应交增值税”，单击“自动编制”按钮，出现栏目定义的内容，如图 3－39 所示。

图 3－39 多栏账定义

（4）单击“确定”按钮，完成“应交税费——应交增值税”多栏账的设置。

（5）单击“查询”按钮，打开“多栏账查询”对话框。单击“确定”按钮，显示“应交税费——应交增值税”多栏账，如图 3－40 所示。

图 3－40 应交税费——应交增值税多栏账

任务操作提示

①在总账系统中，普通多栏账由系统将要分析科目的下级科目自动生成“多栏账”。

②多栏账的栏目可以自定义，可以对栏目的分析方向、分析内容、输出内容进行定义，同时可以定义多栏账格式。

五、查询“1122 应收账款”客户往来明细账，并进行客户往来两清、客户往来催款单生成、客户往来账龄分析操作

1. 查询“1122 应收账款”客户往来明细账

（1）在总账系统中，执行“账表”→“客户往来辅助账”→“客户往来明细账”→“客户科目明细账”命令，打开“客户科目明细账”查询条件对话框。

（2）在科目下拉框中选择“应收账款”，单击“确定”按钮，打开“科目明细账”窗口。

（3）单击“退出”按钮。

2. 客户往来两清

（1）单击“账表”→“客户往来辅助账”→“客户往来两清”命令，打开“客户往来两清”查询条件对话框。

（2）选择科目“1122 应收账款”，客户“02 大洋”，系统列出查询结果。

（3）单击工具栏的“自动”按钮，弹出提示单击“是”按钮，则系统可进行勾对，在弹出的结果窗口，单击“确定”按钮，如果发现应该勾对而没有勾对的记录，可双击“两清”栏，进行手工勾对；单击“平衡”按钮，可进行两清平衡检查，如图 3－41 所示。

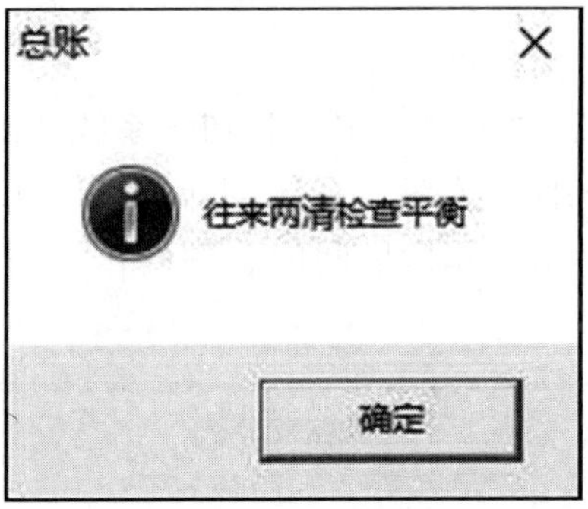

图 3－41　客户往来两清

3. 客户往来催款单

（1）单击“账表”→“客户往来辅助账”→“客户往来催款单”命令，打开“客户往来催款单”查询条件对话框。

（2）录入查询条件后，单击“确定”按钮，系统列出符合条件的记录。

（3）选择某个记录，单击“设置”按钮，系统弹出“客户催款单设置”对话框，进行催款单设置后，单击“确定”按钮，如图 3－42 所示。

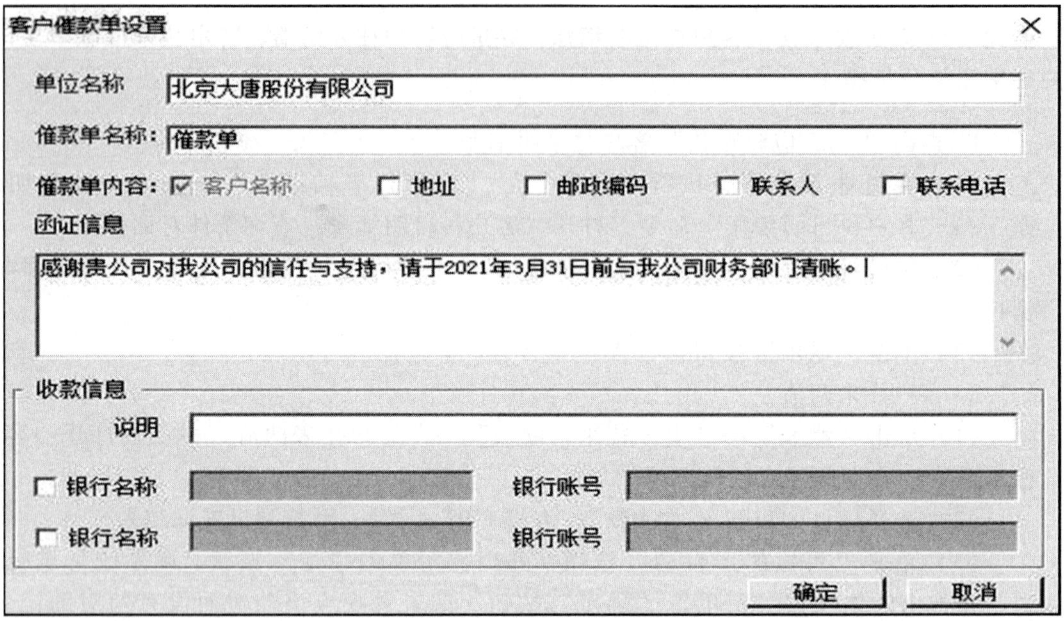

图 3－42 客户往来催款单

4. 客户往来账龄分析

（1）单击“账表”→“客户往来辅助账”→“客户往来账龄分析”命令，打开“客户往来账龄”查询条件对话框。

（2）录入查询条件后，单击“确定”按钮，系统列出符合条件的账龄分析结果。

（3）单击工具栏“详细”按钮，系统列出所有客户账龄分析结果；单击工具栏“比率”按钮，系统除列示每一账龄区间的金额外，还列示其所占百分比，如图 3－43 所示。

往来账龄分析

金额式

科目 1121 应收票据

客户 全部

币种：人民币

截止日期：2021-01-31

客户		方向	余额	1-30天	31-60天	61-90天	91-120天	121-365天	365 天以上	信用额度
编号	名称			金额	金额	金额	金额	金额	金额	
01	精诚	借	99,600.00		99,600.00					
数量总计：	—		1		1					
金额总计：	—	借	99,600.00		99,600.00					

图 3－43 客户往来账龄分析

任务操作提示

①在“客户科目明细账”功能中，可以查询所有辅助核算内容为“客户往来”的科目明细账。

②可以查询多个客户、各个月份的客户科目明细账。可以查询包含未记账凭证的客户科目明细账。

六、查询“11 号项目”项目总账、多栏式明细账，并进行统计分析

1. 查询“11 号项目”项目总账

（1）在总账系统中，执行“账表”→“项目辅助账”→“项目总账”→“项目总账”命令，打开“项目总账条件”窗口。

（2）项目大类选择“生产成本”，项目选择“11 号项目”，单击“确定”按钮，打开“项目总账”窗口，显示查询结果。

（3）单击工具栏“明细账”按钮，可以联查明细账。光标定位在某笔业务上，还可以联查凭证。

2. 查询项目多栏式明细账

（1）在总账系统中，执行“账表”→“项目辅助账”→“项目明细账”→“项目多栏明细账”命令，进入“项目多栏明细账条件”窗口。

（2）选择项目大类“生产成本”，项目“11 号项目”，单击“确定”按钮，显示项目多栏账查询结果。

（3）将光标置于多栏账的某笔业务上，单击工具栏“凭证”按钮，可以联查该笔业务的凭证。

3. 项目统计分析

（1）在总账系统中，执行“账表”→“项目辅助账”→“项目统计分析”命令，进入“项目统计条件”窗口。

（2）选择统计项目：项目大类选择“生产成本”，单击“下一步”按钮。

（3）选择统计科目：选择所有的科目，单击“下一步”按钮。

（4）选择统计月份：起止月份“2021. 01 ~ 2021. 01”，单击“完成”按钮，显示查询结果，如图 3－44 所示。

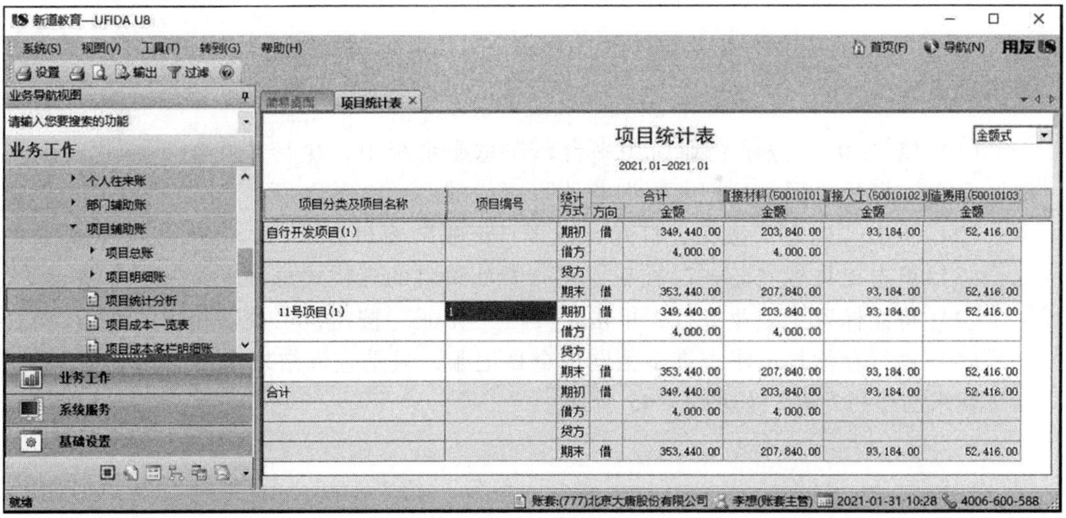
项目统计表

2021.01-2021.01

项目分类及项目名称	项目编号	统计方式	合计 方向	合计 金额	直接材料(50010101 金额	直接人工(50010102 金额	制造费用(50010103 金额
自行开发项目(1)		期初	借	349,440.00	203,840.00	93,184.00	52,416.00
		借方		4,000.00	4,000.00		
		贷方					
		期末	借	353,440.00	207,840.00	93,184.00	52,416.00
11号项目(1)	1	期初	借	349,440.00	203,840.00	93,184.00	52,416.00
		借方		4,000.00	4,000.00		
		贷方					
		期末	借	353,440.00	207,840.00	93,184.00	52,416.00
合计		期初	借	349,440.00	203,840.00	93,184.00	52,416.00
		借方		4,000.00	4,000.00		
		贷方					
		期末	借	353,440.00	207,840.00	93,184.00	52,416.00

图 3－44　项目统计表

任务五
出纳管理

工作实例

（1）查询库存现金、银行存款日记账。

（2）查询1月7日的资金日报表。

（3）登记支票登记簿。

1月22日，综合部田伟领用现金支票（NO. ZP2345）支付办公费，限额2000元。

（4）2021年1月公司银行对账单资料见表3－9。

表3－9

日期	结算方式	票号	借方金额	贷方金额
2021.01.07	电汇	DH1234		45200
2021.01.20	转账	ZZ2345	226000	
2021.01.20	转账	zz6513	160000	

业务操作

一、查询日记账

（1）以“103”登录企业应用平台，在总账系统中，执行“出纳”→“现金日记账”命令，打开“现金日记账查询条件”对话框。

（2）单击“确定”按钮，打开“现金日记账”窗口。

（3）单击工具栏“总账”按钮，可查看此科目的三栏式总账。

（4）将光标置于某业务行，单击工具栏“凭证”按钮，可查看相应的凭证。

（5）银行存款日记账查询步骤同现金日记账，只是查询结果多出“结算号”信息，用于期末与银行对账，如图3－45所示。

银行日记账

金额式

科目　1002 银行存款　　　　月份：2021.01-2021.01

2021年 月	日	凭证号数	摘要	结算号	对方科目	借方	贷方	方向	余额
			上年结转					借	620,000.00
01	07	付-0002	购买材料_3_DH1234_2021.01.07	电汇-DH1234	1403,22210101		45,200.00	借	574,800.00
01	07		本日合计				45,200.00	借	574,800.00
01	20	收-0001	销售商品_202_ZZ2345_2021.01.20	转账支票-ZZ2345	6001,22210105	226,000.00		借	800,800.00
01	20	收-0002	收到客户前欠货款_202_ZZ6513_2021.01	转账支票-ZZ6513	1122	160,000.00		借	960,800.00
01	20		本日合计			386,000.00		借	960,800.00
01			当前合计			386,000.00	45,200.00	借	960,800.00
01			当前累计			386,000.00	45,200.00	借	960,800.00

图 3-45　银行日记账

注意：如果在总账选项中设置了“明细账查询权限控制到科目”，而操作员又没有被赋予“库存现金”和“银行存款”科目的查询权限，则无法查询到日记账结果，系统会提示“此操作员无科目编码 1001 的权限”“此操作员无科目编码 1002 的权限”等信息。此时，应按如下步骤操作：

（1）以“101”账套主管身份重新注册，执行“总账”→“设置”→“数据权限分配”命令，进入“权限浏览”窗口。

（2）选中用户“103 魏来”，业务对象选中“科目”，单击工具栏“授权”按钮，进入记录权限设置”窗口。

（3）选中“查询”复选框，将禁用栏科目“1001”“1002”“100201”选入可用栏，如图 3-46 所示。

图 3-46　日记账科目权限设置

（4）单击“保存”按钮，系统提示“保存成功，重新登录门户，此配置才能生效!”，单击“确定”按钮。

（5）以“103 魏来”身份重新注册，可进行日记账的查询。

任务操作提示

①只有在“会计科目”功能中使用“指定科目”功能指定“现金总账科目”及“银行总账科目”，才能查询“现金日记账”和“银行存款日记账”。

②查询日记账时可以查询包含未记账凭证的日记账。

二、查询 1 月 7 日的资金日报表

（1）在总账系统中，执行“出纳”→“资金日报”命令，打开“资金日报表查询条件”对话框。

（2）选择日期“2021.01.07”，单击“确定”按钮，进入“资金日报表”窗口，如图 3－47 所示。

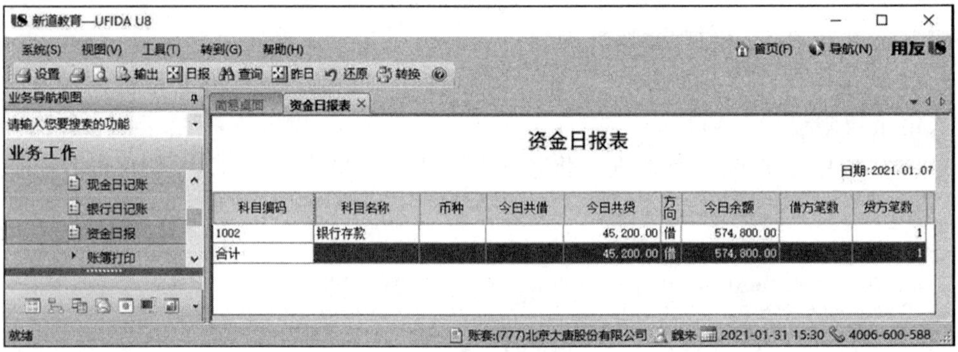

图 3－47 资金日报表

（3）单击“退出”按钮。

任务操作提示

①资金日报功能可以查询现金、银行存款科目某日的发生额及余额情况。

②如果在“资金日报表查询条件”窗口中选中“有余额无发生额也显示”，则即使现金或银行科目在查询日没有业务发生，只有余额也显示。

三、登记支票登记簿

（1）在总账系统中，执行“出纳”→“支票登记簿”命令，打开“银行科目选择”对话框。

（2）选择科目“100201 工行存款”，单击“确定”按钮，进入“支票登记簿”

窗口。

（3）单击工具栏“增加”按钮。

（4）录入或选择领用日期“2021.01.22”，领用部门“综合部”。领用人“田伟”，支票号“ZP2345”，预计金额“2000”，用途“购办公用品”，如图3－48所示。

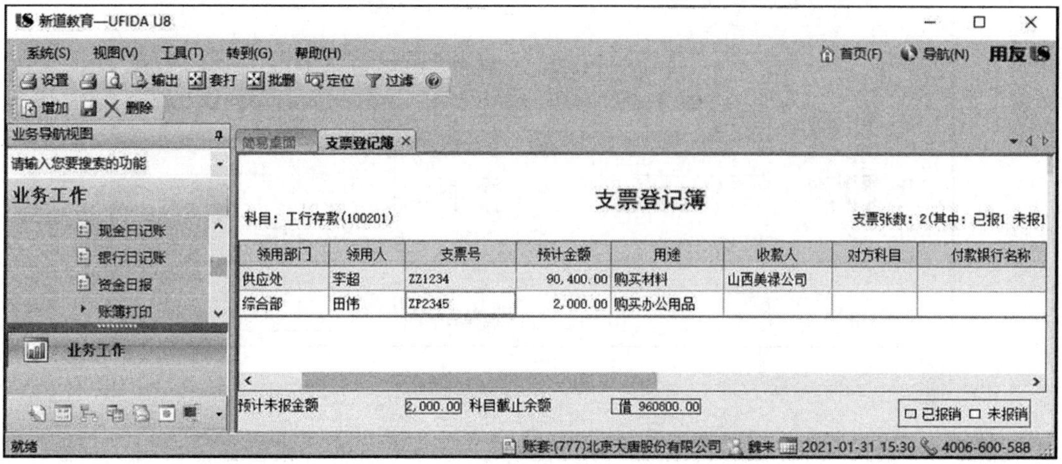

图3－48　支票登记簿

（5）单击“保存”按钮，单击“退出”按钮。

任务操作提示

①只有在总账系统的初始设置选项中已选择“支票控制”，并在结算方式设置中已设置“票据结算”标志，在“会计科目”中已指定银行账的科目，才能使用支票登记簿。

②支票登记簿中报销日期为空时，表示该支票未报销，否则系统认为该支票已报销。

③当支票支出后，在填制凭证时输入该支票的结算方式和结算号，系统则会自动在支票登记簿中将该支票写上报销日期，该支票即为已报销。

④单击“批删”按钮，可对已报销的支票进行成批删除。

四、银行对账

1. 输入银行对账期初数据

（1）在总账系统中，执行“出纳”→“银行对账”→“银行对账期初录入”命令，打开“银行科目选择”对话框。

（2）选择科目“100201 工行存款”，单击“确定”按钮，进入“银行对账期初”窗口。

（3）确定启用日期“2021.01.01”。

（4）输入单位日记账的调整前余额620000；输入银行对账单的调整前余额620000，如图3－49所示。

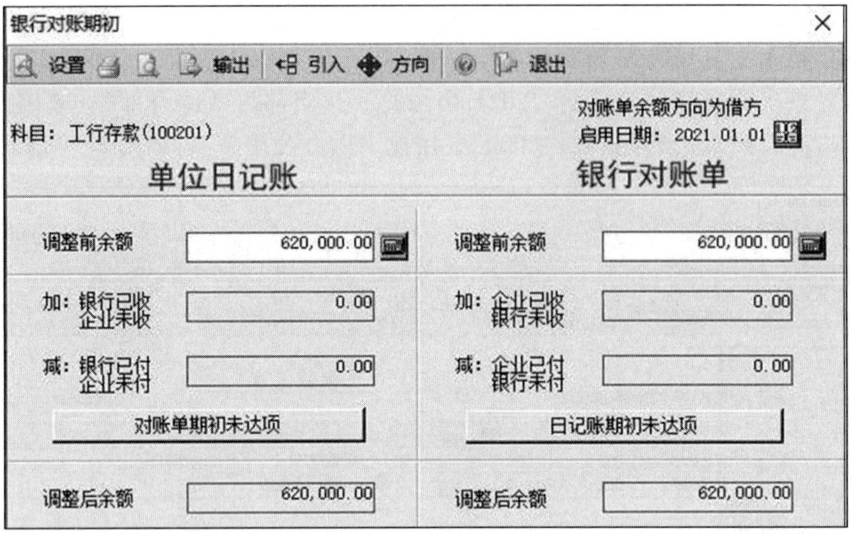

图 3－49　银行对账期初

（5）单击“退出”按钮。注意：如果单位日记账的调整前余额和银行对账单的调整前余额不相等，则意味着存在期初未达账项，此时，应进行如下操作：

①需要分析期初未达账项性质，单击“对账单期初未达项”或“日记账期初未达项”，进入“银行方期初”或“企业方期初”窗口。

②单击“增加”按钮，录入相应未达账信息，如图 3－50 所示。

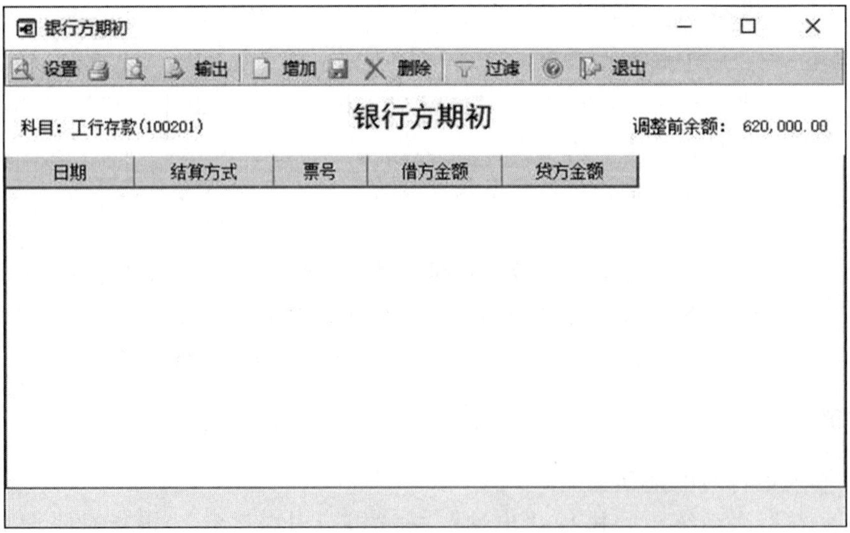

图 3－50　期初未达账项

任务操作提示

①在第一次使用银行对账功能时，应录入单位日记账及银行对账单的期初数据，包括期初余额及期初未达账项。

②银行对账启用日期可以是总账系统启用当日，也可以在此日期之

后。但录入完期初对账数据之后，请不要随意调整启用日期，尤其是向前调，这样可能会造成启用日期后的期初数不能参与对账。

③系统默认银行对账单余额方向为借方。即银行对账单借方发生额为银行存款增加，贷方发生额为银行存款减少。按“方向”按钮可以调整银行对账单余额方向。

④系统会根据调整前余额及期初未达项自动计算出银行对账单与单位日记账的调整后余额，二者应该一致。

2. 录入本期银行对账单

(1) 在总账系统中，执行“出纳”→“银行对账”→“银行对账单”命令，打开“银行科目选择”对话框。

(2) 选择科目“100201 工行存款”，月份选择“2021.01”至“2021.01”，单击“确定”按钮，进入“银行对账单”窗口。

(3) 单击“增加”，输入或选择日期“2021.01.7”，结算方式“电汇”，票号“DH1234”，贷方金额“45200”，再单击“增加”按钮，依次录入其他对账单信息，如图 3－51 所示。

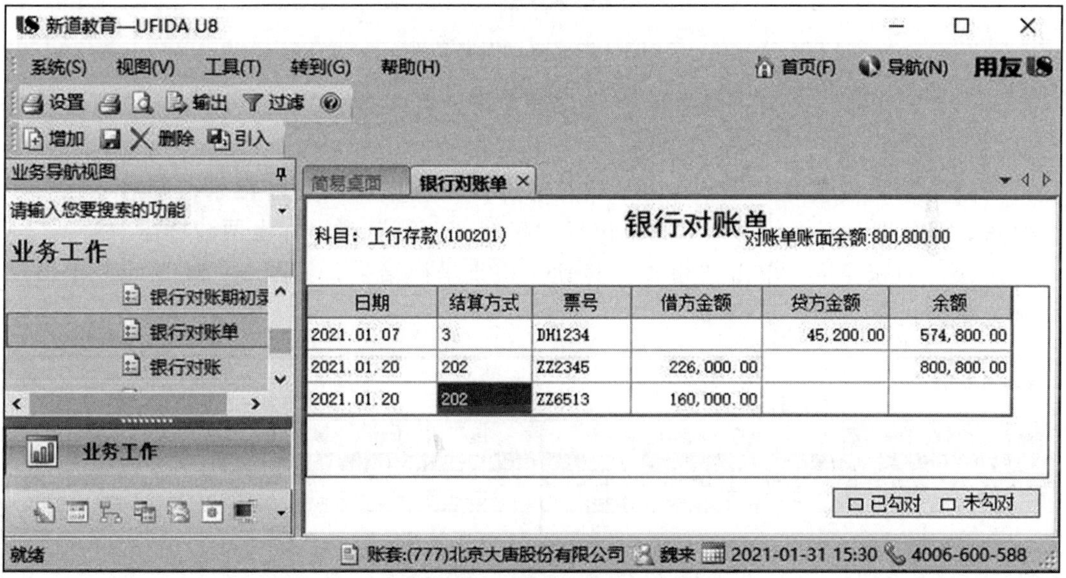

图 3－51 银行对账单

(4) 单击“保存”按钮，单击“退出”按钮。

任务操作提示

①如果企业在多家银行开户，对账单应与其对应账号所对应的银行存款下的末级科目一致。

②录入银行对账单时，其余额由系统根据银行对账期初数自动计算生成。

3. 银行对账

（1）在总账系统中，执行“出纳”→“银行对账”命令，打开“银行科目选择”对话框。

（2）选择科目“100201 工行存款”，月份选择“2021.01”至“2021.01”，单击“确定”按钮，进入“银行对账”窗口。

（3）单击工具栏“对账”按钮，出现“自动对账”对话框。选择截止日期“2021.01.31”，默认其他对账条件，如图 3－52 所示。

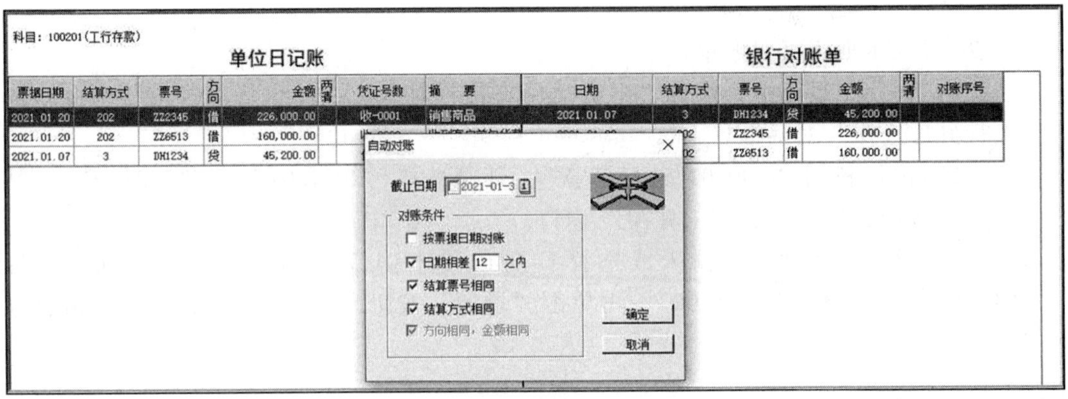

图 3－52　自动对账条件

（4）再单击“确定”按钮，系统自动在符合对账条件的记录行打上“两清”标志“O”。

（5）如果对账单中有与日记账相对应但却未选中的已达账记录，则可以进行手工对账，即分别双击银行对账单和单位日记账的“两清”栏，标上两清标志“Y”。

（6）对账完毕，单击“检查”按钮，检查平衡结果，如图 3－53 所示。单击“确定”按钮返回。

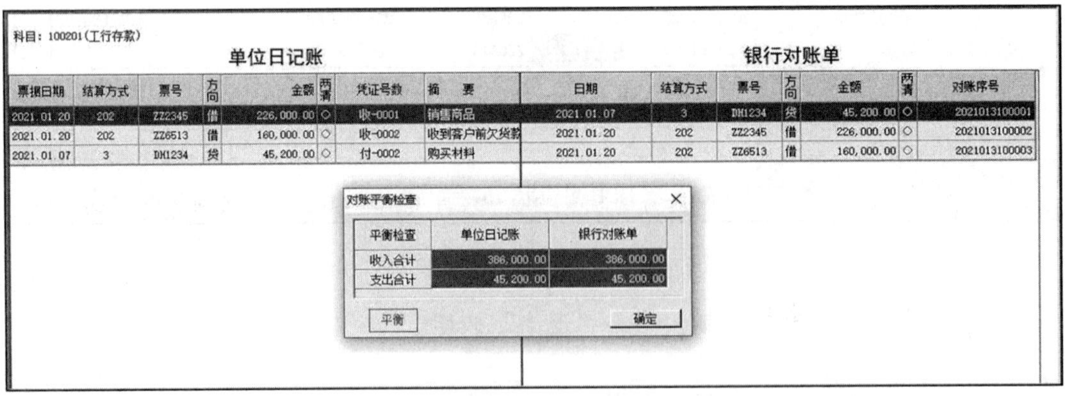

图 3－53　银行对账

任务操作提示

①银行对账包括自动对账和手工对账两种形式。自动对账是系统根据对账依据自动进行核对、勾销；手工对账是对自动对账的一种补充。

②如果在银行对账期初中默认对账方向为借方，则对账条件为方向相同、金额相同的日记账与对账单进行勾对。如果在银行对账期初中将银行对账单的余额方向修改成了贷方，则对账条件为方向相反、金额相同的日记账与对账单进行勾对。

③系统默认的自动对账的对账条件为“日期相差 12 天”“结算方式相同”“结算票号相同”，单击每一项对账条件前的复选框可以取消相应的对账条件，即在对账时不考虑相应的对账条件。

④如果在对账单中有两笔以上记录同日记账对应，则所有对应的对账单都应标上两清标记。

⑤如果想取消对账，可以采用自动取消和手工取消两种方式。单击“取消”按钮可以自动取消所有的两清标记，如果手工取消，则可以双击要取消对账标志业务的“两清”栏，取消两清标志。

4. 输出余额调节表

（1）在总账系统中，执行“出纳”→“银行对账”→“余额调节表查询”命令，进入“银行存款余额调节表”窗口。

（2）单击“查看”按钮，进入“银行存款余额调节表”窗口，如图 3－54 所示。

（3）单击工具栏“退出”按钮。

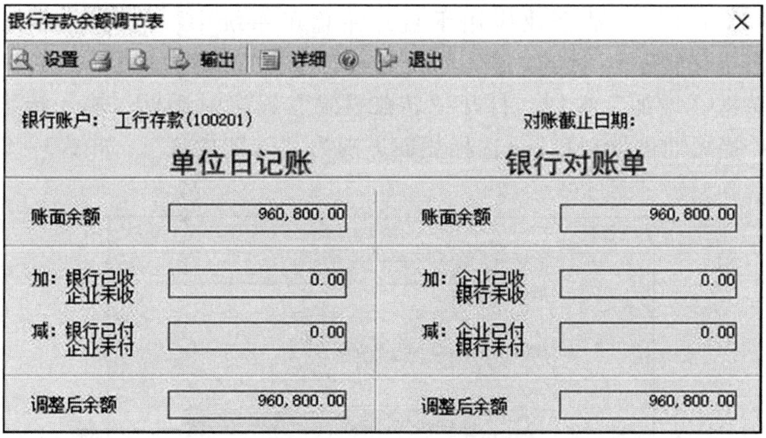

图 3－54　银行存款余额调节表

任务操作提示

①银行存款余额调节表应显示账面余额平衡，如果不平衡，应分别查看银行对账期初、银行对账单及银行对账是否正确。

②在银行对账之后，可以查询对账勾对情况，如果确认银行对账结果是正确的，可以使用“核销银行账”功能核销已达账。但如果对账结果不平衡，不要使用该功能，以免造成以后对账错误。

任务六
期末处理

工作实例

（1）自定义结转：短期借款期末余额 * 年利率 4.14%/12。

（2）将本月“期间损益”转入“本年利润”。

业务操作

一、转账设置

1. 自定义转账设置

（1）以“101”登录企业应用平台，在总账系统中，执行“期末”→“转账定义”→“自定义转账”命令，进入“自定义转账设置”窗口。

（2）单击“增加”按钮，打开“转账目录”设置对话框，输入转账序号“1”，转账说明“计提短期借款利息”，选择凭证类别为“转账凭证”，如图 3－55 所示。

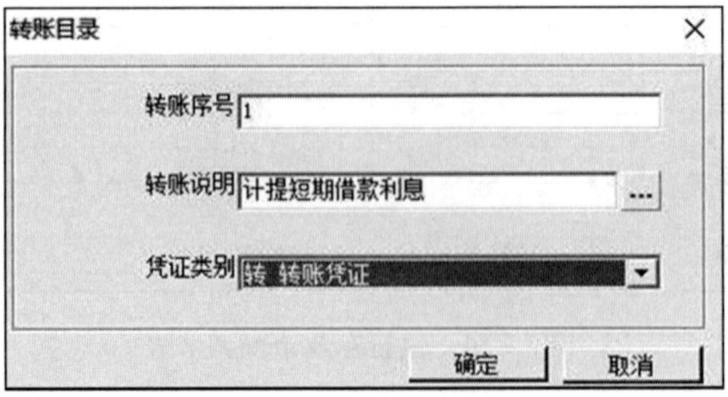

图 3－55　转账目录

（3）单击“确定”按钮，进入“自定义转账设置”窗口。

（4）单击工具栏“增行”按钮，选择科目编码“660301 财务费用——利息支出”，方向“借”，在金额公式栏输入“JG（　）”或单击金额公式栏参照按钮，打开公式向导窗口，选择“取对方科目计算结果 JG（）”函数，单击“下一步”按钮，单击“完成”按钮。

（5）继续单击工具栏“增行”按钮，选择科目编码“2231 应付利息”，方向“贷”，单击金额公式栏参照按钮，打开公式向导窗口，选择“期初余额 QC（）”函数，单击“下一步”按钮，选择科目“2001”，其他默认，单击“完成”按钮。

（6）将光标定位至该公式末尾，输入“＊0.0414/12”。单击“保存”按钮，如图 3－56 所示。

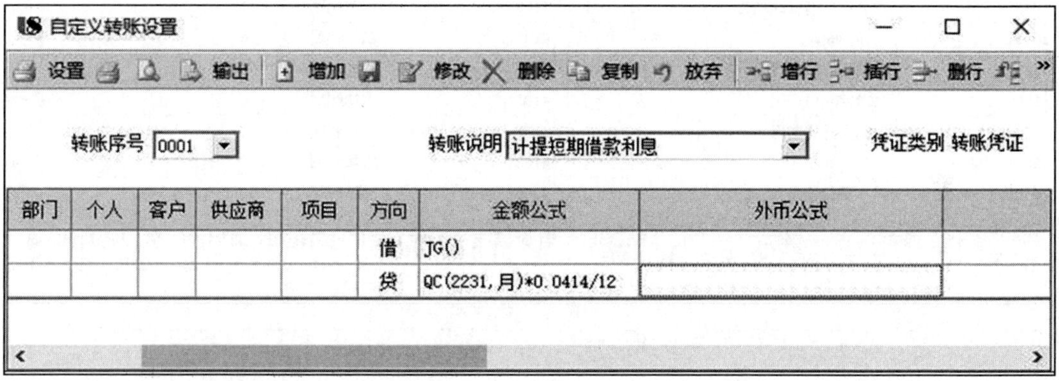

图 3－56　自定义转账设置

（7）单击“退出”按钮。

任务操作提示

①输入转账计算公式有两种方法：如果公式的表达式不太明确，可采用向导方式录入公式；如果公式的表达式明确，可直接输入计算公式。

②在函数公式中，选择期初、期末时，方向一般为空，避免由于出现反向余额时发生取数错误。

2. 期间损益结转设置

（1）在总账系统中，执行“期末”→“转账定义”→“期间损益”命令，进入“期间损益结转设置”窗口。

（2）单击“凭证类别”栏的下三角按钮，选择“转账凭证”，在“本年利润科目”栏录入或选择“4103 本年利润”，单击“确定”按钮，如图 3－57 所示。

图 3－57　期间损益结转设置

（3）单击“确定”按钮。

任务操作提示

损益科目结转表中的本年利润科目必须为末级科目，且为本年利润入账科目的下级科目。

二、转账生成

1. 自定义转账生成

（1）以“101”操作员身份重新注册，在总账系统中，执行“期末”→“转账生成”命令，进入“转账生成”窗口。

（2）选中“自定义转账”单选按钮，单击“全选”按钮（或者选中要结转的凭证所在行），单击“确定”按钮，系统生成计提短期借款利息的转账凭证。

（3）单击“保存”按钮，凭证上出现“已生成”的标志，如图 3－58 所示。

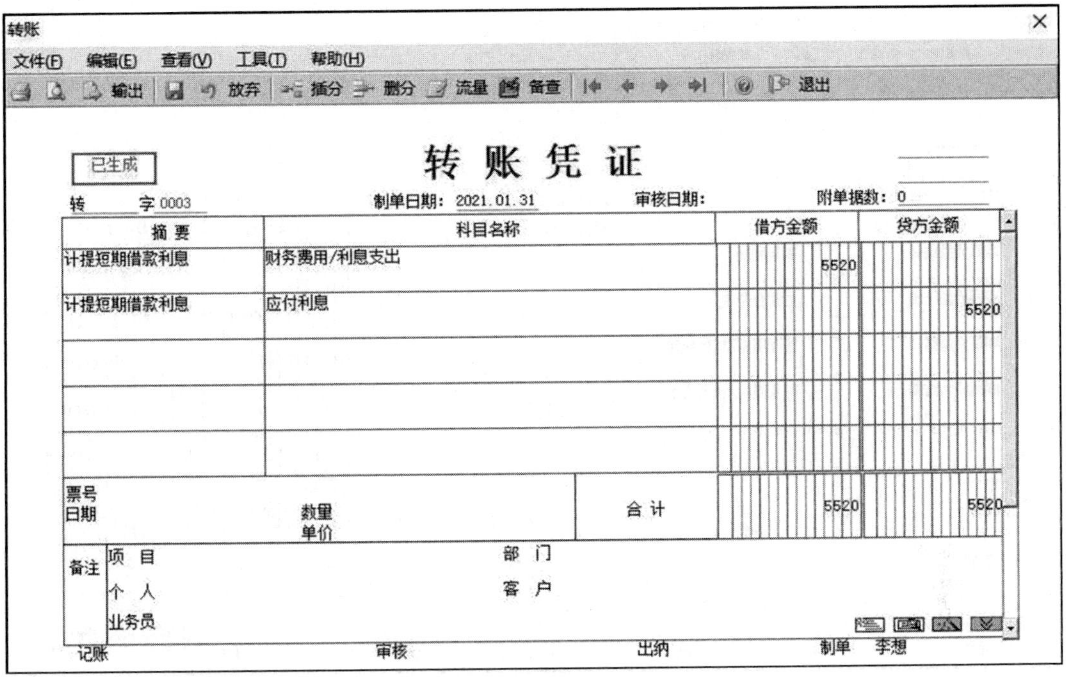

图 3－58 自定义转账生成

任务操作提示

①由于期末转账业务的数据来源于账簿，因此，为了保证数据准确应在所有业务都记账后再进行期末转账业务的操作。

②进行转账生成的操作必须由具有制单权限的人员进行。生成的转账凭证必须保存，否则视同放弃。

③转账凭证每月只生成一次，不要重复生成。如果已生成的转账凭证有误，必须删除后，再重新生成。

④生成的凭证，仍需审核、记账。

⑤转账生成的工作应在月末进行。如果有多种转账凭证形式，特别是涉及多项转账业务，一定要注意转账的先后次序，否则计算金额时会发生错误。

2. 期间损益结转生成

对之前产生的所有凭证进行审核记账。

（1）在总账系统中，执行“期末”→“转账生成”命令，进入“转账生成”窗口。

（2）选中“期间损益结转”按钮，单击“全选”按钮，单击“确定”按钮，系统生成期间损益结转的转账凭证。单击“保存”按钮，凭证上出现“已生成”的标志，如图 3－59 所示。

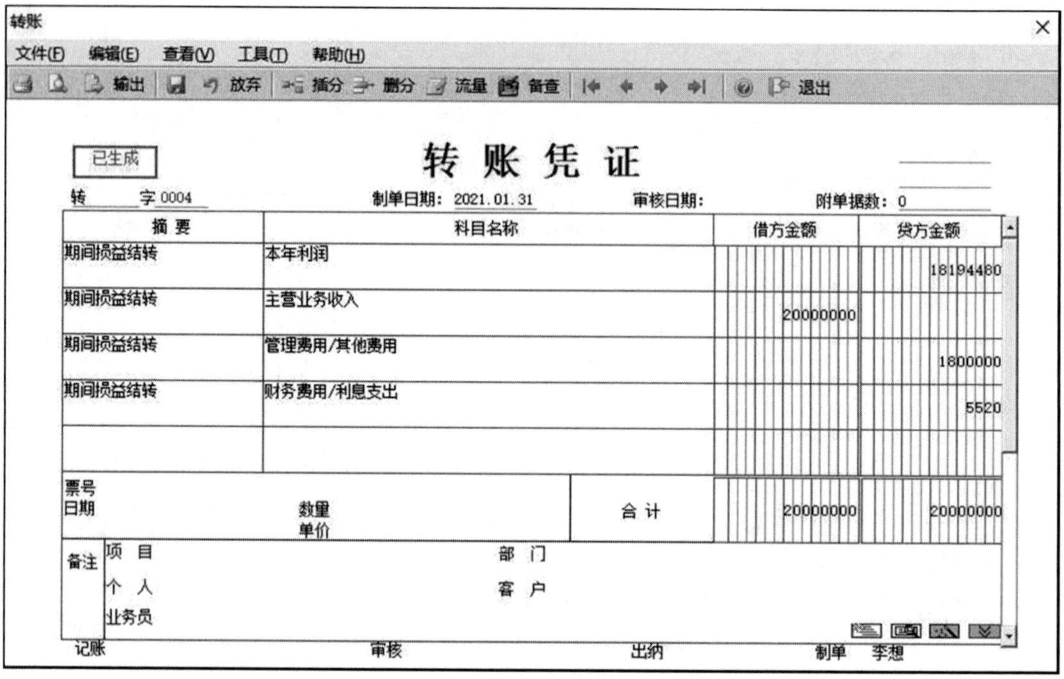

图 3－59 期间损益转账生成

（3）单击“退出”按钮。

（4）对本张凭证审核记账。

任务操作提示

①在期间损益结转之前，需要将本月所有未记账凭证进行记账（包括自定义转账生成的凭证），以保证损益类科目的完整性。否则，系统会弹出“2021.01 月之前有未记账凭证，是否继续结转？”信息框。

②生成的期间损益结转凭证仍需要执行审核、记账，否则账簿信息不全，也无法进行月末结账。

③转账凭证每月只生成一次，不要重复生成。如果已生成的转账凭证有误，必须删除后，再重新生成。

④转账生成的凭证，仍需审核、记账。

⑤期间损益结转可以按“全部”类型进行一次性结转，也可区分“收入”和“支出”类型分别结转。

三、对账

（1）在总账系统中，执行“期末”→“对账”命令，进入“对账”窗口。

（2）单击工具栏“试算”按钮，出现“2021.01 试算平衡表”。

（3）单击“确定”按钮，单击“选择”按钮，在 2021.01 是否对账栏出现“Y”标志。

（4）单击“对账”按钮，系统开始进行对账，并显示对账结果，如图 3－60 所示。

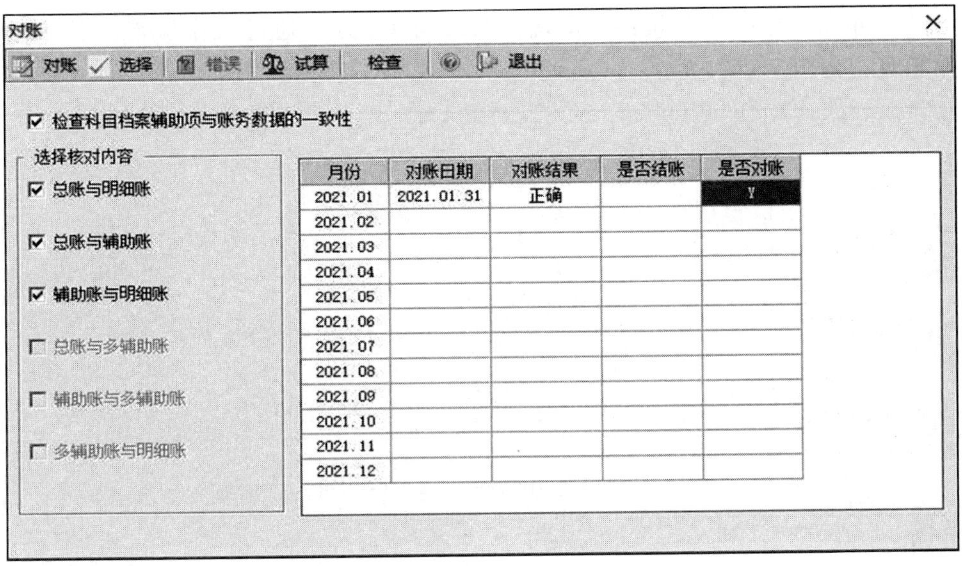

图 3－60　对账结果

任务操作提示

在对账功能中，可按“CTRL＋H”组合键激活恢复记账前功能。

四、结账

（1）在总账系统中，执行“期末”→“结账”命令，进入“结账”窗口。

（2）单击“下一步”按钮，打开“结账——核对账簿”对话框。

（3）单击“对账”按钮，系统进行对账。当对账完毕后，单击“下一步”按钮，打开“结账——月度工作报告”对话框，如图 3－61 所示。

图 3－61　结账——月度工作报告

（4）单击“下一步”按钮，出现“2021 年 01 月未通过工作检查，不可以结账！”提示信息，如图 3－62 所示。

图 3－62　不能结账提示

（5）单击“上一步”按钮，检查不能结账的原因。在“2021 年 01 月工作报告”中，检查出：其他系统结账状态：应付系统本月未结账、应收系统本月未结账、固定资产系统本月未结账、薪资管理系统本月未结账。

（6）单击“取消”按钮，取消本次的结账操作。

（7）在企业应用平台的“基础设置”选项卡下，执行“基本信息”→“系统启用”命令，打开“系统启用”对话框。取消应付、应收、固定资产、薪资管理系统的启用。

（8）在总账系统中，重新进行结账操作。

任务操作提示

①结账必须按月连续进行，上月未结账，本月不能结账，但可以填制、审核凭证。

②本月还有未记账的凭证不能结账；账账不符不能结账；损益类账户未全部结转完毕的不能结账；其他业务子系统未全部结账的，总账系统不能结账。

③结账前，要进行数据备份，在结账过程中，可以单击“取消”按钮取消正在进行的结账操作。

④结账后除查询外，不得再对本月业务进行任何操作。

⑤在结账时，在“结账——开始结账”对话框中，选择要取消结账的月份，按“CTRL＋SHIFT＋F6”组合键可进行反结账，反结账操作只能由账套主管进行。

4 项目四 会计报表管理系统

职业能力目标

通过本项目的学习，要求掌握会计电算化下会计报表的制作与取数，并熟练利用取数公式完成报表编制。

课程思政目标

培养学生对财务数据处理的全面综合能力，通过财务报表的综合性和复杂性处理，提升学生热爱会计工作，忠于职守的工作品质。

典型工作任务

（1）报表格式设计和公式设置的方法；
（2）编制会计报表；
（3）编制自定义会计报表和使用模板生成相关会计报表。

任务一 自定义报表

工作实例

货币资金表（见表4－1）。

表 4－1　　货币资金表

单位名称：　　年　月　日　　单位：元

项目	行次	期初数	期末数
库存现金	1		
银行存款	2		
合计	3		

制表人：

（1）报表格式。

①表头。标题“货币资金表”设置为黑体、14 号、居中；单位名称和年、月、日应设置为关键字。

②表体。表体中文字设置为宋体、12 号、居中。

③表尾。“制表人”设置为宋体、10 号、第 3、4 栏右对齐。

行高：7；列宽：A 列 30；B 列 15；C 列 50；D 列 50。

（2）报表公式。

库存现金期初数：C4 = QC（“1001”，月）

库存现金期末数：D4 = QM（“1001”，月）

银行存款期初数：C5 = QC（“100201”，月）

银行存款期末数：D5 = QM（“100201”，月）

期初数合计：C6 = C4 + C5

期末数合计：D6 = D4 + D5

业务操作

1. 启动 UFO 报表管理系统

（1）执行“开始”→“程序”→“用友 U8V10.1”→“企业应用平台”命令，打开“登录窗口”对话框。输入操作员 101 或“李想”；在“账套”下拉列表框中选择“777 北京大唐股份有限公司”；更改“操作日期”为“2021－01－31”；单击“确定”按钮，进入软件系统。

（2）进入企业应用平台左侧下方“业务工作”界面的“财务会计”，双击“UFO 报表”，如图 4－1 所示。

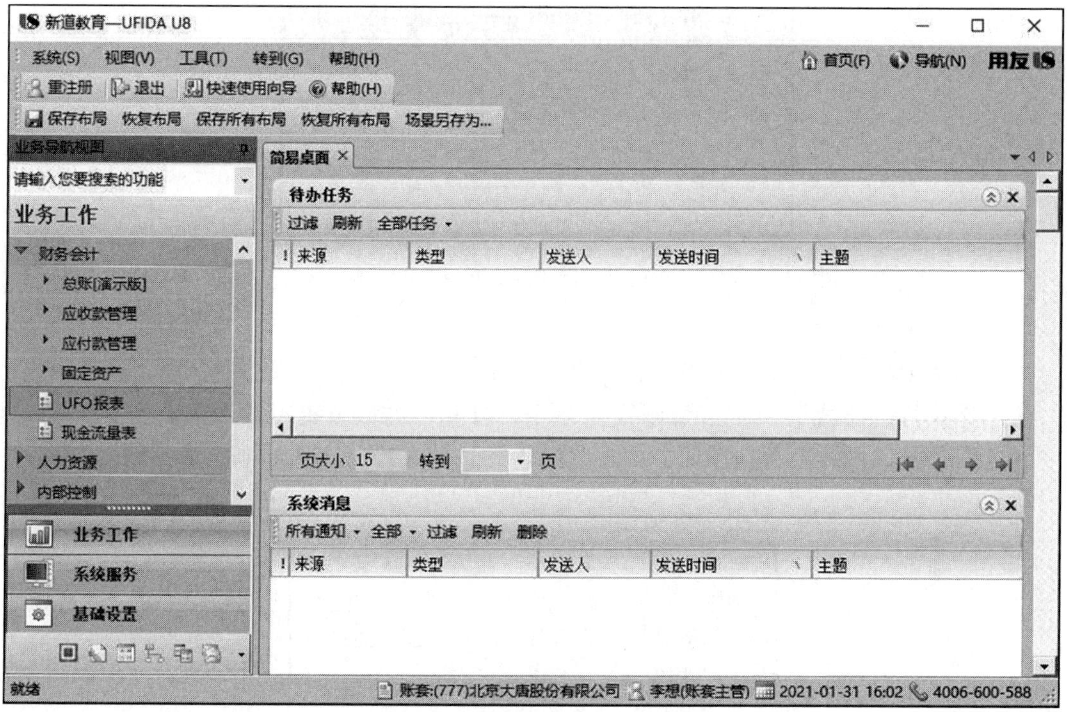

图 4-1　进入报表窗口

（3）进入“UFO 报表”窗口后，关闭“日积月累”，执行“文件”→“新建”命令，建立一张空白报表，报表名默认为 report1。

2. 报表格式定义

（1）设置报表尺寸。

①执行“格式”→“表尺寸”命令，打开“表尺寸”对话框。

②输入行数 7，列数 4，单击“确认”按钮。如图 4-2 所示。

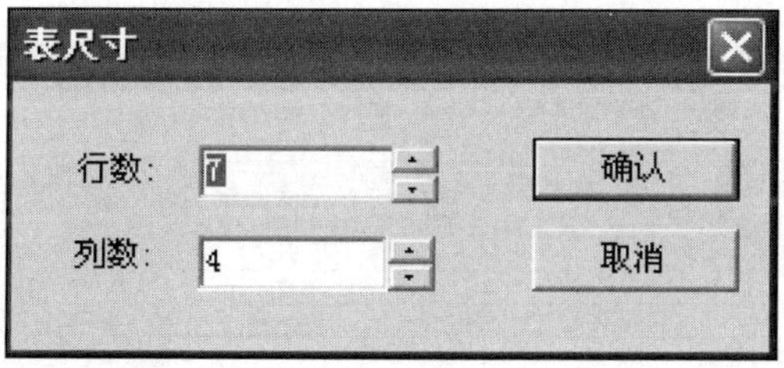

图 4-2　设置表尺寸窗口

（2）定义组合单元。

①选择单元格区域 A1：D1。

②执行“格式”→“组合单元”命令，打开“组合单元”对话框。

③选择组合方式“整体组合”或“按行组合”，该单元即合并成一个单元格，如图 4-3 所示。

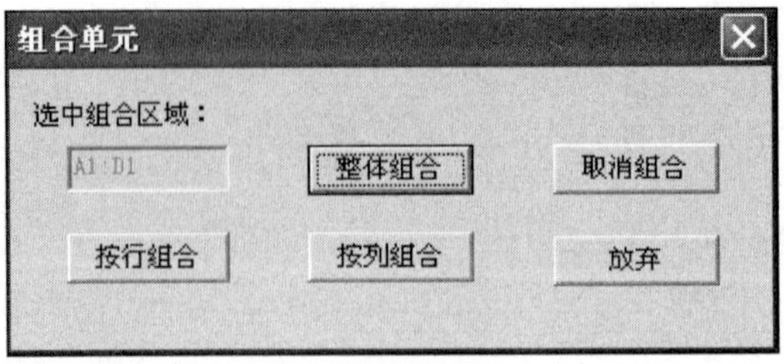

图 4－3　定义组合单元窗口

（3）画表格线。

①选中报表需要画线的单元区域 A3：D6。

②执行“格式”→“区域画线”命令，打开“区域画线”对话框。

③选择“网线”单选按钮，单击“确认”按钮，将所选区域画上表格线。如图 4－4 所示。

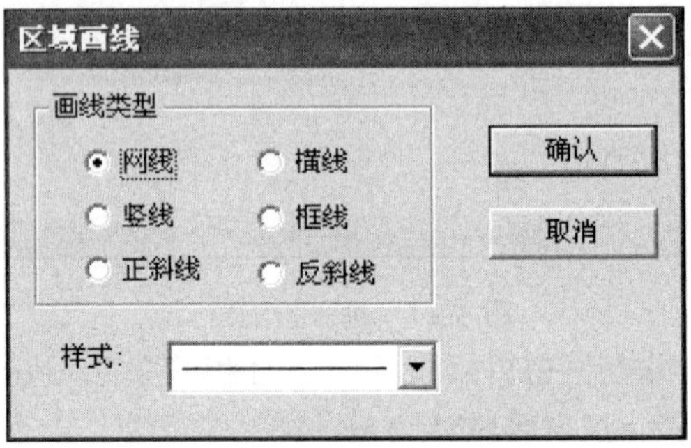

图 4－4　区域画线窗口

（4）输入报表项目。

①选中需要输入内容的单元或组合单元。

②在该单元或组合单元中输入相关文字内容，例如：在 A1 组合单元输入“货币资金表”字样。如图 4－5 所示。

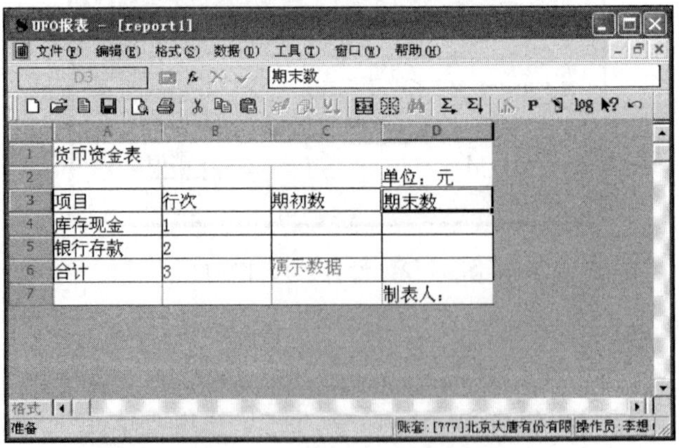

图 4－5　项目输入结果窗口

（5）设置单元风格。

①选中标题所在组合单元 A1。

②执行“格式”→“单元属性”命令，打开“单元格属性”对话框。

③打开“字体图案”选项卡，设置字体为“黑体”，字号为14。

④打开“对齐”选项卡，设置对齐方式为“居中”，单击“确定”按钮。如图4-6所示。

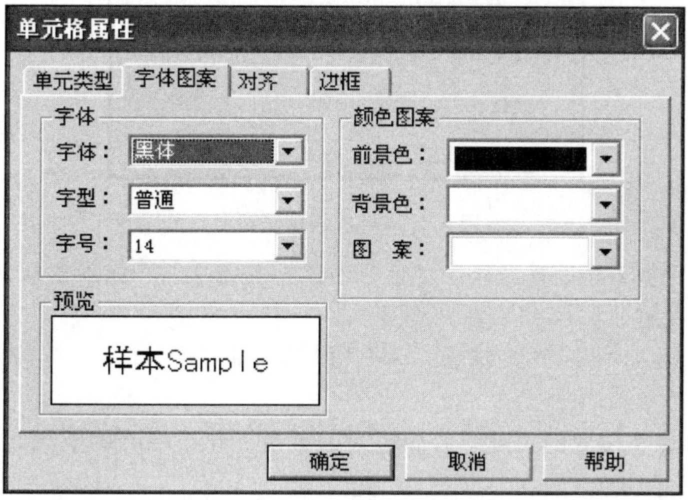

图4-6　单元格属性窗口

⑤同理，表体中文字设置为宋体、12号、居中；表尾设置为宋体、10号；C4：D6设置为右对齐。

(6) 定义报表行高和列宽。

①选中需要调整的单元所在行A1。

②执行“格式”→“行高”命令，打开“行高”对话框。

③输入行高7，单击“确定”按钮。

④选中需要调整的单元所在列，执行“格式”→“列宽”命令，可设置该列的宽度。本例设置为：A列30；B列15；C列50；D列50。

(7) 定义单元属性。

①选定单元D7。

②执行“格式”→“单元属性”命令，打开“单元格属性”对话框。

③打开“单元类型”选项卡，选择“字符”选项，单击“确定”按钮。

(8) 设置关键字。

①选中需要输入关键字的单元A2。

②执行“数据”→“关键字”→“设置”命令，打开“设置关键字”对话框。

③选择“单位名称”单选按钮，如图4-7所示，单击“确定”按钮。

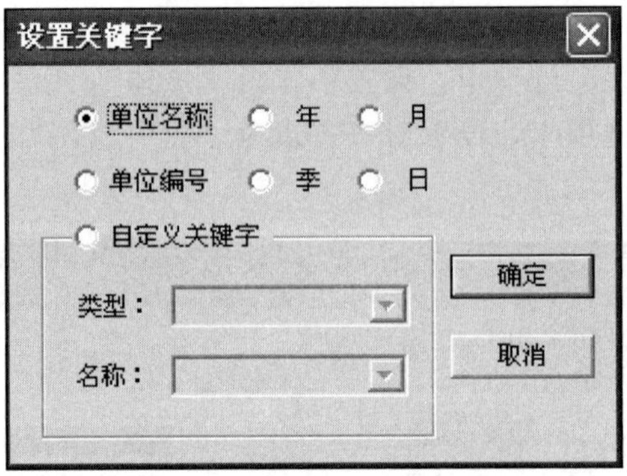

图 4-7　设置关键字窗口

④同理，在 C2 处设置“年”“月”“日”关键字。(如果要取消关键字，须执行“数据”→“关键字”→“取消”命令)。

⑤执行“数据”→“关键字”→“偏移”命令，打开“定义关键字偏移”对话框。

⑥在需要调整位置的关键字后面输入偏移量。年“-100”，月“-50”，日“0”。如图 4-8 所示。

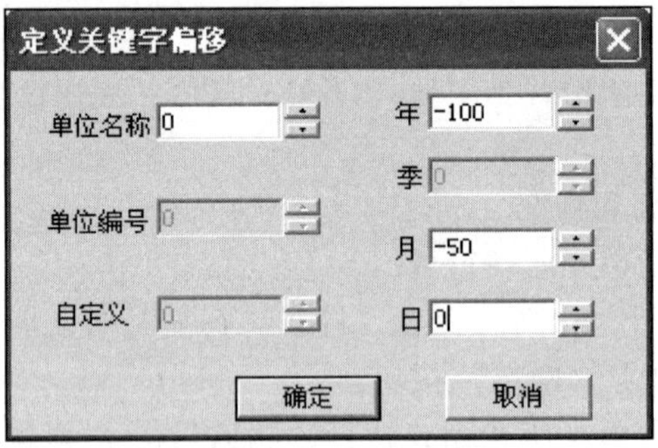

图 4-8　定义关键字偏移窗口

⑦单击“确定”按钮。

任务操作提示

关键字的位置可以用偏移量来表示，负数值表示向左移，正数值表示向右移。在调整时，可以通过输入正或负的数值来调整。

3. 报表公式定义

(1) 定义单元公式——直接输入公式。

①选定需要定义公式的单元 C4，“库存现金”的期初数。

②执行“数据”→“编辑公式”→“单元公式”命令，打开“定义公式”对话框。

(单击 fx 按钮或按“=”键，都可打开“定义公式”对话框)

③在“定义公式”对话框中直接输入总账期初函数公式：QC（“1001”，月），单击“确认”按钮，如图4－9所示；同理在C5“定义公式”对话框中直接输入总账期初函数公式：QC（“100201”，月），单击“确认”按钮。

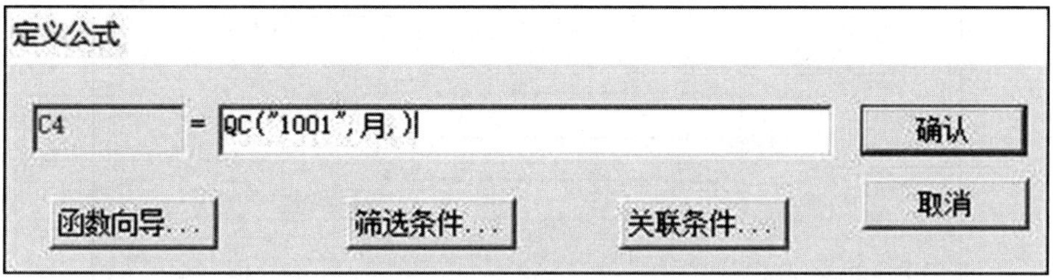

图4－9 定义公式

（2）定义单元公式——引导输入公式。

①选中被定义单元D4，“库存现金”期末数。

②单击  按钮，打开“定义公式”对话框。

③单击“函数向导”按钮，打开“函数向导”对话框。

④在“函数分类”列表框中选择“用友账务函数”，在右侧的“函数名”列表框中选择“期末（QM）”，如图4－10所示，单击“下一步”按钮。

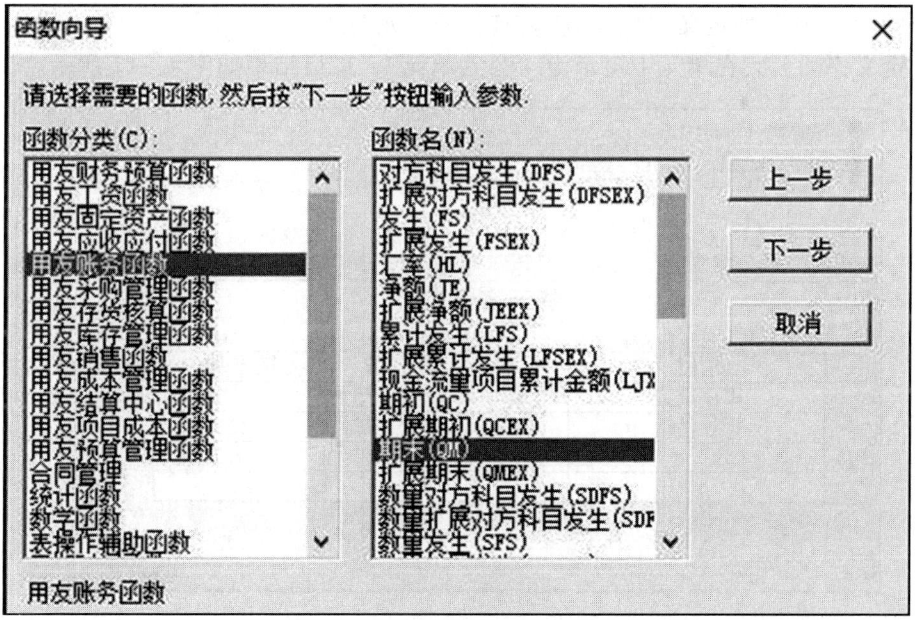

图4－10 函数向导窗口

⑤单击“参照”按钮，在“函数录入”处输入“1001”和“月”，如图4－11所示。

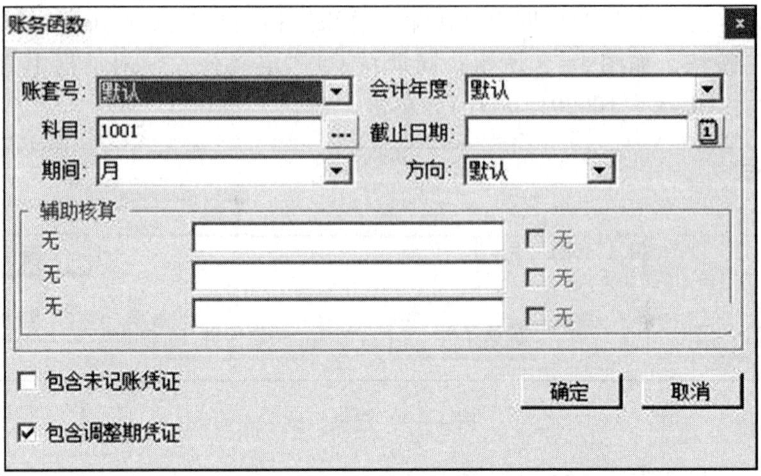

图 4－11　用友账务函数向导窗口

⑥其余均采用系统默认值，单击“确定”按钮，返回“用友账务函数”对话框。

⑦单击“确定”按钮，返回“定义公式”对话框，单击“确认”按钮。

⑧同理，输入 D5 的单元公式。

⑨在“C6”定义“C6 = C4 + C5”的单元公式，单击 fx ，在公式定义窗口录入“C6 = C4 + C5”，单击“确认”按钮。

⑩在“D6”处定义“D6 = D4 + D5”的单元公式。

定义完的公式在单元中显示为“公式单元”，最后结果如图 4－12 所示。

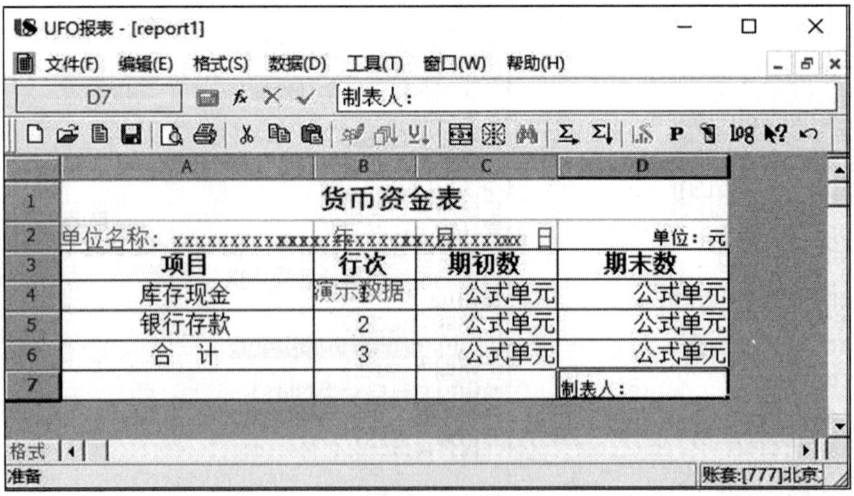

图 4－12　货币资金表结果窗口

任务操作提示

如果未进行账套初始，那么账套号和会计年度需要直接输入。

（3）定义审核公式。审核公式用于审核报表内或报表之间勾稽关系是否正确。例如，“资产负债表”中的“资产合计 = 负债合计 + 所有者权益合计”。本实训的“货币资金表”中不存在这种勾稽关系。若要定义审核公式，执行“数据”→“编辑公式”→“审核公式”命令即可。

（4）定义舍位平衡公式。

①执行“数据”→“编辑公式”→“舍位公式”命令，打开“舍位平衡公式”对话框。

②确定信息：舍位表名：“表 1”，舍位范围：“C4：D6”，舍位位数：2，平衡公式：“C6 = C4 + C5，D6 = D4 + D5”。如图 4 - 13 所示。

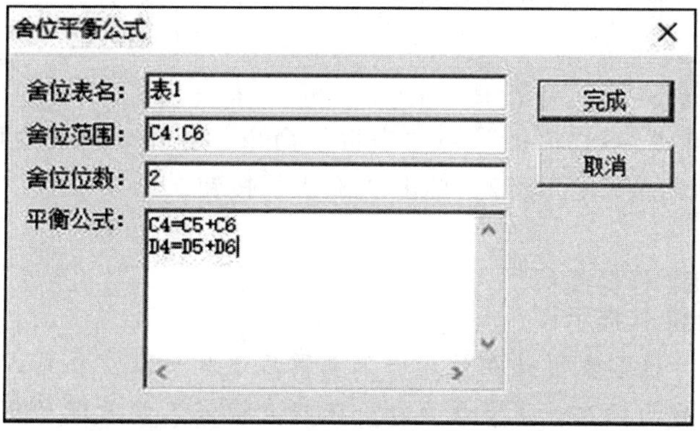

图 4 - 13　舍位平衡公式录入窗口

③单击“完成”按钮。

任务操作提示

①舍位平衡公式是指用来重新调整报表数据进位后的小数位平衡关系的公式。每个公式一行，各公式之间用逗号“，”（半角）隔开，最后一条公式不用写逗号，否则公式无法执行。等号左边只能为一个单元（不带页号和表名）。

②舍位公式中只能使用“+”“-”，不能使用其他运算符及函数。

（5）保存报表格式。

①执行“文件”→“保存”命令。如果是第一次保存，则打开“另存为”对话框。

②选择保存文件夹；输入报表文件名“货币资金表”；选择“保存类型（＊.REP）”，单击“保存”按钮。

任务操作提示

报表格式设置完以后切记要及时将这张报表格式保存下来，以便以后随时调用，如果没有保存就退出，系统会提示“是否保存报表?”信息，以防止误操作。

4. 报表数据处理

（1）打开报表。

①启动 UFO 系统，执行“文件”→“打开”命令。

②选择保存的报表文件“货币资金表”，单击“打开”按钮。

③单击空白报表底部左下角的“格式→数据”按钮，使当前状态为“数据”状态。

任务操作提示

报表数据处理必须在“数据”状态下进行。

（2）增加表页。

①执行“编辑”→“追加”→“表页”命令，打开“追加表页”对话框。

②输入需要增加的表页数 2，单击“确认”按钮。

任务操作提示

追加表页是在最后一张表页后追加一张空表页，插入表页是在当前表页后面插入一张空表页；一张报表最多只能管理 99999 张表页。

（3）输入关键字。

①执行“数据”→“关键字”→“录入”命令，打开“录入关键字”对话框。

②输入单位名称“北京大唐股份有限公司”，年为2021，月为1，日为31，如图4－14 所示。

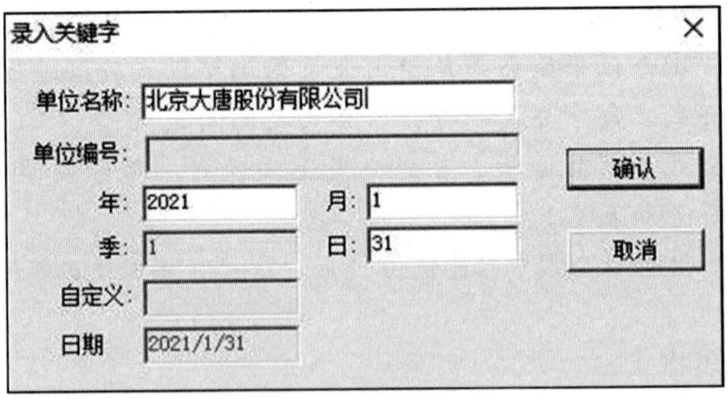

图 4－14 录入关键字窗口

③单击“确认”按钮，系统弹出“是否重算第 1 页？”信息提示对话框。

④单击“是”按钮，系统会自动根据单元公式计算 1 月的数据；单击“否”按钮，系统不计算 1 月的数据，以后可利用“表页重算”功能生成 1 月的数据。

任务操作提示

每一张表页均对应不同的关键字值，输出时随同单元一起显示。日期关键字可以确认报表数据取数的时间范围，即确定数据生成的具体日期。

（4）生成报表。

①执行“数据”→“表页重算”命令，系统弹出“是否重算第1页?”信息提示对话框。

②单击“是”按钮，系统会自动在初始的账套和会计年度范围内根据单元公式计算生成数据。如图4-15所示。

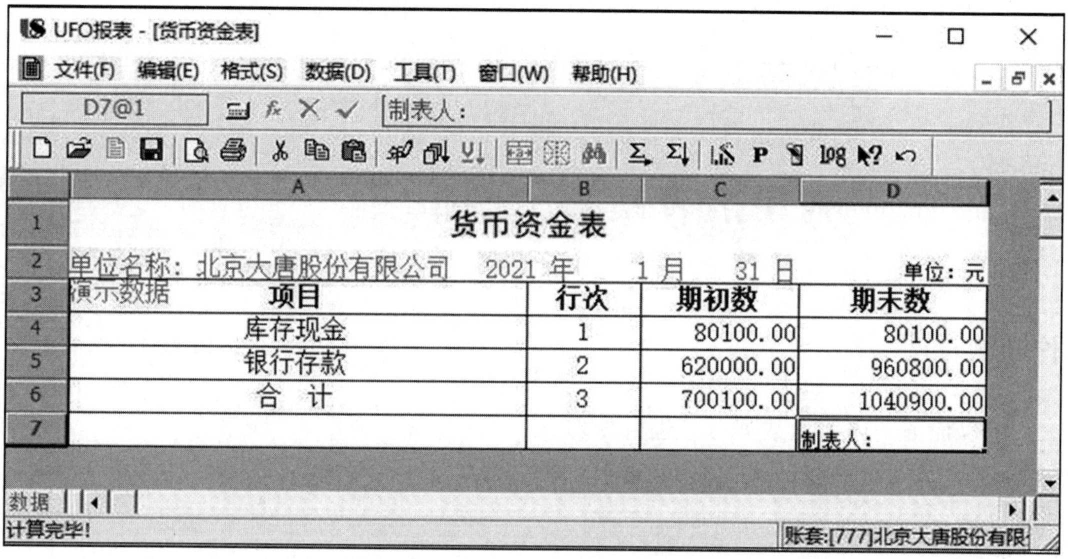

图4-15　生成1月的报表窗口

5. 表页管理及报表输出

（1）表页排序。

①执行“数据”→“排序”→“表页”命令，打开“表页排序”对话框。

②确定信息：选择第一关键字“年”，排序方向“递增”；第二关键字“月”，排序方向“递增”。如图4-16所示。

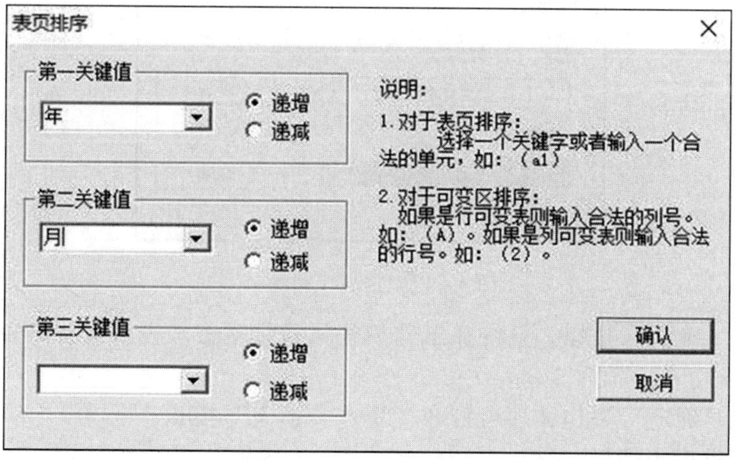

图4-16　表页排序窗口

③单击“确认”按钮。系统将自动把表页按年份递增顺序重新排列，如果年份相同则按月份递增顺序排序。

（2）表页查找。

①执行“编辑”→“查找”命令，打开“查找”对话框。

②确定查找内容“表页”，确定查找条件“月 =1”。

③单击“查找”按钮，查找到符合条件的表页作为当前表页。

任务二 利用报表模板生成报表

工作实例

以任务一内容为数据源，进行处理。

业务操作

1. 利用模板生成资产负债表

（1）调用资产负债表模板。

①在“格式”状态下，执行“格式”→“报表模板”命令，打开“报表模板”对话框。

②选择所在行业“2007 年新会计制度科目”财务报表为“资产负债表”，如图 4－17 所示。

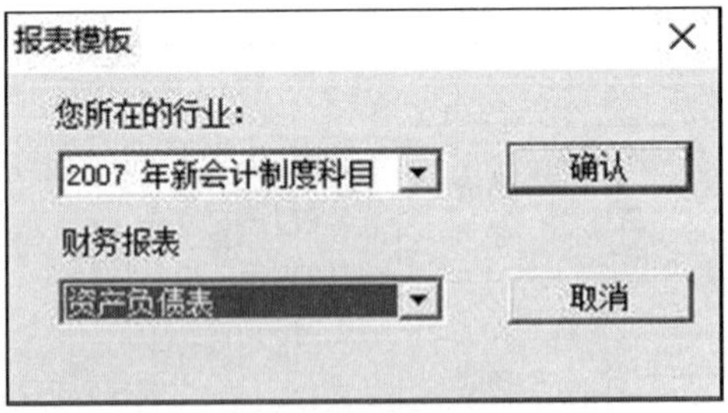

图 4－17　报表模板窗口

③单击“确认”按钮，系统弹出“模板格式将覆盖本表格式！是否继续?”信息提示对话框。

④单击“确定”按钮，即可打开“资产负债表”模板。

（2）调整报表模板。

①单击“数据→格式”按钮，使“资产负债表”处于“格式”状态。

②在“格式”状态下，删除原 A3 单元格内容，执行“数据”→“关键字”→

“设置”命令，设置“单位名称”。

③保存调整后的报表模板。

（3）生成资产负债表数据。

①在“数据”状态下，执行“数据”→“关键字”→“录入”命令，打开“录入关键字”对话框。

②输入关键字“北京大唐股份有限公司”；年为2021，月为1，日为31。

③单击“确认”按钮，系统弹出“是否重算第1页?”信息提示对话框。

④单击“是”按钮，系统会自动根据单元公式计算1月份数据。

⑤单击工具栏上的“保存”按钮，将生成的报表数据保存，如图4－18所示。

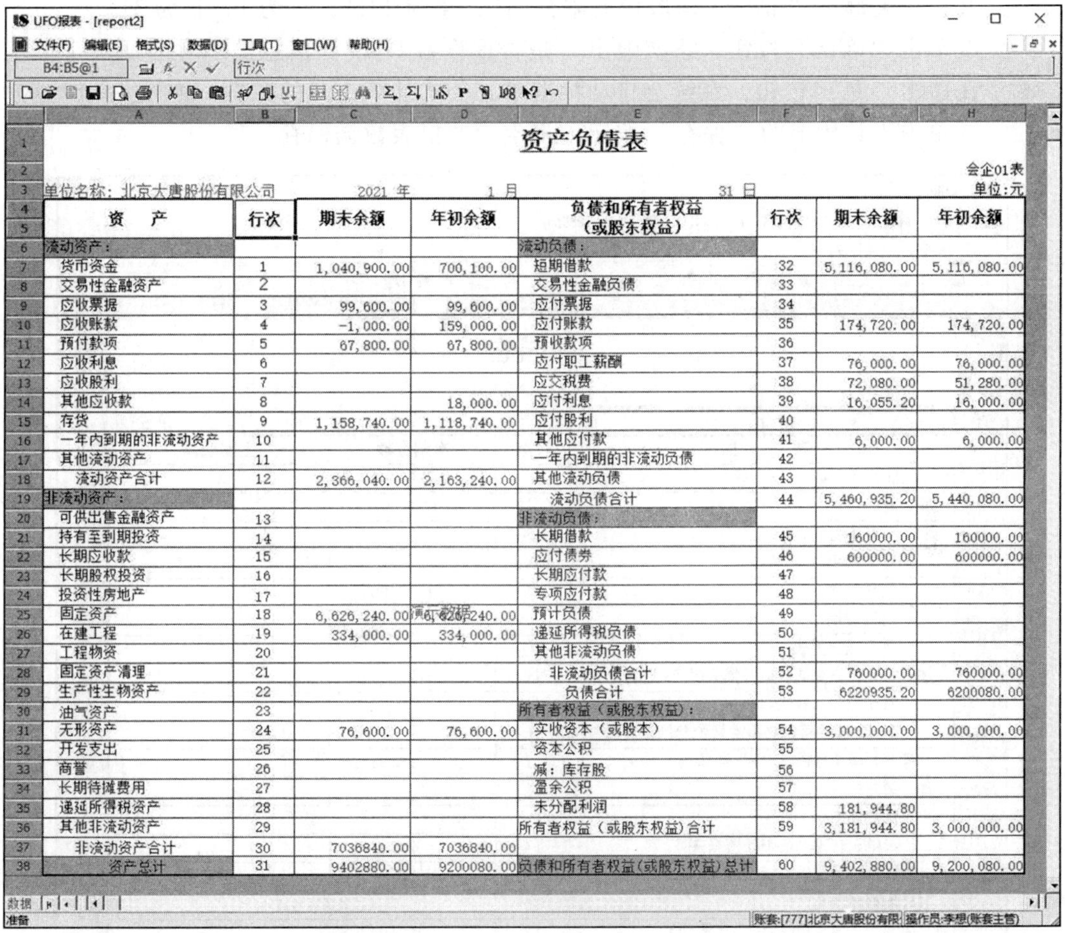

资产负债表

会企01表

单位名称：北京大唐股份有限公司　2021 年　1 月　31 日　单位:元

资　产	行次	期末余额	年初余额	负债和所有者权益（或股东权益）	行次	期末余额	年初余额
流动资产：				流动负债：			
货币资金	1	1,040,900.00	700,100.00	短期借款	32	5,116,080.00	5,116,080.00
交易性金融资产	2			交易性金融负债	33		
应收票据	3	99,600.00	99,600.00	应付票据	34		
应收账款	4	-1,000.00	159,000.00	应付账款	35	174,720.00	174,720.00
预付款项	5	67,800.00	67,800.00	预收款项	36		
应收利息	6			应付职工薪酬	37	76,000.00	76,000.00
应收股利	7			应交税费	38	72,080.00	51,280.00
其他应收款	8		18,000.00	应付利息	39	16,055.20	16,000.00
存货	9	1,158,740.00	1,118,740.00	应付股利	40		
一年内到期的非流动资产	10			其他应付款	41	6,000.00	6,000.00
其他流动资产	11			一年内到期的非流动负债	42		
流动资产合计	12	2,366,040.00	2,163,240.00	其他流动负债	43		
非流动资产：				流动负债合计	44	5,460,935.20	5,440,080.00
可供出售金融资产	13			非流动负债：			
持有至到期投资	14			长期借款	45	160000.00	160000.00
长期应收款	15			应付债券	46	600000.00	600000.00
长期股权投资	16			长期应付款	47		
投资性房地产	17			专项应付款	48		
固定资产	18	6,626,240.00	6,626,240.00	预计负债	49		
在建工程	19	334,000.00	334,000.00	递延所得税负债	50		
工程物资	20			其他非流动负债	51		
固定资产清理	21			非流动负债合计	52	760000.00	760000.00
生产性生物资产	22			负债合计	53	6220935.20	6200080.00
油气资产	23			所有者权益（或股东权益）：			
无形资产	24	76,600.00	76,600.00	实收资本（或股本）	54	3,000,000.00	3,000,000.00
开发支出	25			资本公积	55		
商誉	26			减：库存股	56		
长期待摊费用	27			盈余公积	57		
递延所得税资产	28			未分配利润	58	181,944.80	
其他非流动资产	29			所有者权益（或股东权益）合计	59	3,181,944.80	3,000,000.00
非流动资产合计	30	7036840.00	7036840.00				
资产总计	31	9402880.00	9200080.00	负债和所有者权益（或股东权益）总计	60	9,402,880.00	9,200,080.00

图4－18　资产负债表部分内容窗口

2. 利用模板生成利润表

（1）调用利润表模板。

①在“格式”状态下，执行“格式”→“报表模板”命令，打开“报表模板”对话框。

②选择所在行业“2007年新会计制度科目”财务报表为“利润表”。

③单击“确认”按钮，系统弹出“模板格式将覆盖本表格式！是否继续?”信息提示对话框。

④单击“确定”按钮，即可打开“利润表”模板。

（2）调整报表模板。

①单击“数据→格式”按钮，使“利润表”处于“格式”状态。

②在“格式”状态下，删除原A3单元格内容，执行“数据”→“关键字”→“设置”命令，设置“单位名称”。

③保存调整后的报表模板。

（3）生成资产负债表数据。

①在“数据”状态下，执行“数据”→“关键字”→“录入”命令，打开“录入关键字”对话框。

②输入关键字“北京大唐股份有限公司”；年为2021，月为1，日为31。

③单击“确认”按钮，系统弹出“是否重算第1页？”信息提示对话框。

④单击“是”按钮，系统会自动根据单元公式计算1月的数据，如图4－19所示。

⑤单击工具栏上的“保存”按钮，将生成的报表数据保存。

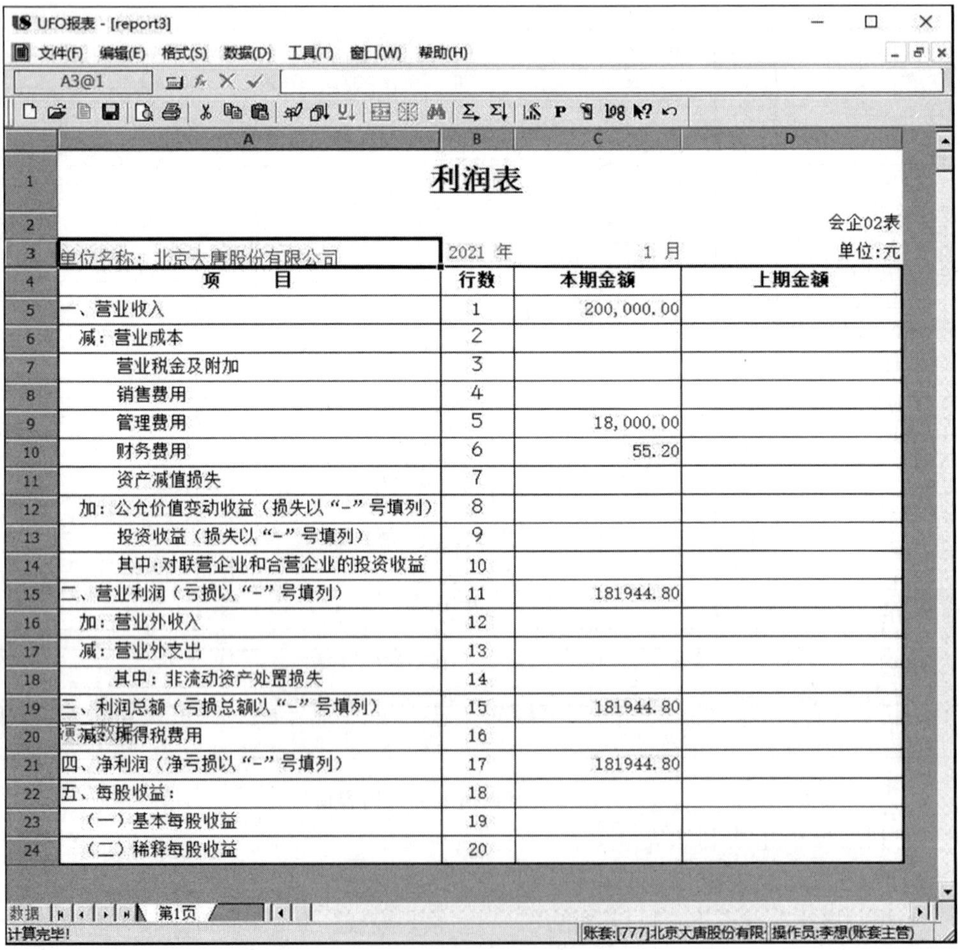

利润表

会企02表

单位名称：北京大唐股份有限公司　2021 年　1 月　单位:元

项　　目	行数	本期金额	上期金额
一、营业收入	1	200,000.00	
减：营业成本	2		
营业税金及附加	3		
销售费用	4		
管理费用	5	18,000.00	
财务费用	6	55.20	
资产减值损失	7		
加：公允价值变动收益（损失以“-”号填列）	8		
投资收益（损失以“-”号填列）	9		
其中:对联营企业和合营企业的投资收益	10		
二、营业利润（亏损以“-”号填列）	11	181944.80	
加：营业外收入	12		
减：营业外支出	13		
其中：非流动资产处置损失	14		
三、利润总额（亏损总额以“-”号填列）	15	181944.80	
减：所得税费用	16		
四、净利润（净亏损以“-”号填列）	17	181944.80	
五、每股收益：	18		
（一）基本每股收益	19		
（二）稀释每股收益	20		

图4－19　利润内容窗口

3. 利用报表模板生成现金流量表主表

（1）调用现金流量表模板。

①在“格式”状态下，执行“格式”→“报表模板”命令，打开“报表模板”对话框。

②选择所在的行业为“2007 年新会计制度科目”，财务报表为“现金流量表”。

③单击“确认”按钮，系统弹出“模板格式将覆盖本表格式！是否继续?”信息提示对话框。

④单击“确定”按钮，即可打开“现金流量表”模板。

（2）调整报表模板。

①单击“数据→格式”按钮，使“现金流量表”处于“格式”状态。

②采用引导输入方式调整报表公式。

③选中单元 C6。

④单击  按钮，打开“定义公式”对话框。

⑤单击“函数向导”按钮，打开“函数向导”对话框。

⑥在“函数分类”列表框中选择“用友账务函数”，在右侧的“函数名”列表框中选择“现金流量项目金额（XJLL）”，单击“下一步”按钮。

⑦双击“参照”按钮，打开“账务函数”对话框。“会计期间”处为空；在起始日期处选择“2021－01－01”；在截止日期处选择“2021－01－31”。

⑧单击“项目编码”右侧的参照按钮，打开“现金流量项目”选项。

⑨双击选择与 C6 单元左侧相对应的项目，本例选择“01”。如图 4－20 所示。

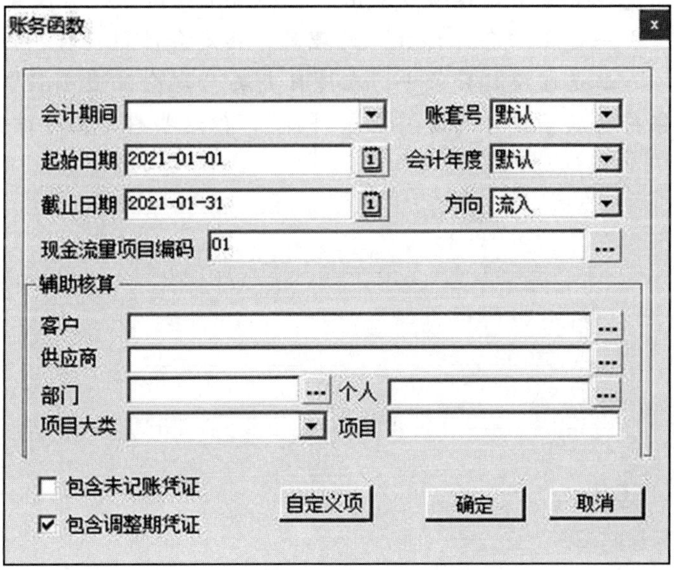

图 4－20　财务函数对话窗口

⑩单击“确定”按钮，返回“用友账务函数”对话框。单击“确定”按钮，返回“定义公式”对话框，如图 4－21 所示，单击“确认”按钮。

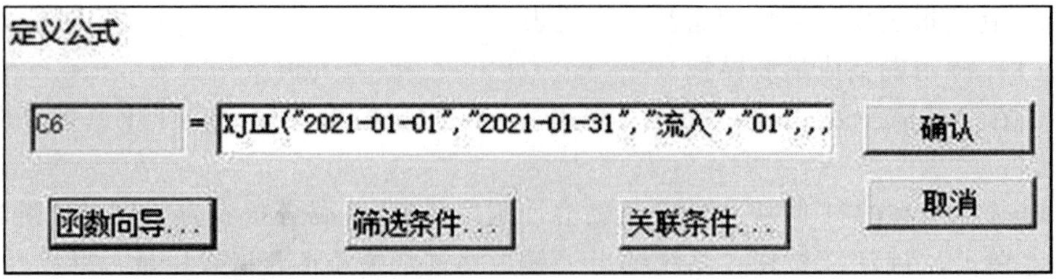

图 4-21　定义对话窗口

⑪重复步骤。③~⑩的操作，输入其他单元公式。

⑫单击工具栏上的“保存”按钮，保存调整后的报表模板。

（3）生成现金流量表主表数据。

①在“数据”状态下，执行“数据”→“关键字”→“录入”命令，打开“录入关键字”对话框。

②输入关键字“北京大唐股份有限公司”；年为2021，月为1，日为31。

③单击“确认”按钮，系统弹出“是否重算第1页?”信息提示对话框。

④单击“是”按钮，系统会自动根据单元公式计算1月的数据。

⑤执行“文件”→“另存为”命令，输入文件名“现金流量表2021”，单击“另存为”按钮，将生成的报表数据保存。

任务操作提示

现金流量表各项目采用上述办法生成需要提前设置，有两种办法：

一是在“会计科目”处理时，指定会计科目时，指定现金流量科目。

二是在项目目录中，在项目大类“现金流量项目”下，把库存现金、银行存款等科目选为“已选科目”，但这些科目应选设置为“项目核算”。

5 项目五 薪资管理

职业能力目标

通过本项目的学习，要求掌握会计电算化下薪资核算如何处理，能准确计算并正确分摊。

课程思政目标

培养学生认真学习财税相关法律意识，提高对法律理解和执行水平，能够严格进行会计核算，有效实施会计监督，确保“个人所得税法”等最新变化在具体工作中有效实施。

典型工作任务

(1) 工资管理内容的初始化。
(2) 工资管理内容的日常业务处理。
(3) 工资管理内容的分摊及月末处理。

任务一 初始设置

工作实例

(1) 北京大唐股份有限公司工资类别有两个：正式职工和临时职工；核算计件工资；核算币别：人民币；工资管理代扣个人所得税，费用扣除基数 5000 元；不进行扣零处理；人员编码：3 位。

（2）部门档案（见表5－1）。

表5－1

编号	名称	部门属性	负责人
01	综合部	管理	田伟
02	财务部	财务	李想
03	生产部	生产	刘军
0301	一车间	生产	王猛
0302	二车间	生产	乔元
04	市场部	供应及销售	李超
0401	供应处	供应	李超
0402	销售处	销售	汪洋

（3）职员档案。

①正式职工：正式职工档案见表5－2。

表5－2

职员编号	职员名称	性别	年龄	所属部门	所在银行	银行账号
101	李想	男	30	财务部	中国工商银行	160001
102	多亮	女	23	财务部	中国工商银行	160002
103	魏来	男	30	财务部	中国工商银行	160003
104	张楠	男	30	财务部	中国工商银行	160004
105	王欣	男	26	财务部	中国工商银行	160005
201	田伟	男	32	综合部	中国工商银行	160006
301	刘军	男	45	一车间	中国工商银行	160007
302	王猛	男	38	一车间	中国工商银行	160008
303	乔元	女	40	二车间	中国工商银行	160009
401	李超	男	43	供应处	中国工商银行	160010
402	汪洋	男	29	销售处	中国工商银行	160012
403	李文明	女	32	供应处	中国工商银行	160011

②临时职工：临时职工档案见表5－3。

表5－3

职员编号	职员名称	性别	年龄	所属部门	银行账号
501	临时1	男	40	一车间	
502	临时2	男	30	一车间	
503	临时3	男	30	二车间	
504	临时4	男	30	二车间	

（4）人员类别：管理人员、生产人员、采购人员、销售人员。

（5）工资项目（仅指正式职工，见表5－4）。

表5－4

项目名称	类　型	长度	小数位数	增减项
基本工资	数值型	8	2	增项
岗位工资	数值型	8	2	增项
奖　金	数值型	8	2	增项
副食补助	数值型	8	2	增项
应发工资	数值型	10	2	其他
养老保险	数值型	10	2	减项
医疗保险	数值型	10	2	减项
失业保险	数值型	10	2	减项
住房公积金	数值型	10	2	减项
事假天数	数值型	8	0	其他
事假扣款	数值型	8	2	减项
代扣税	数值型	10	2	减项
扣款合计	数值型	10	2	减项
实发合计	数值型	10	2	其他

（6）正式人员工资类别设置。

①部门设置：综合部、财务部、生产部、市场部。

②人员档案如上，全部为中方人员，计税。

③设置银行名称：中国工商银行。

④工资项目：见表5－4。

⑤工资计算公式：

奖金＝iff（人员类别＝“生产人员”or 人员类别＝“销售人员”，2000，1000）

事假扣款＝事假天数×30元

养老保险＝（基本工资＋岗位工资＋奖金＋副食补助）×0.08

医疗保险＝（基本工资＋岗位工资＋奖金＋副食补助）×0.02

失业保险＝（基本工资＋岗位工资＋奖金＋副食补助）×0.002

住房公积金＝（基本工资＋岗位工资＋奖金＋副食补助）×0.12

业务操作

1. 在企业应用平台中启用薪资管理系统

（1）执行“开始”→“程序”→“用友U8V10.1”→“企业应用平台”命令，打开“登录”对话框。

（2）输入操作员为“101”，在“账套”下拉列表框中选择“777 北京大唐股份有限公司”，更改“操作日期”为“2021.01.01”，单击“确定”按钮，进入“企业应用平台”。

任务操作提示

如果“薪资管理”系统还没有启用，执行“基础信息”→“基本信息”→“系统启用”命令，打开“系统启用”对话框，选中“WA 薪资管理”复选框，弹出“日历”对话框，选择薪资系统启用日期为“2021年01月1日”，单击“确定”按钮，系统弹出“确实要启用当前系统吗?”信息提示对话框。单击“是”按钮返回。

2. 建立工资账套

（1）在企业应用平台中，双击“财务会计”中的“薪资管理”选项，如图 5-1 所示。

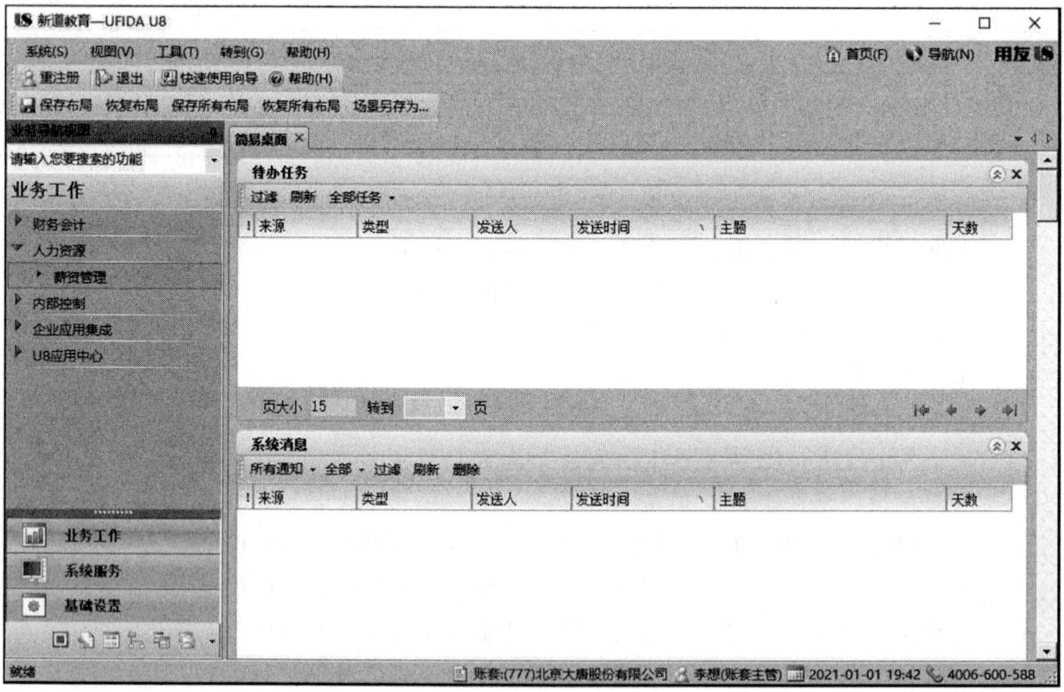

图 5-1 企业应用平台

（2）系统提示“请先设置工资类别”，单击“确定”按钮，选择本账套所需处理的工资类别个数“多个”，默认货币名称为“人民币”，如图 5-2 所示。单击“下一步”按钮。

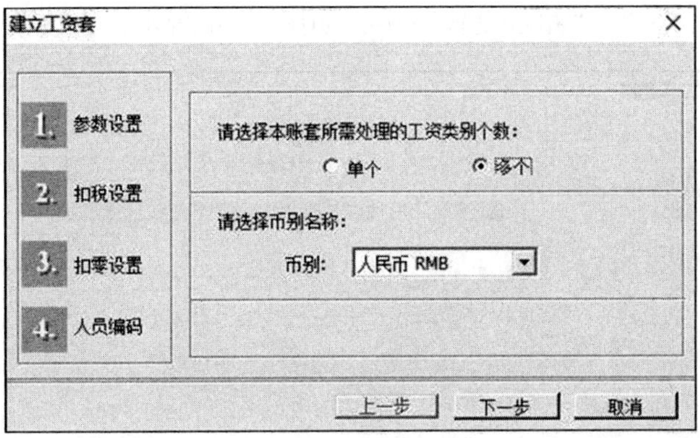

图 5－2　建账第一步窗口

任务操作提示

本例中对正式人员和临时人员分别进行核算，所以工资类别应选择“多个”。计件工资是按计件单价支付劳动报酬的一种形式。由于对计时工资和计件工资的核算方法不同，因此，在工资管理系统中对于企业是否存在计件工资特别设置了确认选项。选中该项，系统自动在工资项目设置中显示“计件工资”项目；在人员档案中“核算计件工资”项目可选；在“设置”菜单中显示“计件工资标准设置”和“计件工资方案设置”命令；在“业务处理”菜单中显示“计件工资统计”命令。

（3）在建账第二步“扣税设置”中，选中“是否从工资中代扣个人所得税”复选框，如图 5－3 所示。单击“下一步”按钮。

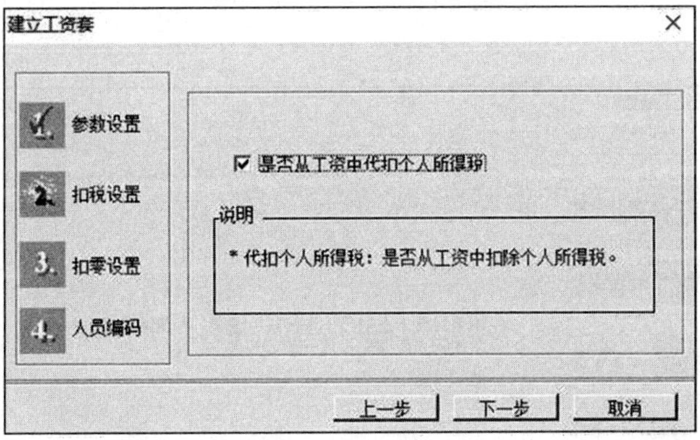

图 5－3　建账第二步窗口

任务操作提示

选择代扣个人所得税后，系统将自动生成工资项目“代扣税”，并自动进行代扣税金的计算。

（4）在建账第三步“扣零设置”中，如图5-4所示，直接单击“下一步”按钮。

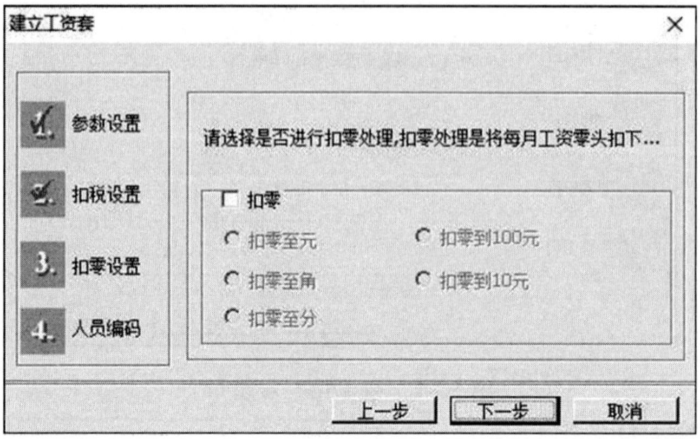

图5-4 建账第三步窗口

任务操作提示

扣零处理是指每次发放工资时零头扣下，积累取整，于下次工资发放时补上，系统在计算工资时将依据扣零类型（扣零至元、扣零至角、扣零至分）进行扣零计算。用户一旦选择了“扣零处理”，系统自动在固定工资项目中增加“本月扣零”和“上月扣零”两个项目，扣零的计算公式将由系统自动定义，无须设置。

（5）在建账第四步“人员编码”中，系统提示“本系统要求您对员工统一编号，人员编码同公共平台的人员编码保持一致”。如图5-5所示。单击“完成”按钮，完成工资套建立。

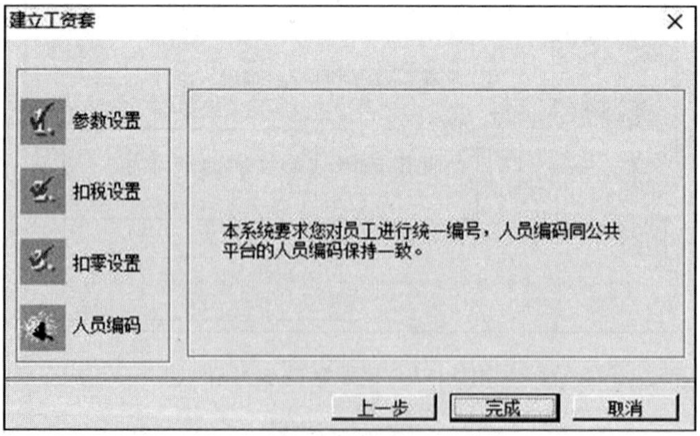

图5-5 建账第四步窗口

任务操作提示

建账完毕后，部分建账参数可以在“设置”→“选项”中进行修改。

3. 建立工资类别

（1）建立正式人员工资类别。

①执行“工资类别”→“新建工资类别”命令，打开“新建工资类别”对话框。

②在文本框中输入第一个工资类别“正式职工”，单击“下一步”按钮。如图5－6所示。

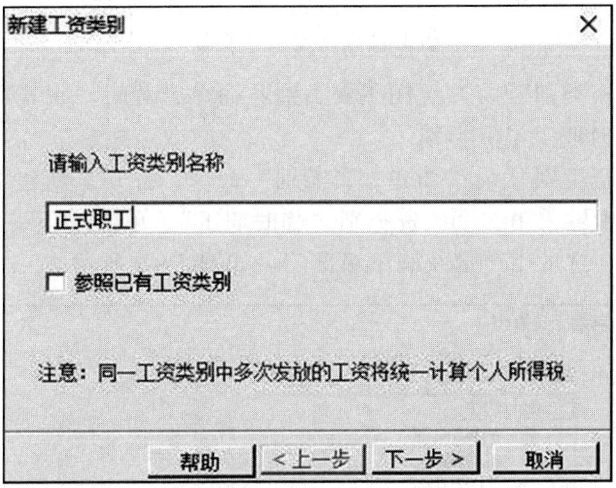

图5－6　新建工资类别

③选择综合部、财务部、生产部、市场部，如图5－7所示。

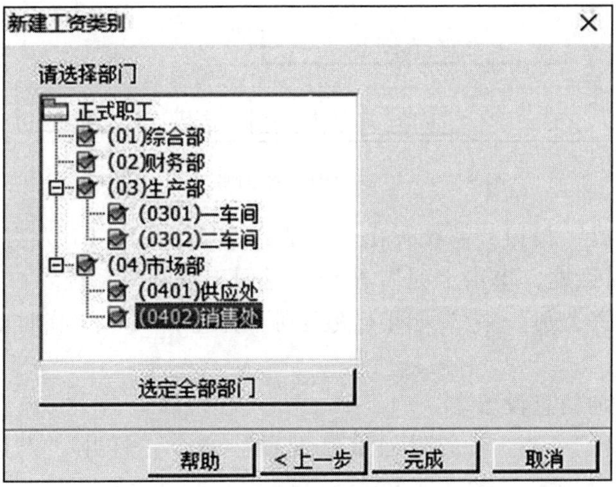

图5－7　新建工资类别1

④单击“完成”按钮，系统弹出“是否以2021－01－01为当前工资类别的启用日期?”信息提示对话框，如图5－8所示。单击“是”按钮，返回工资管理系统。

图 5－8　新建工资类别 2

⑤执行“工资类别”→“关闭工资类别”命令，关闭“正式职工”工资类别。

（2）建立临时职工工资类别。

①执行“工资类别”→“新建工资类别”命令，打开“新建工资类别”对话框。

②在文本框中输入第二个工资类别“临时职工”，单击“下一步”按钮。

③单击鼠标，选取生产部及其下级部门。如图 5－9 所示。

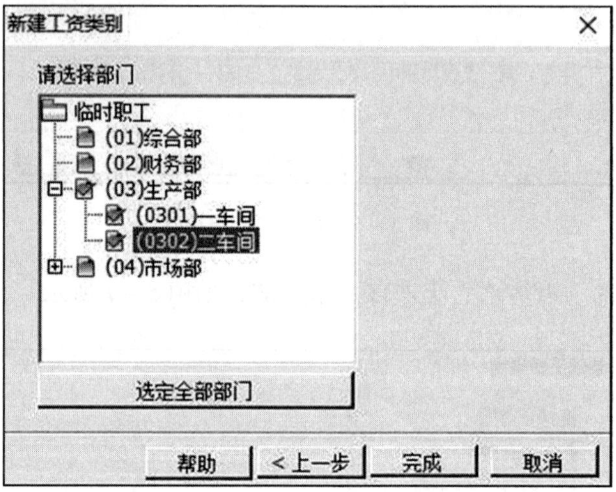

图 5－9　工资类别（临时职工）窗口

④单击“完成”按钮，系统弹出“是否以 2021－01－01 为当前工资类别的启用日期?”信息提示对话框，单击“是”按钮，返回工资管理系统。

⑤执行“工资类别”→“关闭工资类别”命令，关闭“临时职工”工资类别。

4. 设置

（1）人员附加信息设置。

①执行“设置”→“人员附加信息设置”命令，打开“人员附加信息设置”对话框。

②在“信息名称”文本框中选中“性别”，单击“增加”按钮。

③再在“信息名称”文本框中选中“年龄”，单击“增加”按钮。完成在人员信息中增加“性别”和“年龄”的工作，如图 5－10 所示。

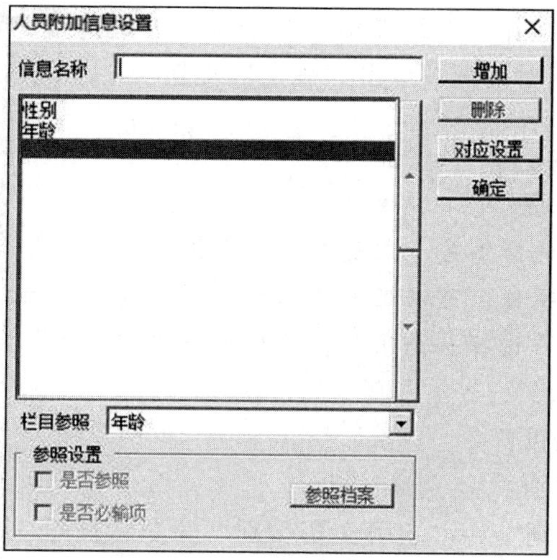

图 5－10　人员附加信息窗口

（2）工资项目设置（不针对具体工资类别）。

①双击执行“设置”→“工资项目设置”命令，打开“工资项目设置”对话框。

②单击“增加”按钮，工资项目列表中增加一空行。

③单击“名称参照”下拉列表框，从下拉列表中选择并双击“基本工资”选项。

④双击“类型”栏，单击下拉列表框，从下拉列表中选择“数字”选项。

⑤“长度”“小数”栏均为系统默认的设置。

⑥双击“增减项”栏，单击下拉列表框，从下拉列表中选择“增项”选项。

⑦同理，单击“增加”按钮，增加“岗位工资”“奖金”“副食补助”项目，并且均为“增项”；增加“事假天数”，设置为“其他”项，增加“事假扣款、养老保险、医疗保险、失业保险、住房公积金”，均设置为“减项”。设置结果如图 5－11 所示。

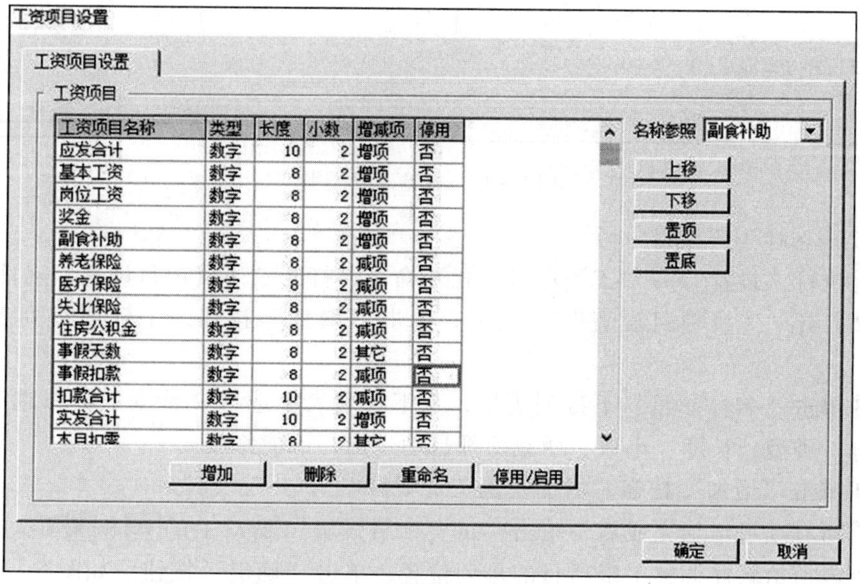

图 5－11　工资项目设置结果窗口

⑧单击“确定”按钮，系统弹出“工资项目已经改变，请确认各工资类别的公式是否正确?”信息提示对话框，单击“确定”按钮。

任务操作提示

系统提供若干常用工资项目供参考，可选择输入。对于参照中未提供的工资项目，可以双击“工资项目名称”一栏直接输入，或先从“名称参照”中选择一个项目，然后单击“重命名”按钮修改为需要的项目。

5. 正式职工初始设置

(1) 打开工资类别。

①执行“工资类别”→“打开工资类别”命令，打开“打开工资类别”对话框。

②选择“001 正式职工”工资类别，单击“确定”按钮，如图 5－12 所示。

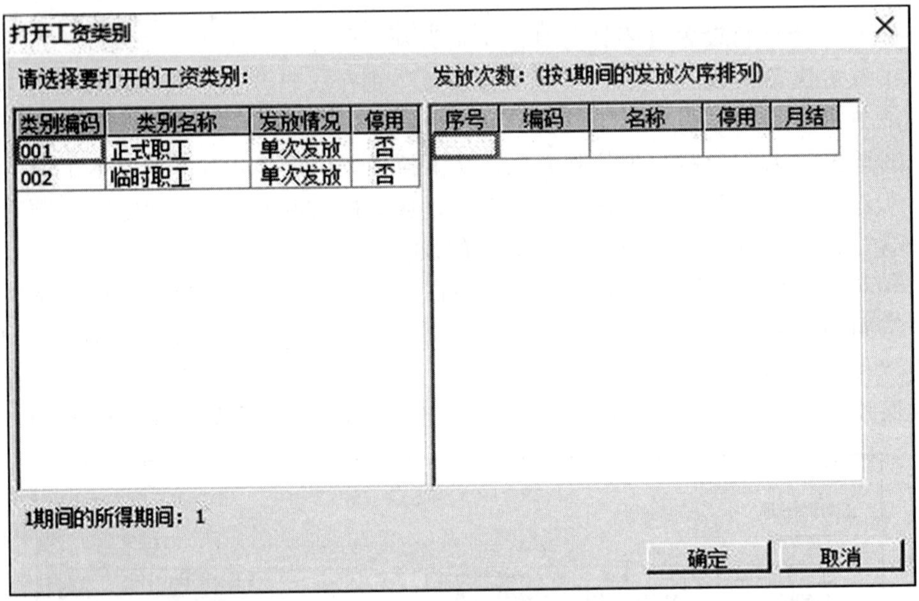

图 5－12 打开工资类别

(2) 选择工资项目。

①执行“设置”→“工资项目设置”命令，打开“工资项目设置”对话框。

②打开“工资项目设置”选项卡，单击“增加”按钮，工资项目列表中增加一空行。

③单击“名称参照”下拉列表框，从下拉列表中选择“基本工资”选项，工资项目名称、类型、长度、小数、增减项都自动带出，不能修改。

④单击“增加”按钮，增加其他工资项目。

⑤所有项目增加完成后，单击“工资项目设置”窗口上的▲和▼箭头按钮，按照实训资料所给顺序调整工资项目的排列位置，单击“确定”按钮，如图 5－13 所示。

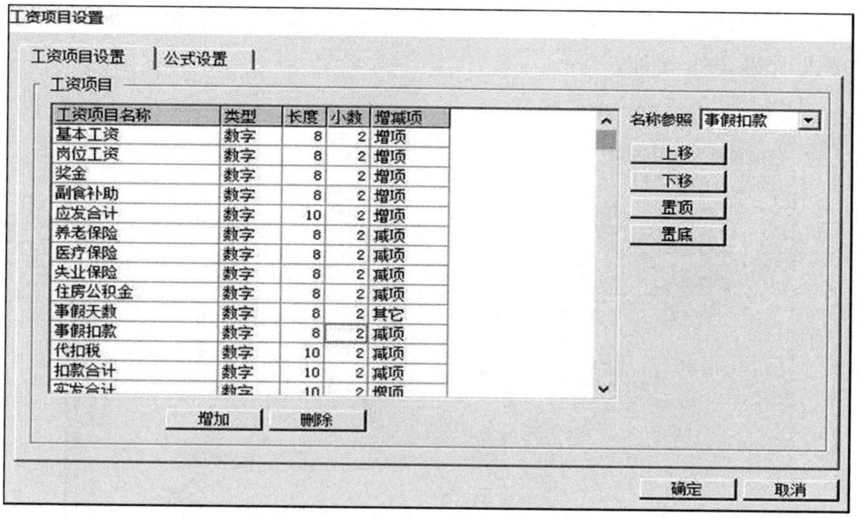

图 5－13　工资项目设置

任务操作提示

工资项目不能重复选择。没有选择的工资项目不允许在计算公式中出现。不能删除已输入数据的工资项目和已设置计算公式的工资项目。

（3）设置人员档案。

①执行“设置”→“人员档案”命令，进入“人员档案”窗口。

②单击工具栏上的“增加”按钮，打开“人员档案”对话框。

③在“基本信息”选项卡中，单击“人员姓名”参照按钮，从“人员参照”列表中选择“田伟”，人员编号自动带出“201”；部门名称“综合办”自动带出；人员类别“管理人员”自动带出。

④单击“银行名称”下拉列表框，从下拉列表中择“中国工商银行”；输入银行账号 160006；如图 5－14 所示。

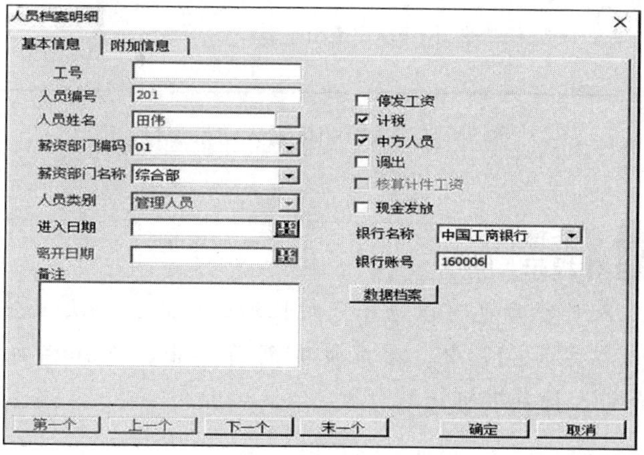

图 5－14　人员档案基本信息窗口

⑤单击“附加信息”，输入“性别”为“男”，输入“年龄”为“32”，如图5－15所示。单击“确定”按钮。

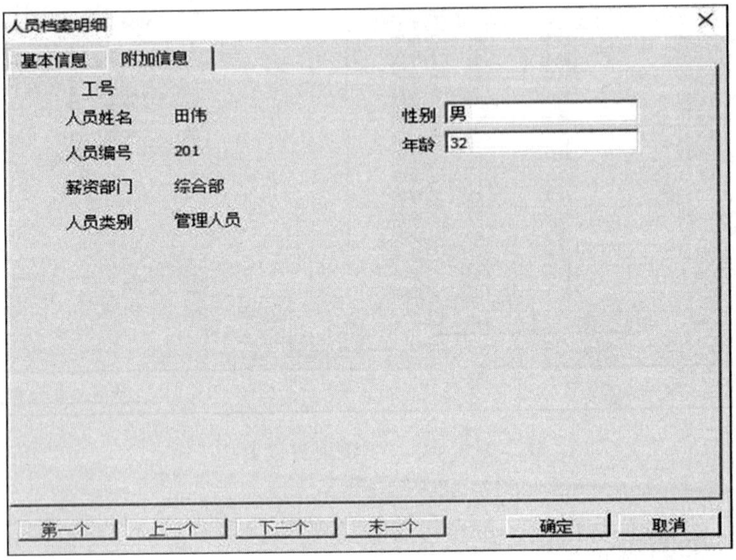

图5－15　人员档案附加信息窗口

⑥依上述顺序输入所有人员档案，输入结果如图5－16所示。最后单击工具栏上的“退出”按钮。

人员档案

总人数：12

选择	薪资部门名称	工号	人员编号	人员姓名	人员类别	账号	中方人员	是否计税	工资停发	核算计件工资	现金发放	进入日期	离开日期	性别	年龄
	综合部		201	田伟	管理人员	160006	是	是	否	否	否			男	32
	财务部		101	李想	管理人员	160001	是	是	否	否	否			男	30
	财务部		102	多亮	管理人员	160002	是	是	否	否	否			女	23
	财务部		103	魏来	管理人员	160003	是	是	否	否	否			男	30
	财务部		104	张楠	管理人员	160004	是	是	否	否	否			男	30
	财务部		105	王欣	管理人员	160005	是	是	否	否	否			男	26
	一车间		301	刘军	生产人员	160007	是	是	否	否	否			男	45
	一车间		302	王猛	生产人员	160008	是	是	否	否	否			男	38
	二车间		303	乔元	生产人员	160009	是	是	否	否	否			女	40
	供应处		401	李超	采购人员	160010	是	是	否	否	否			男	43
	供应处		403	李文明	采购人员	160011	是	是	否	否	否			女	32
	销售处		402	汪洋	销售人员	160012	是	是	否	否	否			男	29

图5－16　人员档案输入结果窗口

任务操作提示

人员档案也可以选择采用批增的方式，一次性全部增加。执行批增命令，在图5－17中，在人员类别前单击，选择栏自动出现“是”。单击“确定”按钮即可。

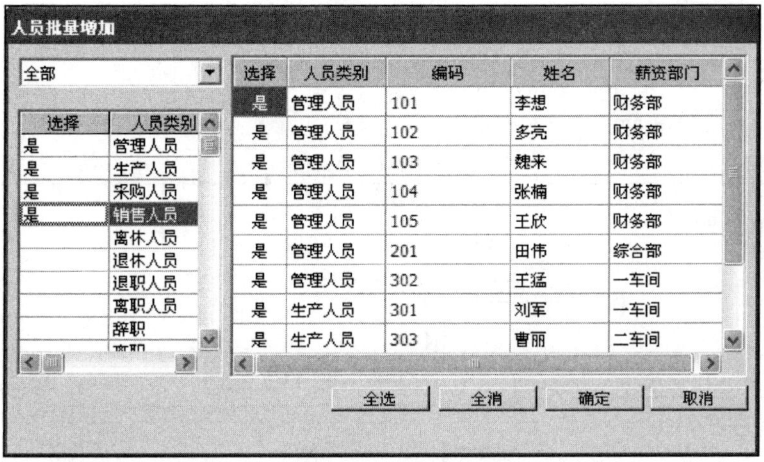

图 5-17　批增人员档案

6. 正式人员工资类别工资公式设置

（1）设置公式：事假扣款 = 事假天数 * 30。

①在“工资项目设置”对话框中打开“公式设置”选项卡。

②单击“增加”按钮，在工资项目列表中增加一空行，单击该行，在下拉列表中选择“事假扣款”选项，如图 5-18 所示。

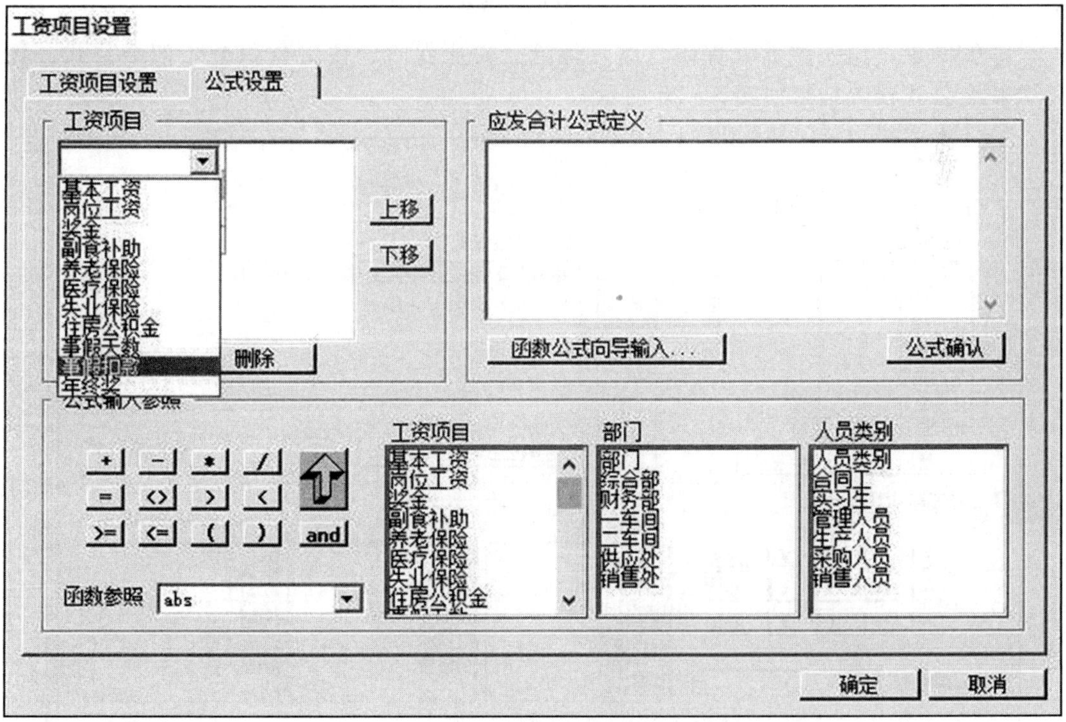

图 5-18　公式设置

③单击“事假扣款公式定义”文本框，单击工资项目列表中的“事假天数”。

④单击运算符“*”，在“*”后输入数字 30，单击“公式确认”按钮，结果如

图 5－19 所示。

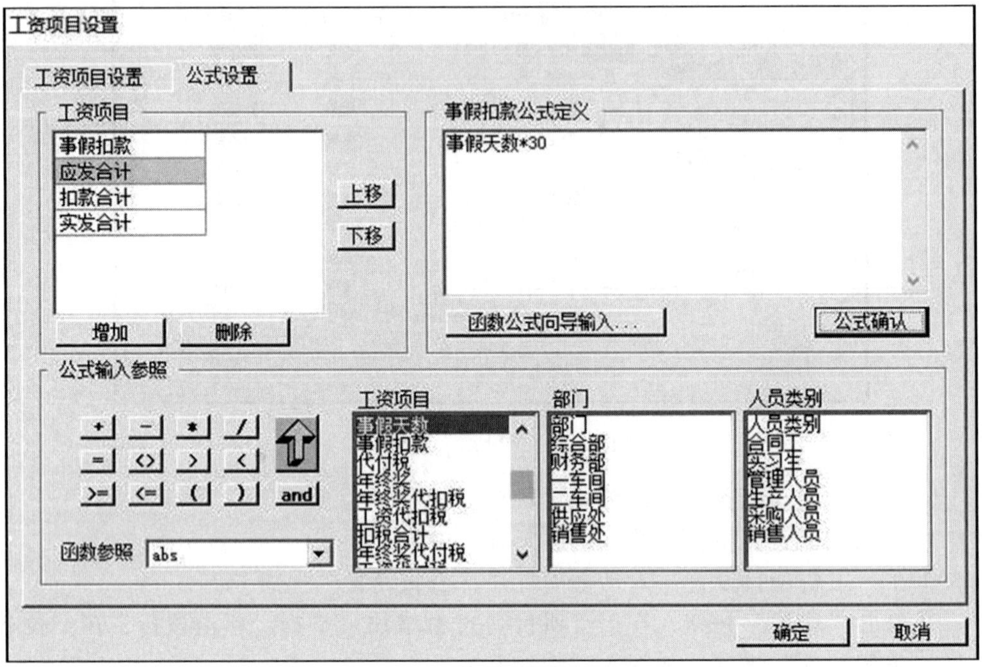

图 5－19 事假扣款设置结果窗口

⑤同理，输入“养老保险、医疗保险、失业保险、住房公积金”四个公式，住房公积金公式设置结果如图 5－20 所示。

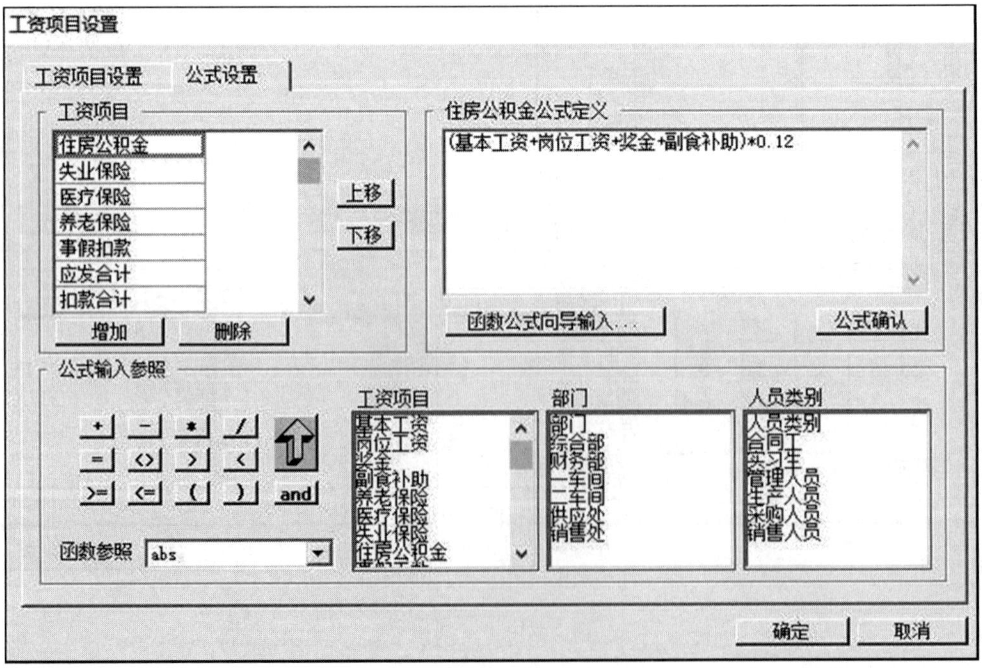

图 5－20 住房公积金公式设置结果

（2）设置公式：奖金 = iff（人员类别 = “生产人员” or “人员类别” = “销售人员”，2000，1000）。

①单击“增加”按钮，在工资项目列表中增加一空行，单击该行，在下拉列表框中选择“奖金”选项。

②单击“奖金公式定义”文本框，再单击“函数公式向导输入”按钮，打开“函数向导——步骤之 1”对话框。如图 5 – 21 所示。

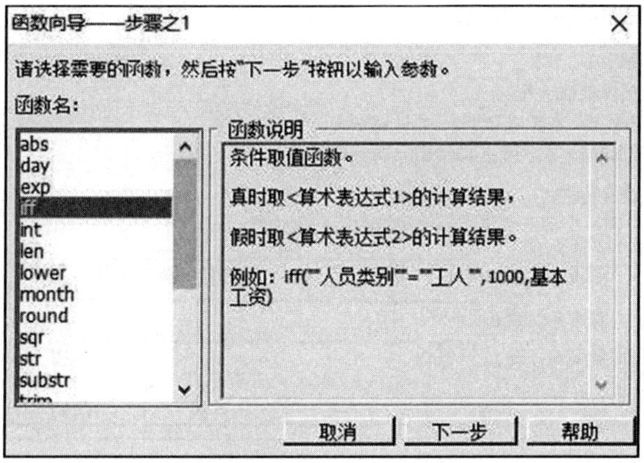

图 5 – 21　函数向导——步骤之 1 窗口

③从“函数名”列表中选择 iff，单击“下一步”按钮，打开“函数向导——步骤之 2”对话框。

④单击“逻辑表达式”参照按钮，打开“参照”对话框，从“参照”下拉列表中选择“人员类别”选项，从下面的列表中选择“生产人员”，单击“确定”按钮。如图 5 – 22 所示。

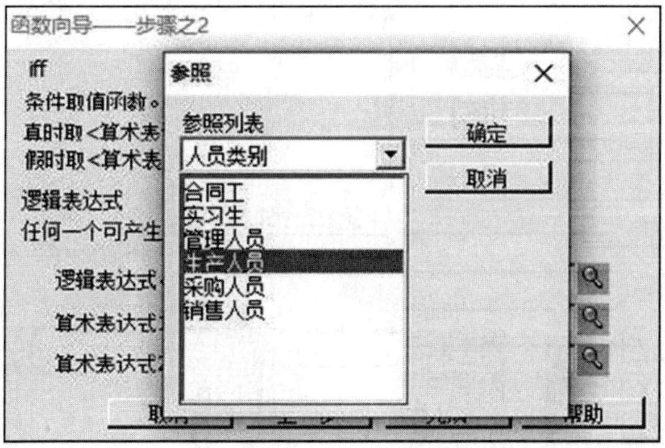

图 5 – 22　函数向导——参照

⑤在“逻辑表达式”文本框中的公式后单击鼠标，输入“or”后，再次单击“逻辑表达式”参照按钮，出现“参照”对话框，从“参照”下拉列表中选择“人员类别”选项，从下面的列表中选择“销售人员”，单击“确定”按钮，返回“函数向导——步骤之 2”对话框。

任务操作提示

在“or”前后应有空格。

⑥在“算术表达式1”后的文本框中输入2000，在“算术表达式2”后的文本框中输入1000，如图5－23所示。

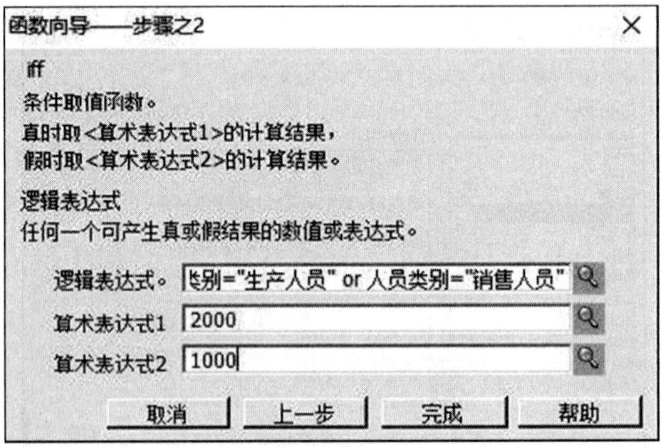

图5－23　函数向导——步骤之2窗口

⑦单击“完成”按钮，返回“奖金公式设置”窗口，单击“公式确认”按钮。公式结果如图5－24所示。单击“确定”按钮，退出公式设置。

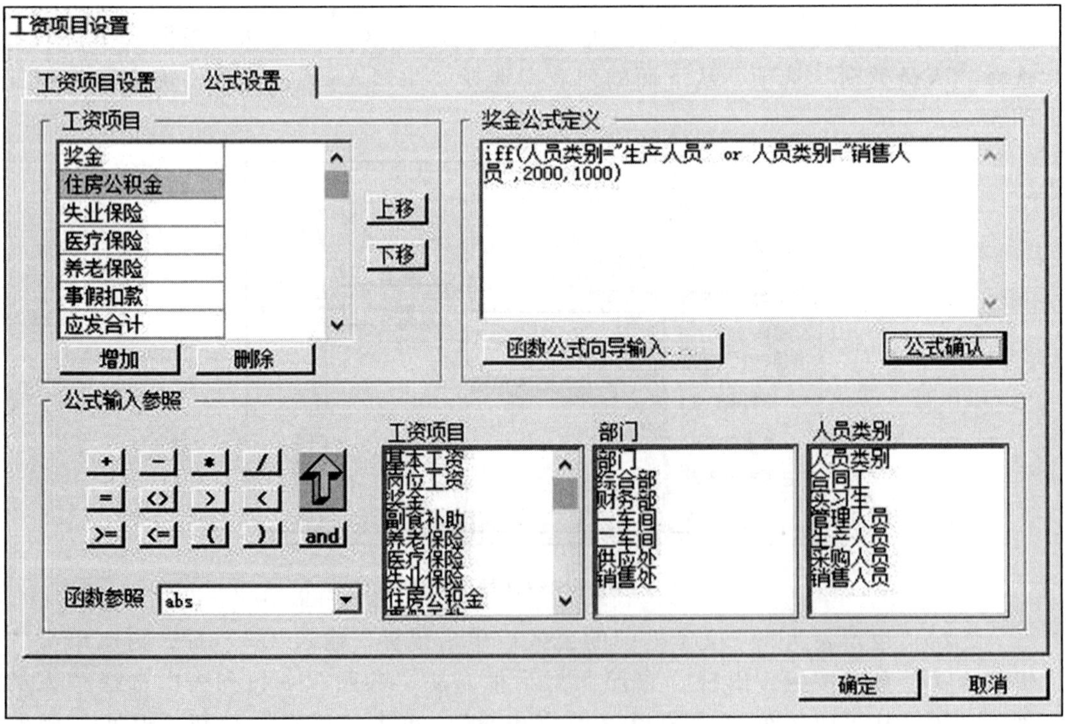

图5－24　奖金设置结果窗口

7. 临时人员工资设置

（1）打开工资类别。

①执行“工资类别”→“打开工资类别”命令，打开“打开工资类别”对话框。

②选择“002 临时职工”工资类别，单击“确定”按钮。如图 5－25 所示。

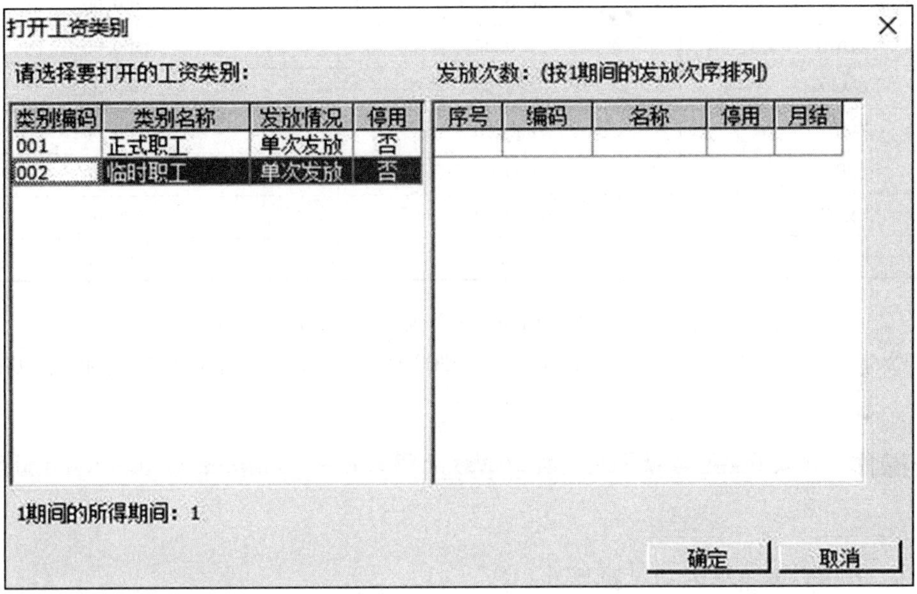

图 5－25　打开工资类别

（2）人员档案设置。

增加临时职工人员档案与正式职工档案相同，过程不再叙述。

任务二
日常业务处理

工作实例

（1）本月正式职工工资（见表 5－5）。

表 5－5　　单位：元

姓 名	基本工资	岗位工资
田伟	4200.00	2500.00
李想	3000.00	2400.00
多亮	3000.00	2200.00

续表

姓 名	基本工资	岗位工资
魏来	3000.00	2400.00
张楠	3000.00	2300.00
王欣	3000.00	2400.00
刘军	3200.00	2500.00
王猛	3000.00	2400.00
乔元	2800.00	2400.00
李超	3000.00	2500.00
李文明	1700.00	2300.00
汪洋	2200.00	2400.00

（2）本月工资变动：①本月汪洋请假 3 天，本月王欣请假 2 天。

②生产人员岗位工资在原有基础上增加 300.00 元，综合部副食补助增加 800.00 元。

业务操作

1. 正式职工工资类别日常业务

（1）输入正式职工基本工资数据。

①打开“正式职工”工资类别，单击“业务处理”→“工资变动”命令，进入“工资变动”窗口。

②单击“过滤器”下拉列表框，从下拉列表中选择“过滤设置”选项，打开“项目过滤”对话框。

③选择“工资项目”列表框中的“基本工资”和“岗位工资”选项，单击“>”按钮，将这两项选入“已选项目”列表框中。如图 5－26 所示。

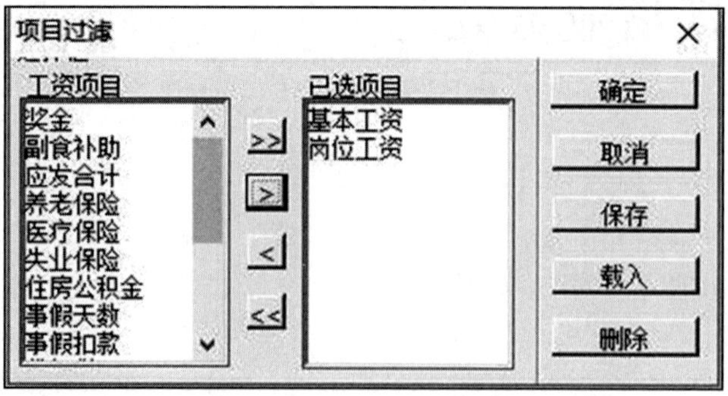

图 5－26 工资项目过滤

④单击“确定”按钮，返回“工资变动”窗口，此时每个人的工资项目只显示两项。

⑤按任务资料输入“正式职工”工资类别的工资数据。结果如图 5－27 所示。

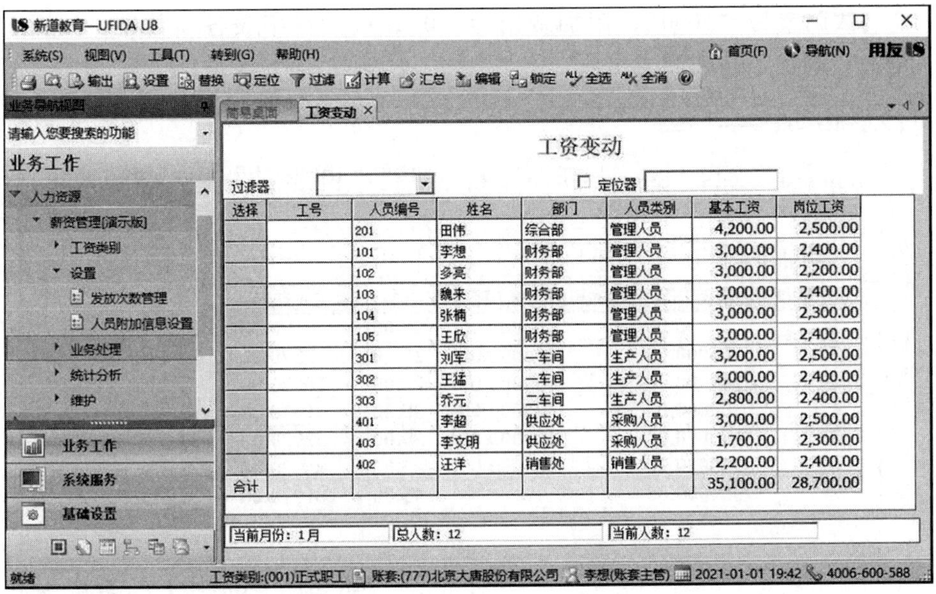

图 5－27 正式职工工资输入结果窗口

任务操作提示

这里只需输入没有进行公式设定的项目，如基本工资、岗位工资和副食补助、请假天数，其余各项由系统根据计算公式自动计算生成。

⑥单击“过滤器”下拉列表框，从下拉列表中选择“所有项目”选项，屏幕上显示所有工资项目。

（2）代扣个人所得税设置。

①进入企业应用平台，执行“设置”选项，打开“选项”窗口，单击“编辑”，单击“税率设置”，如图 5－28 所示。

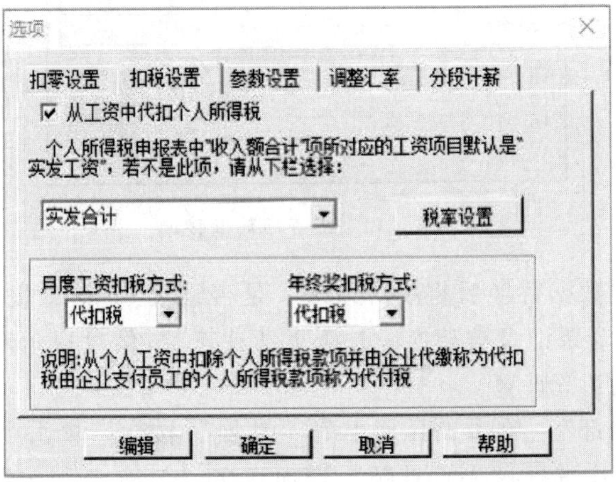

图 5－28 税率设置 1

②基数调整为“5000”，附加费用为“0”，调整税率表各项数字，如图 5－29 所示。单击“确定”按钮后退出。

级次	应纳税所得额下限	应纳税所得额上限	税率(%)	速算扣除数
1	0.00	36000.00	3.00	0.00
2	36000.00	144000.00	10.00	2520.00
3	144000.00	300000.00	20.00	16920.00
4	300000.00	420000.00	25.00	31920.00
5	420000.00	660000.00	30.00	52920.00
6	660000.00	960000.00	35.00	85920.00
7	960000.00		45.00	181920.00

图 5－29　税率设置 2

（3）输入正式人员工资变动数据。

①进入工资变动，输入考勤情况：本月汪洋请假 3 天，本月王欣请假 2 天。

②选择要替换的生产部人员，单击工具栏上的“替换”按钮，单击“将工资项目”下拉列表框，从下拉列表中选择“岗位工资”选项，在“替换成”文本框中，输入“岗位工资＋300”。

③在“替换条件”文本框中分别选择：“人员类别”“＝”“生产人员”，单击“确定”按钮，如图 5－30 所示。

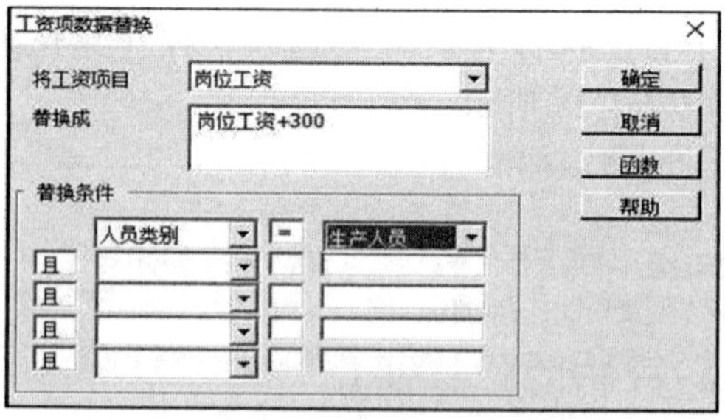

图 5－30　工资项数据替换

④系统弹出“数据替换后将不可恢复。是否继续?”信息提示对话框，单击“是”按钮，系统弹出“3 条记录被替换，是否重新计算?”信息提示对话框，单击“是”按钮，系统自动完成工资计算。

⑤选择“综合部”，单击工具栏上的“替换”按钮，单击“将工资项目”下拉列表框，从下拉列表中选择“副食补贴”选项，在“替换成”文本框中，输入“副食补助＋800”，如图 5－31 所示，单击“确定”按钮。

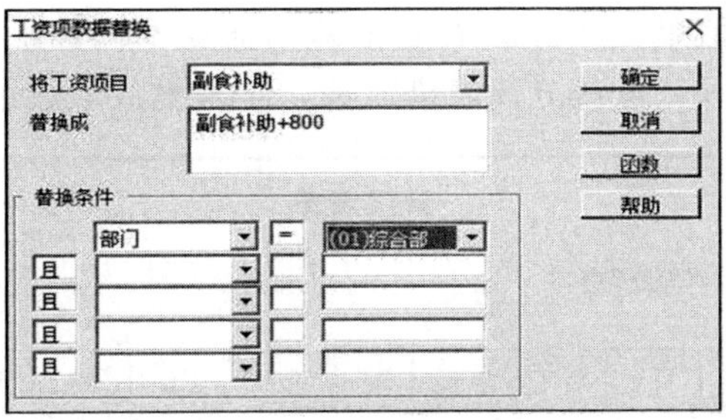

图 5－31　工资项数据替换

⑥系统弹出“数据替换后将不可恢复。是否继续?”信息提示对话框，单击“是”按钮，系统弹出“1 条记录被替换，是否重新计算?”信息提示对话框，单击“是”按钮，系统自动完成工资计算，如图 5－32 所示。

工资变动

过滤器 所有项目　□ 定位器

选择	工号	人员编号	姓名	部门	人员类别	基本工资	岗位工资	奖金	副食补助	应发合计	养老保险	医疗保险	失业保险	住房公积金	事假天数	事假扣款	代扣税	扣款合计	实发合计
		201	田伟	综合部	管理人员	4,200.00	2,500.00	1,000.00	800.00	8,500.00	680.00	170.00	17.00	1,020.00			48.39	1,935.39	6,564.61
		101	李想	财务部	管理人员	3,000.00	2,400.00	1,000.00		6,400.00	512.00	128.00	12.80	768.00				1,420.80	4,979.20
		102	多亮	财务部	管理人员	3,000.00	2,200.00	1,000.00		6,200.00	496.00	124.00	12.40	744.00				1,376.40	4,823.60
		103	魏来	财务部	管理人员	3,000.00	2,400.00	1,000.00		6,400.00	512.00	128.00	12.80	768.00				1,420.80	4,979.20
		104	张楠	财务部	管理人员	3,000.00	2,300.00	1,000.00		6,300.00	504.00	126.00	12.60	756.00				1,398.60	4,901.40
		105	王欣	财务部	管理人员	3,000.00	2,400.00	1,000.00		6,400.00	512.00	128.00	12.80	768.00	2.00	60.00		1,480.80	4,919.20
		301	刘军	一车间	生产人员	3,200.00	2,800.00	2,000.00		8,000.00	640.00	160.00	16.00	960.00			36.72	1,812.72	6,187.28
		302	王猛	一车间	生产人员	3,000.00	2,700.00	2,000.00		7,700.00	616.00	154.00	15.40	924.00			29.72	1,739.12	5,960.88
		303	乔元	二车间	生产人员	2,800.00	2,700.00	2,000.00		7,500.00	600.00	150.00	15.00	900.00			25.05	1,690.05	5,809.95
		401	李超	供应处	采购人员	3,000.00	2,500.00	1,000.00		6,500.00	520.00	130.00	13.00	780.00			1.71	1,444.71	5,055.29
		403	李文明	供应处	采购人员	1,700.00	2,300.00	1,000.00		5,000.00	400.00	100.00	10.00	600.00				1,110.00	3,890.00
		402	汪洋	销售处	销售人员	2,200.00	2,400.00	2,000.00		6,600.00	528.00	132.00	13.20	792.00	3.00	90.00	1.34	1,556.54	5,043.46
合计						35,100.00	29,600.00	16,000.00	800.00	31,500.00	6,520.00	1,630.00	163.00	9,780.00	5.00	150.00	142.93	18,385.93	63,114.07

当前月份：1月　总人数：12　当前人数：12

图 5－32　正式职工工资变动后结果窗口

（4）数据计算与汇总。

①在“工资变动”窗口中，单击工具栏上的“计算”按钮，计算工资数据。

②单击工具栏上的“汇总”按钮，汇总工资数据。

③单击“×”按钮，退出“工资变动”窗口。

（5）工资分钱清单。

①在业务处理中，双击“工资分钱清单”，弹出“票面额设置”，如图 5－33 所示。单击“确定”按钮。

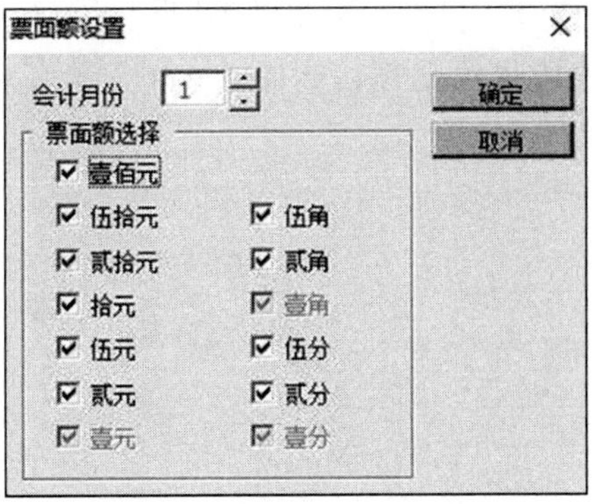

图 5－33　票面额设置

②在“部门分钱清单”中，查看各个部门需要不同面额钱币的数量，如图 5－34 所示。单击还可以查看“人员分钱清单”和“工资发放取数单”。

分钱清单

部门分钱清单 | 人员分钱清单 | 工资发放取款单

请选择部门级别：2级

部门	壹佰元	伍拾元	贰拾元	拾元	伍元	贰元	壹元	伍角	贰角	壹角	伍分	贰分	壹分	金额合计
一车间	120	2	1	2	1	1		1	2	1	2	2	2	12148.16
二车间	58				1	2		1	2		1			5809.95
供应处	88	2	2		1				1		1	2		8945.29
销售处	50		2			1	1		2		1		1	5043.46
票面合计数	316	4	5	2	3	4	1	2	7	1	5	4	3	------
金额合计数	31600.00	200.00	100.00	20.00	15.00	8.00	1.00	1.00	1.40	0.10	0.25	0.08	0.03	31946.86

图 5－34　分钱清单

（6）查看个人所得税。

①执行“业务处理”→“扣缴所得税”命令，系统弹出“个人所得税申报模板”，单击“打开”。

②进入“所得税申报”窗口，默认各项设置，如图 5－35 所示。单击“确定”按钮。

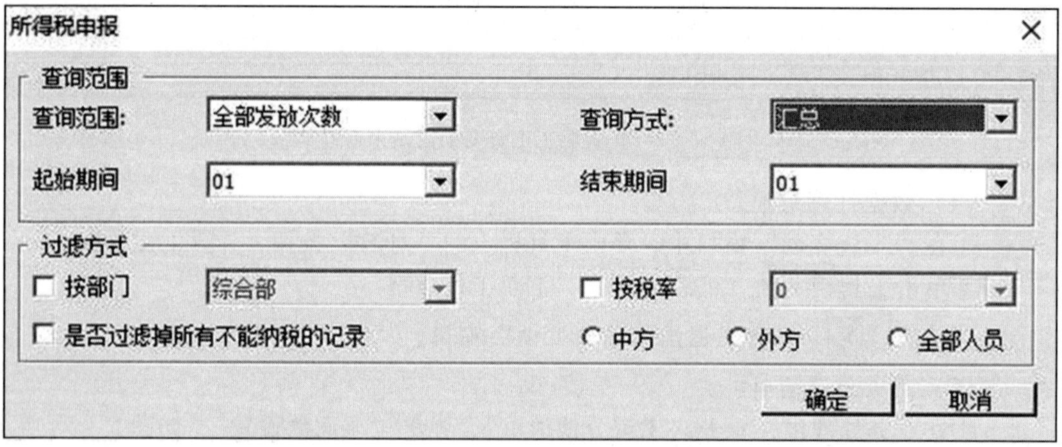

图 5－35　所得税申报 1

③系统自动计算个人所得税金额，如图 5－36 所示。如果不需要修改税率和扣除额，单击“退出”按钮。

所得税申报

输出 税率 栏目 内容 邮件 过滤 定位 退出

系统扣缴个人所得税年度申报表

2021年1月－2021年1月

总人数：12

姓名	证件号码	所得项目	所属期间...	所属期间...	收入额	减费用额	应纳税所得额	税率	速算扣除数	应纳税额	已扣缴税款
李想		工资	20210101	20211231			0.00	0	0.00	0.00	0.00
多亮		工资	20210101	20211231			0.00	0	0.00	0.00	0.00
魏来		工资	20210101	20211231			0.00	0	0.00	0.00	0.00
张楠		工资	20210101	20211231			0.00	0	0.00	0.00	0.00
王欣		工资	20210101	20211231			0.00	0	0.00	0.00	0.00
田伟		工资	20210101	20211231			1613.00	3	0.00	48.39	48.39
刘军		工资	20210101	20211231			1224.00	3	0.00	36.72	36.72
王猛		工资	20210101	20211231			990.60	3	0.00	29.72	29.72
乔元		工资	20210101	20211231			835.00	3	0.00	25.05	25.05
李超		工资	20210101	20211231			57.00	3	0.00	1.71	1.71
汪洋		工资	20210101	20211231			44.80	3	0.00	1.34	1.34
李文明		工资	20210101	20211231			0.00	0	0.00	0.00	0.00
合计							4764.40		0.00	142.93	142.93

图 5－36　所得税申报 2

2. 银行代发

(1) 执行“业务处理”→“银行代发”命令，首先选择部门，如图 5－37 所示。单击“确定”按钮。

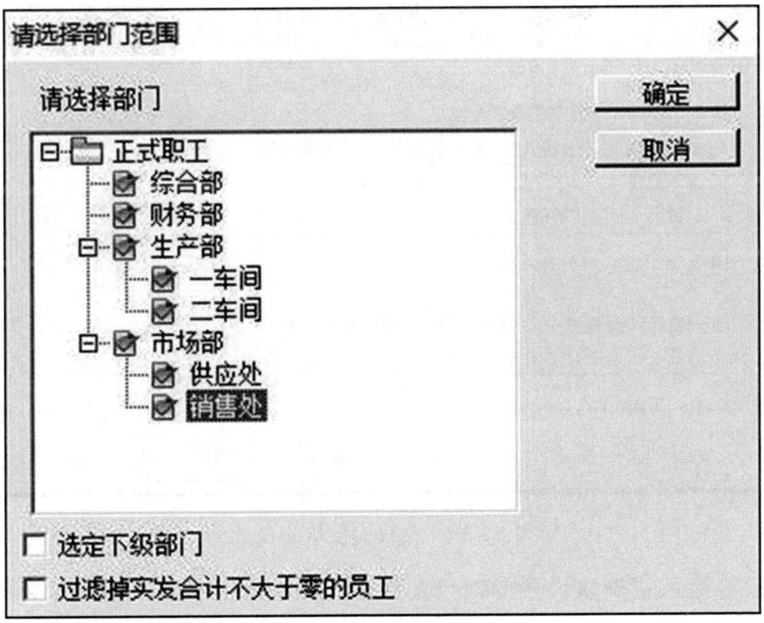

图 5－37　部门选择

（2）打开“银行代发”对话框。如图 5－38 所示。选择“中国工商银行”，单击“插入行”按钮。

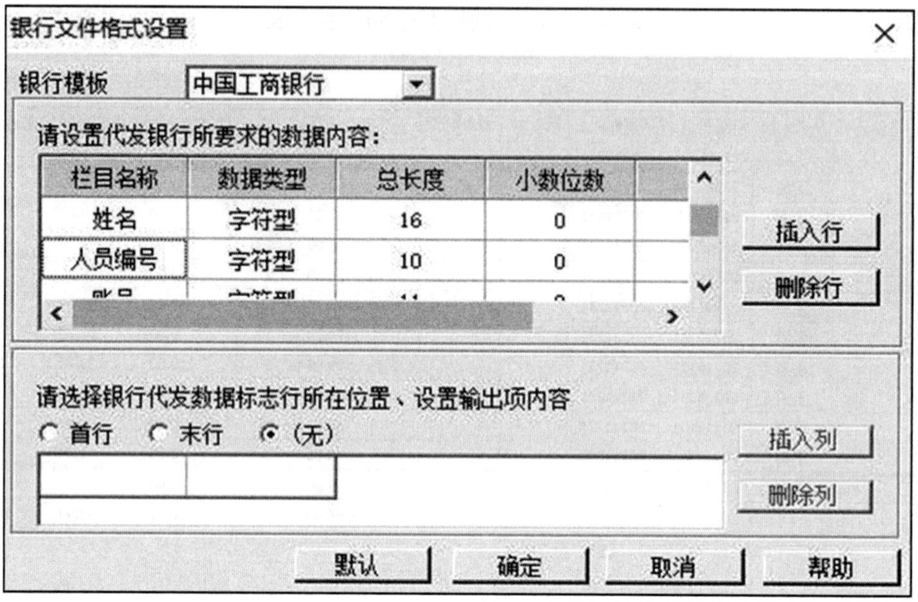

图 5－38　银行文件格式设置

（3）在栏目名称下方输入“姓名”，数据类型选择“字符型”，总长度输入“10”，数据来源选择“人员姓名”。单击“确定”按钮。如图 5－39 所示。

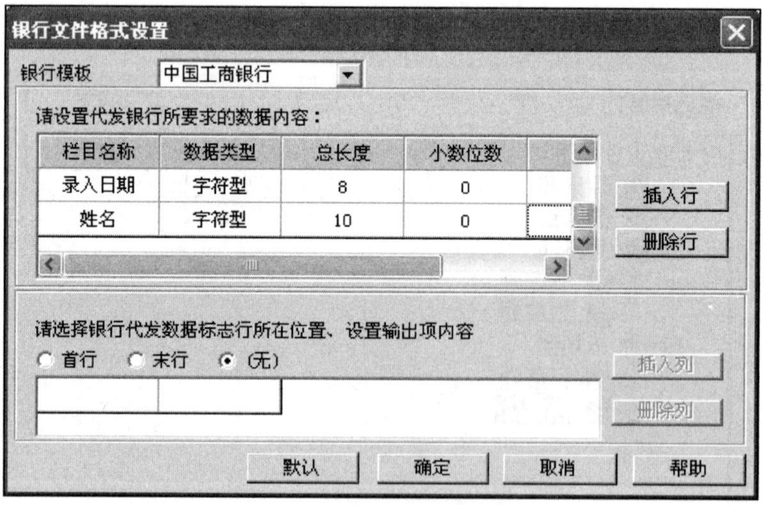

图 5－39　银行文件格式设置

（4）系统提示“确认设置的银行文件格式”；单击“是”按钮，如图 5－40 所示。

银行代发一览表

名称：中国工商银行　　　　人数：12

单位编号	姓名	人员编号	账号	金额	录入日期
1234934325	李想	101	160001	4979.20	20210131
1234934325	多亮	102	160002	4823.60	20210131
1234934325	魏来	103	160003	4979.20	20210131
1234934325	张楠	104	160004	4901.40	20210131
1234934325	王欣	105	160005	4919.20	20210131
1234934325	田伟	201	160006	6564.61	20210131
1234934325	刘军	301	160007	6187.28	20210131
1234934325	王猛	302	160008	5960.88	20210131
1234934325	乔元	303	160009	5809.95	20210131
1234934325	李超	401	160010	5055.29	20210131
1234934325	汪洋	402	160012	5043.46	20210131
1234934325	李文明	403	160011	3890.00	20210131
合计				63,114.07	

图 5－40　银行代发

任务三
工资分摊及月末处理

工作实例

（1）工资分摊（见表 5－6）。

表 5－6

部门	人员类别	应收工资（100%）		个人承担社会保险（10.2%）	
综合部	管理人员	660201	221101	221101	2241
财务部	管理人员	660201	221101	221101	2241
一车间	生产人员	50010102	221101	221101	2241
二车间	生产人员	50010102	221101	221101	2241
供应处	采购人员	660201	221101	221101	2241

续表

部 门	人员类别	应收工资（100%）		个人承担社会保险（10.2%）	
销售处	销售人员	6601	221101	221101	2241
				个人承担住房公积金（12%）	
				221101	2241
				221101	2241
				221101	2241
				221101	2241
				221101	2241
				221101	2241

* 50010102 属于 11 号项目。

（2）单位承担的社会保险与住房公积金的分摊（见表 5－7）。

表 5－7

部 门	人员类别	单位承担社会保险（32%）		单位承担住房公积金（12%）	
综合部	管理人员	660201	221102	660201	221103
财务部	管理人员	660201	221102	660201	221103
一车间	生产人员	50010102	221102	50010102	221103
二车间	生产人员	50010102	221102	50010102	221103
供应处	采购人员	660201	221102	660201	221103
销售处	销售人员	6601	221102	6601	221103

* 50010102 属于 11 号项目。

（3）生成工资分摊凭证。

业务操作

1. 正式人员类别工资分摊

（1）工资分摊类型设置。

①执行“业务处理”→“工资分摊”命令，打开“工资分摊”对话框，如图 5－41 所示。

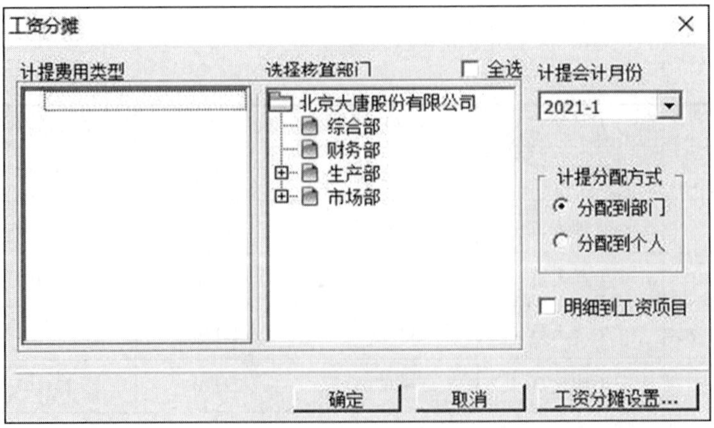

图 5－41 工资分摊

②单击“工资分摊设置”按钮，打开“分摊类型设置”对话框。

③单击“增加”按钮，打开“分摊计提比例设置”对话框。

④输入计提类型名称为“应付工资”；单击“下一步”按钮，打开“分摊构成设置”对话框，如图5－42所示。

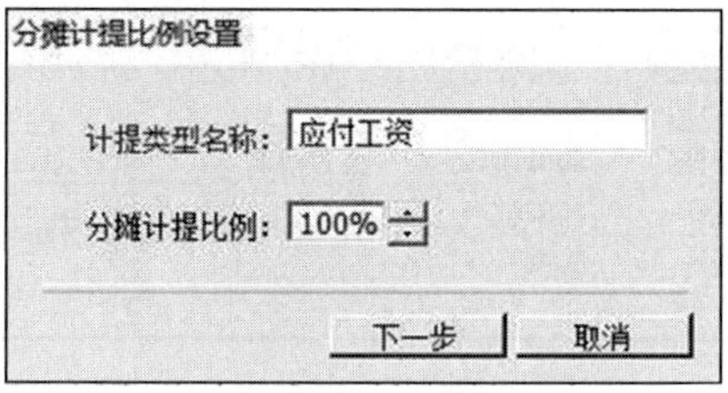

图5－42　分摊计提比例设置

⑤按实训资料内容进行设置。返回“分摊类型设置”对话框，结果如图5－43所示。

分摊构成设置

部门名称	人员类别	工资项目	借方科目	借方项目大类	借方项目	贷方科目	贷方项目大类
综合部,财务部	管理人员	应发合计	660201			221101	
一车间,二车间	生产人员	应发合计	50010102	生产成本	11号项目	221101	
供应处	采购人员	应发合计	660201			221101	
销售处	销售人员	应发合计	6601			221101	

上一步　完成　取消

图5－43　应付工资分摊构成设置结果窗口

⑥继续设置个人承担社会保险费用分摊计提项目，分摊计提比例为10.2%，分摊结果如图5－44所示。

分摊构成设置

部门名称	人员类别	工资项目	借方科目	借方项目大类	借方项目	贷方科目	贷方项目大类
综合部,财务部	管理人员	应发合计	221101			2241	
一车间,二车间	生产人员	应发合计	221101			2241	
供应处	采购人员	应发合计	221101			2241	
销售处	销售人员	应发合计	221101			2241	

上一步　完成　取消

图5－44　个人承担社会保险费分摊构成设置结果窗口

⑦继续设置个人承担住房公积金分摊计提项目，分摊计提比例为 12%。

⑧继续设置单位承担社会保险费用分摊计提项目，分摊计提比例为 32%，分摊结果如图 5－45 所示。

部门名称	人员类别	工资项目	借方科目	借方项目大类	借方项目	贷方科目	贷方项目大类
综合部,财务部	管理人员	应发合计	660201			221102	
一车间,二车间	生产人员	应发合计	50010102	生产成本	11号项目	221102	
供应处	采购人员	应发合计	660201			221102	
销售处	销售人员	应发合计	6601			221102	

图 5－45　单位承担社会保险费分摊构成设置结果窗口

⑨继续设置单位承担住房公积金分摊计提项目，分摊计提比例为 12%，分摊结果如图 5－46 所示。

部门名称	人员类别	工资项目	借方科目	借方项目大类	借方项目	贷方科目	贷方项目大类
综合部,财务部	管理人员	应发合计	660201			221103	
一车间,二车间	生产人员	应发合计	50010102	生产成本	11号项目	221103	
供应处	采购人员	应发合计	660201			221103	
销售处	销售人员	应发合计	6601			221103	

图 5－46　单位承担住房公积金分摊构成设置结果窗口

（2）分摊工资费用。

①执行“业务处理”→“工资分摊”命令，打开“工资分摊”对话框。

②选择需要分摊的计提费用类型，本例选择“应付工资”，确定分摊计提的月份为“2021－1”。如图 5－47 所示。

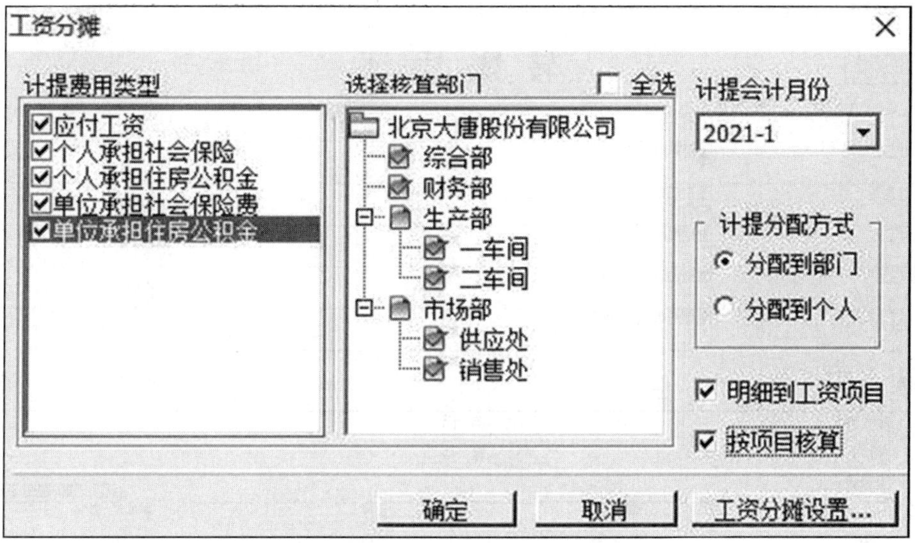

图 5－47　工资分摊

③选择核算部门：综合部、财务部、生产部、市场部。

④选中“明细到工资项目”复选框。

⑤单击“确定”按钮，打开“应付工资一览表”对话框。

⑥选中“合并科目相同、辅助项相同的分录”复选框，如图 5－48 所示。单击工具栏上的“制单”按钮，即可生成记账凭证。如图 5－49 所示。

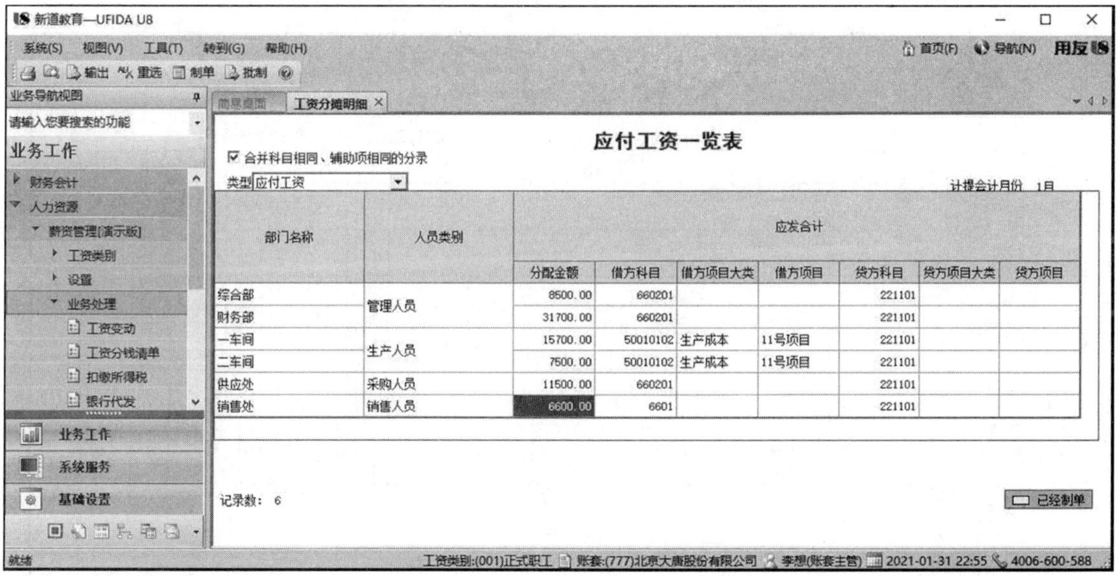

图 5－48　应付工资一览表窗口

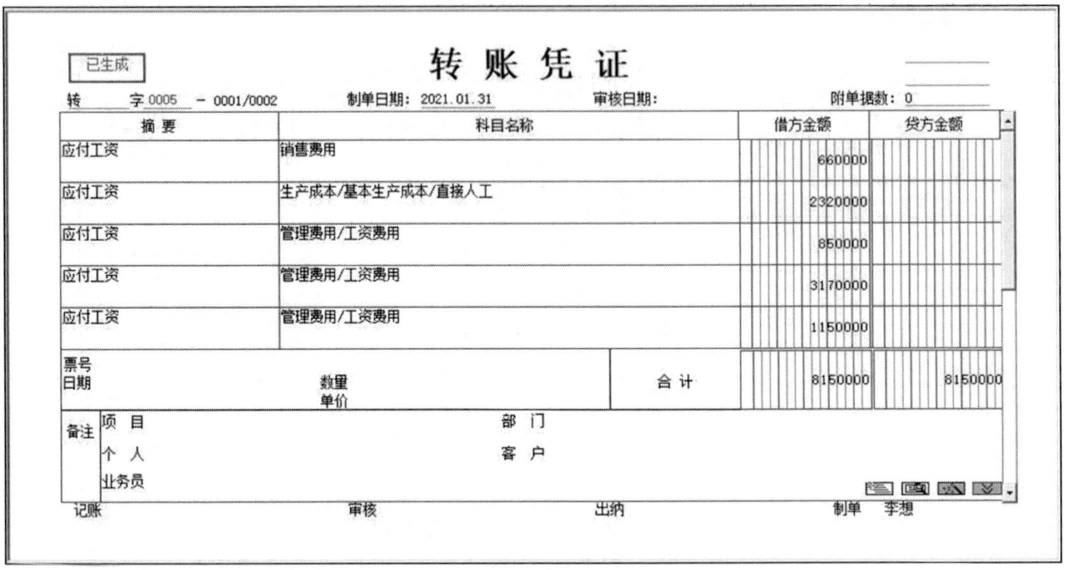

已生成

转账凭证

转 字 0005 - 0001/0002 制单日期：2021.01.31 审核日期： 附单据数：0

摘要	科目名称	借方金额	贷方金额
应付工资	销售费用	660000	
应付工资	生产成本/基本生产成本/直接人工	2320000	
应付工资	管理费用/工资费用	850000	
应付工资	管理费用/工资费用	3170000	
应付工资	管理费用/工资费用	1150000	
票号 日期 数量 单价	合计	8150000	8150000

备注 项目 部门 个人 客户 业务员

记账 审核 出纳 制单 李想

图 5－49 应付工资生成凭证窗口

⑦单击凭证左上角的“字”位置，选择“转账凭证”，输入附单据数，单击“保存”按钮，凭证左上角出现“已生成”标志，代表该凭证已传递到总账。

⑧单击工具栏上的“退出”按钮，返回。

同样方法生成个人承担社会保险费、个人承担住房公积金、单位承担社会保险费、单位承担住房公积金的凭证，如图 5－50～图 5－53 所示。

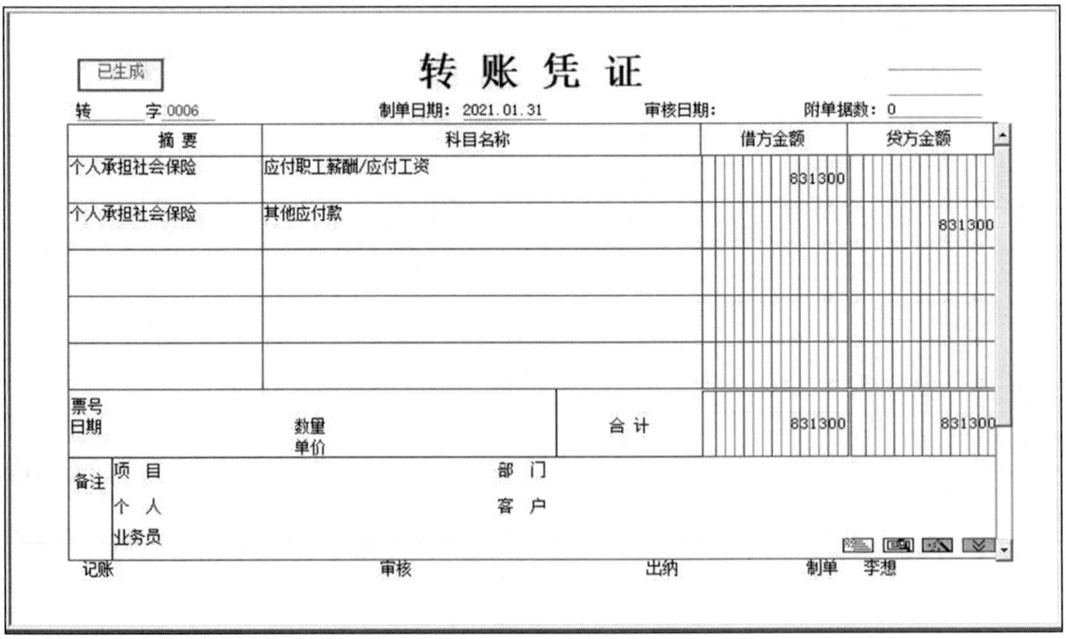

已生成

转账凭证

转 字 0006 制单日期：2021.01.31 审核日期： 附单据数：0

摘要	科目名称	借方金额	贷方金额
个人承担社会保险	应付职工薪酬/应付工资	831300	
个人承担社会保险	其他应付款		831300
票号 日期 数量 单价	合计	831300	831300

备注 项目 部门 个人 客户 业务员

记账 审核 出纳 制单 李想

图 5－50 个人承担社会保险费生成凭证窗口

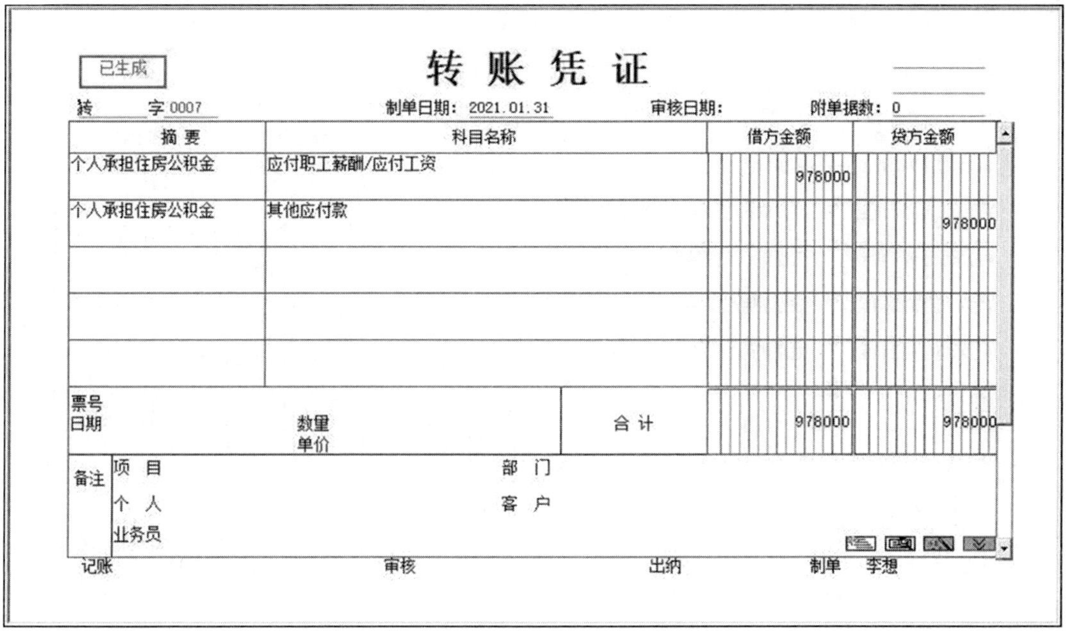

已生成

转账凭证

转 字 0007 制单日期：2021.01.31 审核日期： 附单据数：0

摘要	科目名称	借方金额	贷方金额
个人承担住房公积金	应付职工薪酬/应付工资	978000	
个人承担住房公积金	其他应付款		978000
票号 日期	数量 单价 合计	978000	978000

备注 项目 部门
个人 客户
业务员

记账 审核 出纳 制单 李想

图 5－51 个人承担住房公积金生成凭证窗口

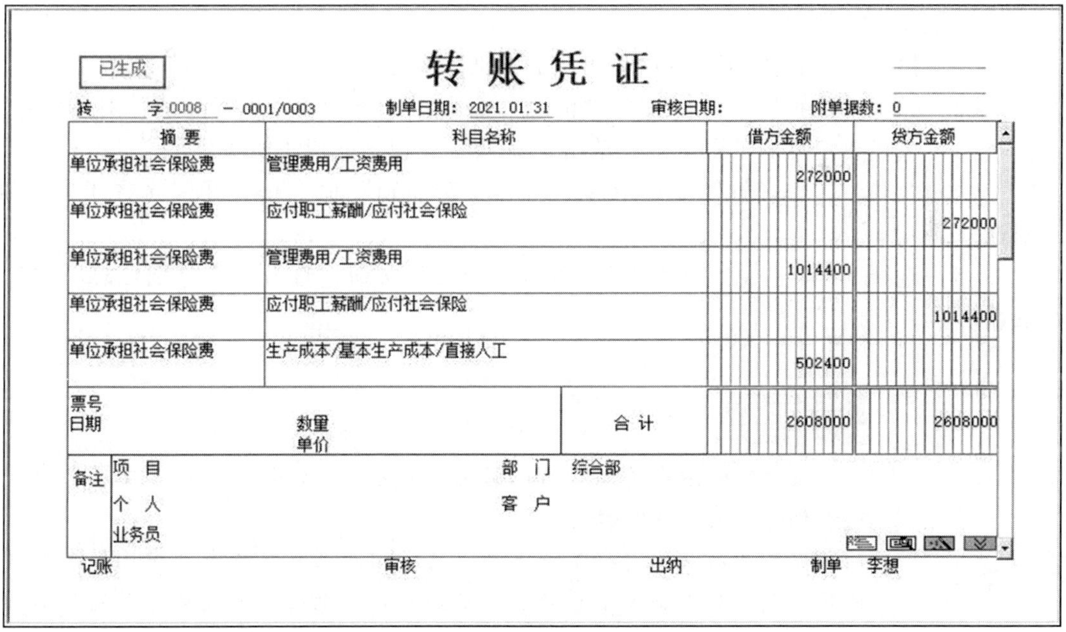

已生成

转账凭证

转 字 0008 － 0001/0003 制单日期：2021.01.31 审核日期： 附单据数：0

摘要	科目名称	借方金额	贷方金额
单位承担社会保险费	管理费用/工资费用	272000	
单位承担社会保险费	应付职工薪酬/应付社会保险		272000
单位承担社会保险费	管理费用/工资费用	1014400	
单位承担社会保险费	应付职工薪酬/应付社会保险		1014400
单位承担社会保险费	生产成本/基本生产成本/直接人工	502400	
票号 日期	数量 单价 合计	2608000	2608000

备注 项目 部门 综合部
个人 客户
业务员

记账 审核 出纳 制单 李想

图 5－52 单位承担社会保险费生成凭证窗口

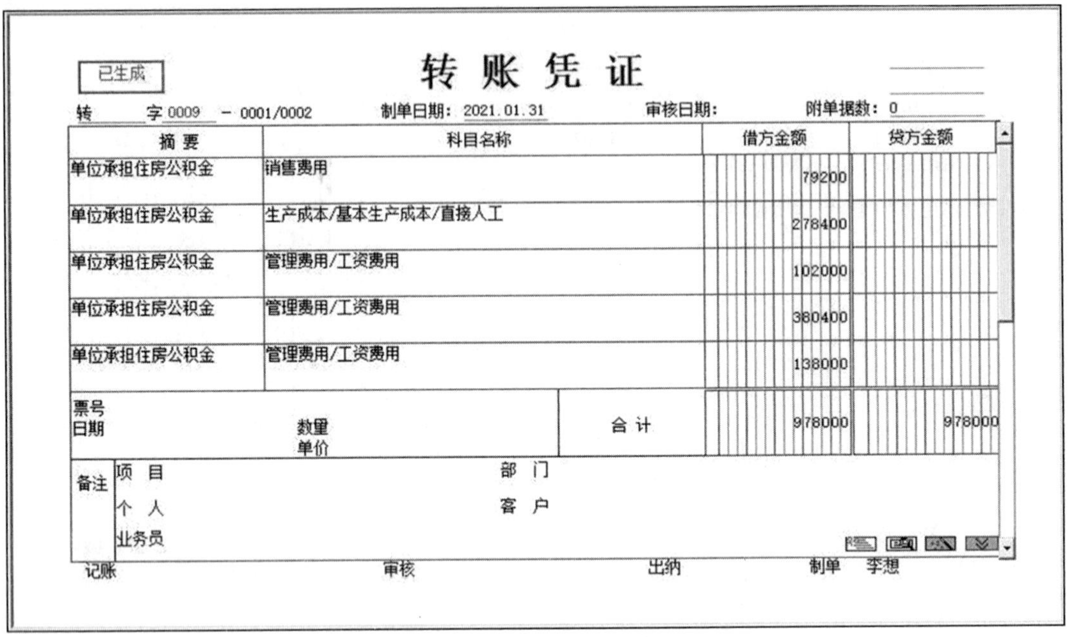

已生成

转账凭证

转 字 0009 - 0001/0002 制单日期：2021.01.31 审核日期： 附单据数：0

摘要	科目名称	借方金额	贷方金额
单位承担住房公积金	销售费用	79200	
单位承担住房公积金	生产成本/基本生产成本/直接人工	278400	
单位承担住房公积金	管理费用/工资费用	102000	
单位承担住房公积金	管理费用/工资费用	380400	
单位承担住房公积金	管理费用/工资费用	138000	
票号 日期	数量 单价 合计	978000	978000

备注 项目 部门

个人 客户

业务员

记账 审核 出纳 制单 李想

图 5－53 单位承担住房公积金生成凭证窗口

2. 汇总工资类别

（1）执行“工资类别”→“关闭工资类别”命令。

（2）执行“维护”→“工资类别汇总”命令，打开“选择工资类别”对话框。

（3）选择要汇总的工资类别，单击“确认”按钮，完成工资类别汇总。

（4）执行“工资类别”菜单中的“打开工资类别”命令，打开“选择工资类别”对话框。

（5）选择“998 汇总工资类别”，单击“确认”按钮，查看工资类别汇总后的各项数据。

任务操作提示

该功能必须在关闭所有工资类别时才可以使用。所选工资类别中必须有汇总月份的工资数据。

如果是第一次进行工资类别汇总，需在汇总工资类别中设置工资项目计算公式。如果每次汇总的工资类别一致，则公式无须重新设置。如果与上一次所选择的工资类别不一致，则须重新设置计算公式。

3. 账表查询

（1）工资分钱清单。在本案例中的“临时职工”发放现金，因此只查看正式职工工资类别的分钱清单。

①执行“工资类别”→“打开工资类别”命令。选择“正式职工”类别。

②执行“业务处理”→“工资分钱清单”命令，打开“票面额设置”对话框。

③单击“确定”按钮，进入分钱清单窗口。可以查看“部门分钱清单”“人员分钱清单”和“工资发放取款单”。

（2）个人所得税扣缴申报表。

①执行“工资类别”→“打开工资类别”命令，选择“正式职工”类别。

②执行“业务处理”→“扣缴所得税”命令，打开“个人所得税申报表”窗口。

③同理，可以查看“临时职工”的“个人所得税申报表”。

（3）各种工资表。

①执行“工资类别”→“打开工资类别”命令，选择“正式职工”类别。

②执行“统计分析”→“账表”→“工资表”命令，打开“工资表”查看选择窗口。选择“人员类别汇总表”，如图 5－54 所示。

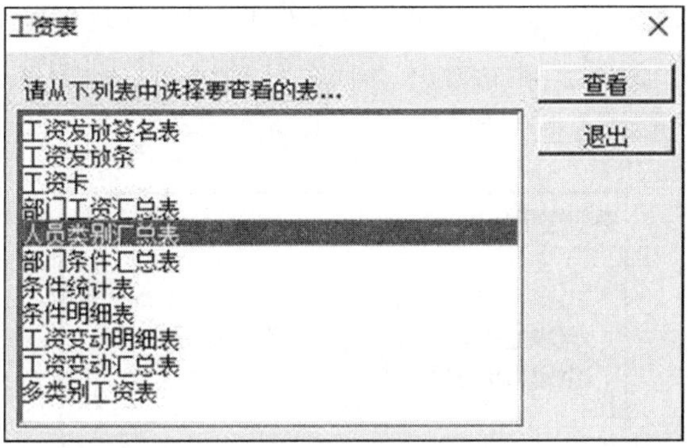

图 5－54　工资表查看选择窗口

③单击“查看”，结果如图 5－55 所示。

人员类别汇总表

2021 年 1 月

会计月份 一月

类别	人数	基本工资	岗位工资	奖金	副食补助	应发合计	养老保险	医疗保险	失业保险	住房公积金	事假天数	事假扣款	代扣税	扣款合计	实发合计
合同工	0														
实习生	0														
管理人员	6	19,200.00	14,200.00	6,000.00	800.00	40,200.00	3,216.00	804.00	80.40	4,824.00	2.00	60.00	48.39	9,032.79	31,167.21
生产人员	3	9,000.00	8,200.00	6,000.00		23,200.00	1,856.00	464.00	46.40	2,784.00			91.49	5,241.89	17,958.11
采购人员	2	4,700.00	4,800.00	2,000.00		11,500.00	920.00	230.00	23.00	1,380.00			1.71	2,554.71	8,945.29
销售人员	1	2,200.00	2,400.00	2,000.00		6,600.00	528.00	132.00	13.20	792.00	3.00	90.00	1.34	1,556.54	5,043.46
合计	12	35,100.00	29,600.00	16,000.00	800.00	81,500.00	6,520.00	1,630.00	163.00	9,780.00	5.00	150.00	142.93	18,385.93	63,114.07

制表　审核　复核:

图 5－55　人员类别汇总表窗口

④在系统提示下可分别查看各种工资表。

4. 月末处理

正式职工工资类别月末处理。

①执行“工资类别”→“打开工资类别”命令，选择“正式职工”类别。

②执行“业务处理”→“月末处理”命令，打开“月末处理”对话框，如图5－56 所示。

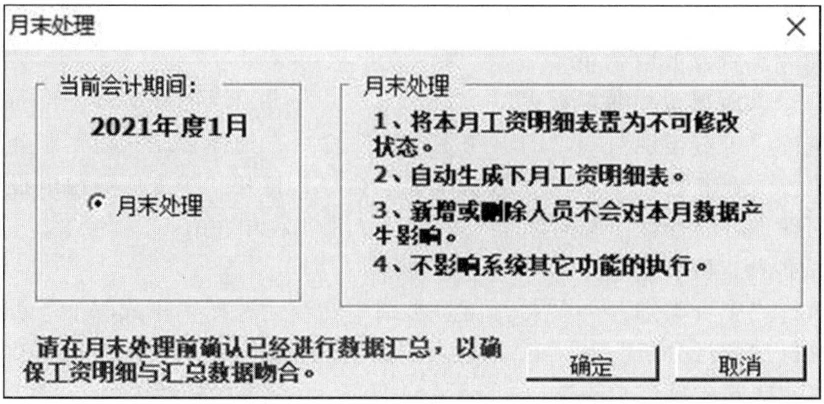
月末处理
当前会计期间:
2021年度1月
月末处理
月末处理
1、将本月工资明细表置为不可修改状态。
2、自动生成下月工资明细表。
3、新增或删除人员不会对本月数据产生影响。
4、不影响系统其它功能的执行。
请在月末处理前确认已经进行数据汇总，以确保工资明细与汇总数据吻合。
确定
取消

图 5－56　月末处理窗口

③单击“确认”按钮，系统弹出“月末处理之后，本月工资将不许变动！继续月末处理吗?”信息提示对话框，如图 5－57 所示。

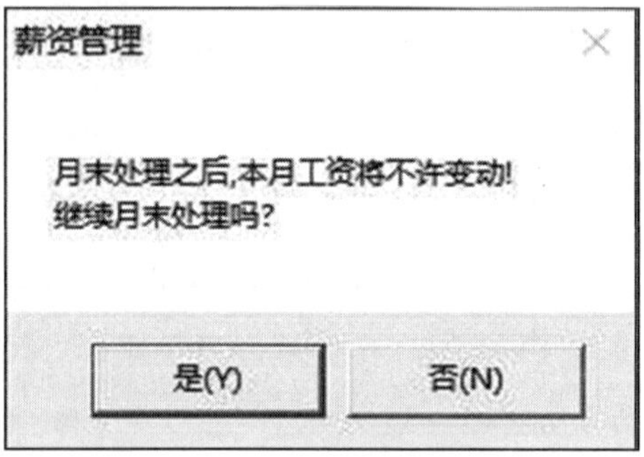
薪资管理
月末处理之后,本月工资将不许变动!
继续月末处理吗?
是(Y)
否(N)

图 5－57　月末处理提示窗口

④单击“是”按钮，系统继续弹出“是否选择清零项?”信息提示对话框，如图 5－58 所示。

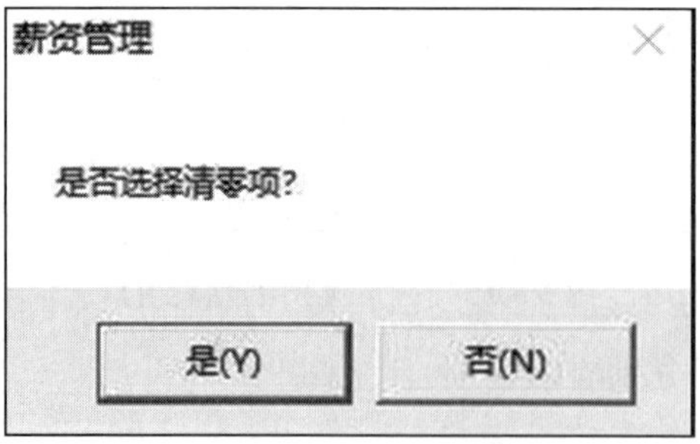
薪资管理
是否选择清零项?
是(Y)
否(N)

图 5－58　“是否选择清零项”提示窗口

⑤单击“否”按钮，系统弹出“月末处理完毕！”信息提示对话框，单击“确定”按钮返回，如图 5－59 所示。

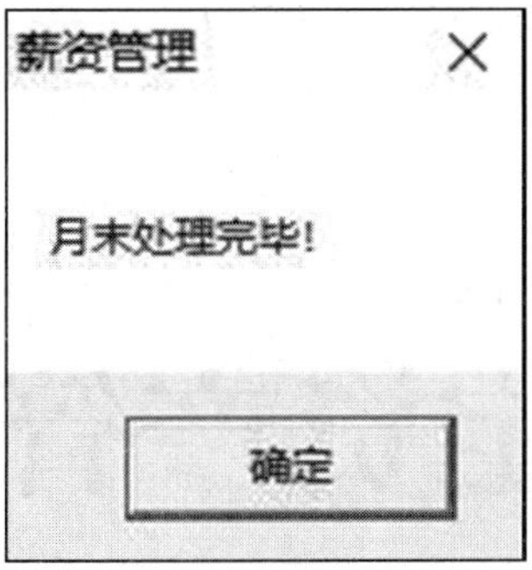

图 5－59 月末处理完毕窗口

任务操作提示

进行期末处理后，当月数据将不再允许变动。月末处理功能只有主管人员才能执行。

6 项目六 固定资产管理

职业能力目标

通过本项目的学习，要求掌握会计电算化下固定资产的增加、修改、删除等内容。

课程思政目标

培养学生对核心资产重视的职业意识，在学习中锻炼学生自身职业技能，提高针对性、规范性的职业素养，强化资产管理意识。

典型工作任务

（1）固定资产管理系统的内容；
（2）固定资产系统初始化；
（3）日常业务处理；
（4）固定资产月末处理的操作。

任务一 固定资产管理系统初始化

工作实例

1. 根据下列内容设置账套参数

启用日期：2021－01。

计提折旧主要方法：平均年限法（一）。

汇总分配期间：1 个月，当（月初已计提月份 = 可使用月份 - 1）时，将剩余折旧全部提足。

类别编码：2 - 1 - 1 - 2，自动编码。

序号长度：5 位。

与账务系统对账，固定资产对账科目："1601 固定资产"；累计折旧对账科目："1602 累计折旧"。

2. 基础设置

（1）账套选项。选择业务发生后立即制单，缺省科目：固定资产 1601，累计折旧 1602，固定资产减值准备 1603。

（2）部门对应折旧科目（见表 6 - 1）。

表 6 - 1

部门编码	部门名称	折旧科目
01	综合部	660203
02	财务部	660203
0301	一车间	5101
0302	二车间	5101
0401	供应处	660203
0402	销售处	6601

（3）固定资产类别（见表 6 - 2）。

表 6 - 2

类别编码	类别名称	计提属性	折旧方法	净残值率
01	房屋及建筑物	正常计提	平均年限法（一）	4%
02	专用设备	正常计提	平均年限法（一）	4%
03	通用设备	正常计提	平均年限法（一）	4%
04	交通运输设备	正常计提	平均年限法（一）	4%
05	电气设备	正常计提	平均年限法（一）	4%
06	其他	正常计提	平均年限法（一）	4%

（4）增减方式（见表 6 - 3）。

表 6 - 3

增加方式			减少方式		
编码	方式	对应科目	编码	方式	对应科目
101	直接购入	100201	201	出售	1606
102	投资者投入	4001	202	盘亏	190102
103	捐赠	6301	203	投资转出	1511
104	盘盈	190102	204	捐赠转出	6711
105	在建工程转入	1604	205	报废	1606
106	融资租入	2701	206	毁损	1606

（5）录入原始卡片（见表6－4）。

表6－4

名称	原值	部门	累计折旧	月累计率	使用寿命（月）	开始日期	增加方式	所属类别
办公楼	6210000.00	多部门使用	424816.40	0.5%	192	2018－02－20	在建工程转入	01
铣床	36000.00	一车间	2943.60	0.5%	187	2019－12－18	直接购入	02
小车	200000.00	销售处	64000	1%	96	2018－05－20	直接购入	04
数控车床	600000.00	二车间	24000.00	1%	96	2020－09－25	直接购入	02
计算机	100000.00	财务部	4000.00	1%	96	2020－09－26	直接购入	03

＊办公楼综合部使用5%，财务部使用5%，一车间使用20%，二车间使用20%，供应处使用25%，销售处使用25%。

系统默认固定资产卡片项目、卡片样式，并根据上述资料设置固定资产类别，并完成固定资产原始卡片的录入工作。

业务操作

一、系统启用及相关参数

1. 启用固定资产管理系统

（1）执行“开始”→“程序”→“用友 U8V10.1”→“企业应用平台”命令，打开“登录”窗口。

（2）输入操作员“101 李想”，在“账套”下拉列表框中选择“007 北京大唐股份有限公司”；“操作日期”为“2021－01－01”，单击“确定”按钮，进入企业应用平台。

（3）如果没有启用“固定资产”系统，执行“基础信息”→“基本信息”→“系统启用”命令，打开“系统启用对话框”，选中“FA 固定资产管理”复选框，弹出“日历”对话框，选择固定资产管理系统启用日期为“2021 年 01 月 01 日”，单击“确定”按钮，系统弹出“确实要启用当前系统吗?”信息提示对话框，单击“是”按钮返回。

（4）执行“财务会计”→“固定资产”命令，系统弹出“这是第一次打开此账套，还未进行过初始化，是否进行初始化?”信息提示对话框，单击“是”按钮，打开“固定资产初始化向导”对话框。如图6－1所示。

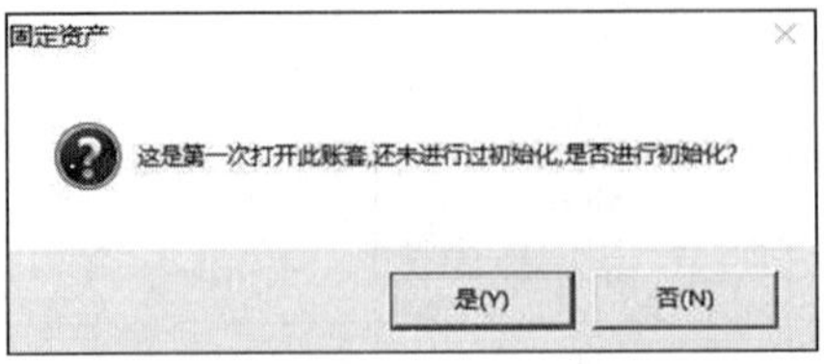
固定资产
这是第一次打开此账套,还未进行过初始化,是否进行初始化?
是(Y)
否(N)

图6－1 固定资产系统初始化

2. 固定资产初始化向导操作

（1）打开“固定资产初始化向导——约定与说明”对话框，如图 6－2 所示。

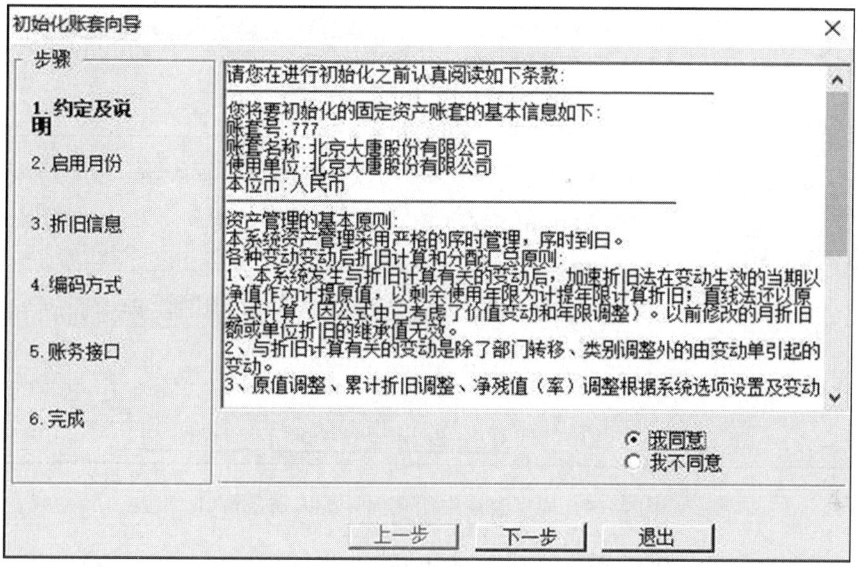
初始化账套向导
步骤
1. 约定及说明
2. 启用月份
3. 折旧信息
4. 编码方式
5. 账务接口
6. 完成
请您在进行初始化之前认真阅读如下条款:
您将要初始化的固定资产账套的基本信息如下:
账套号:777
账套名称:北京大康股份有限公司
使用单位:北京大康股份有限公司
本位币:人民币
资产管理的基本原则:
本系统资产管理采用严格的序时管理，序时到日。
各种变动变动后折旧计算和分配汇总原则:
1、本系统发生与折旧计算有关的变动后，加速折旧法在变动生效的当期以净值作为计提原值，以剩余使用年限为计提年限计算折旧；直线法还以原公式计算（因公式中已考虑了价值变动和年限调整）。以前修改的月折旧额或单位折旧的继承值无效。
2、与折旧计算有关的变动是除了部门转移、类别调整外的由变动单引起的变动。
3、原值调整、累计折旧调整、净残值（率）调整根据系统选项设置及变动
我同意
我不同意
上一步
下一步
退出

图 6－2　固定资产初始化向导窗口

（2）单击“下一步”按钮，打开“固定资产初始化向导——启用月份”对话框。

（3）选择启用月份“2021. 01”，如图 6－3 所示。

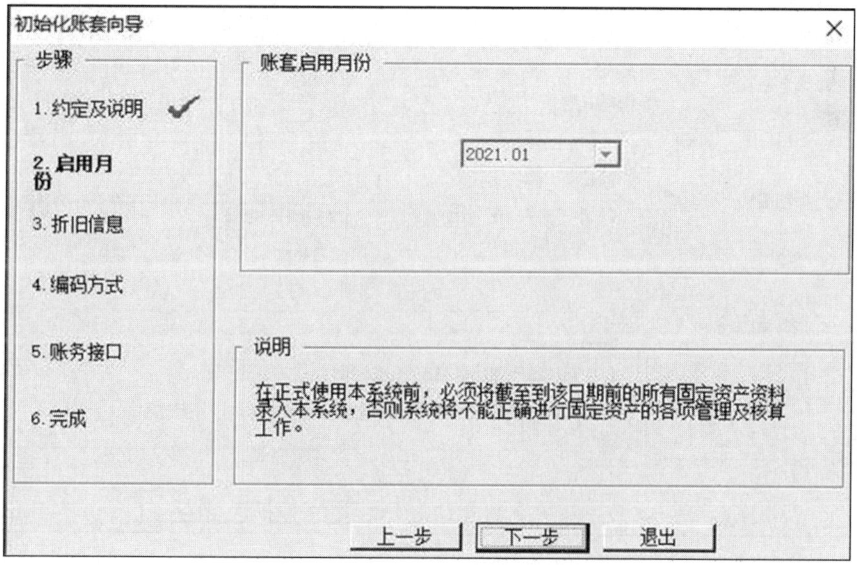
初始化账套向导
步骤
1. 约定及说明
2. 启用月份
3. 折旧信息
4. 编码方式
5. 账务接口
6. 完成
账套启用月份
2021.01
说明
在正式使用本系统前，必须将截至到该日期前的所有固定资产资料录入本系统，否则系统将不能正确进行固定资产的各项管理及核算工作。
上一步
下一步
退出

图 6－3　固定资产初始化向导启用月份窗口

（4）单击“下一步”按钮，打开“固定资产初始化向导——折旧信息”对话框。

（5）选中“本账套计提折旧”复选框；选择折旧方法“平均年限法（一）”，折旧分配周期“1 个月”；选中“当（月初已计提月份 = 可使用月份 －1）时，将剩余折旧全部提足”复选框。如图 6－4 所示。

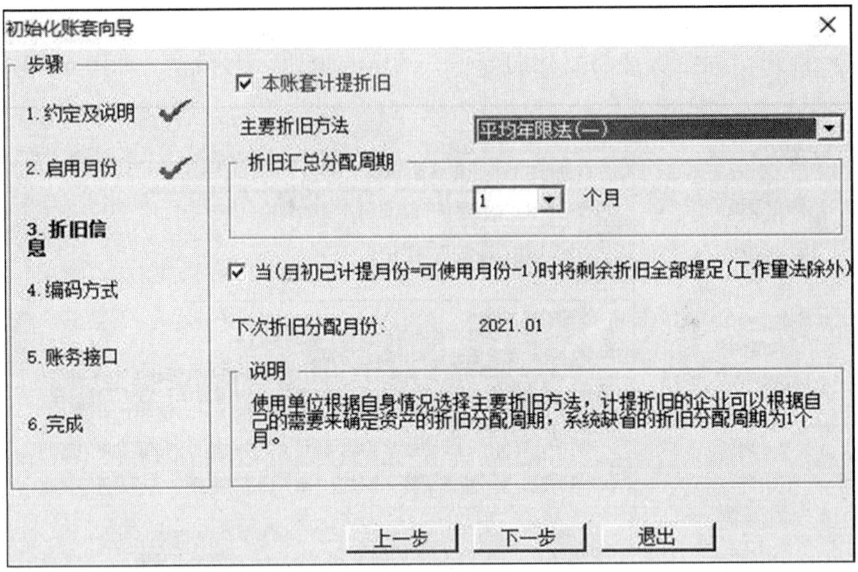

图 6-4　固定资产初始化向导折旧信息窗口

（6）单击“下一步”按钮，打开“固定资产初始化向导——编码方式”对话框。

（7）确定资产类别编码长度“2112”；选择“自动编码”单选按钮，选择序号长度5。如图 6-5 所示。

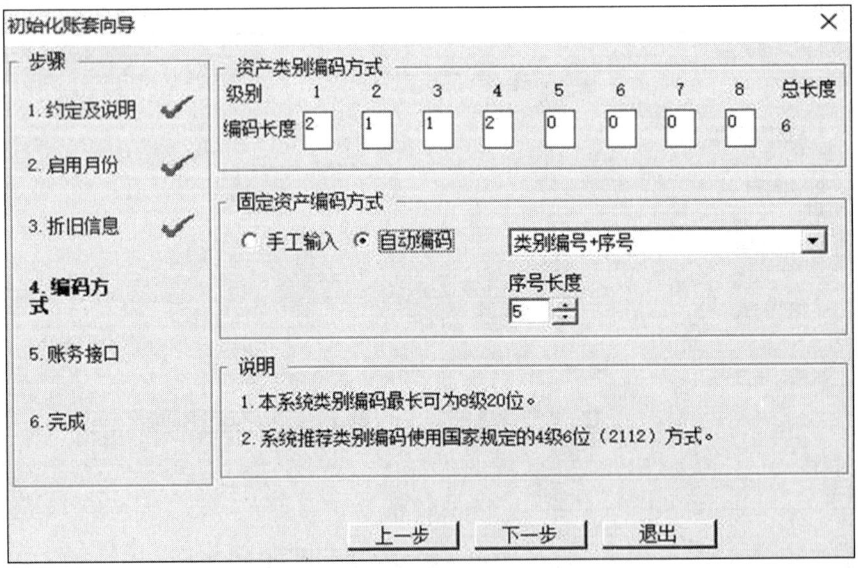

图 6-5　固定资产初始化向导编码方式窗口

（8）单击“下一步”按钮，打开“固定资产初始化向导——财务接口”对话框。

（9）选中“与账务系统进行对账”复选框；选择固定资产的对账科目“固定资产（1601）”，累计折旧的对账科目“累计折旧（1602）”。选择“在对账不平衡情况下允许固定资产月末结账”选择框，如图 6-6 所示。

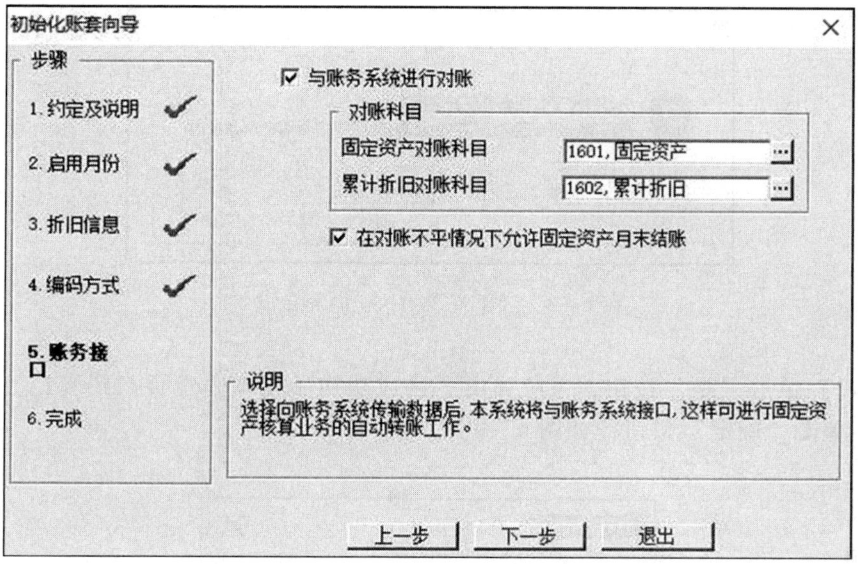

图 6 - 6　固定资产初始化向导财务接口窗口

（10）单击“下一步”按钮，打开“固定资产初始化向导——完成”对话框。如图 6 - 7 所示。

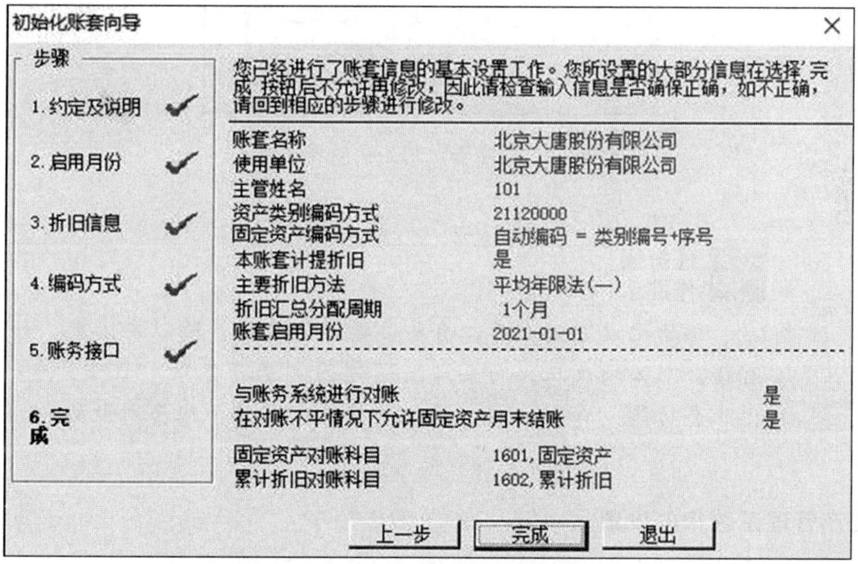

图 6 - 7　固定资产初始化向导完成 1

（11）单击“完成”按钮，完成本账套的初始化，系统弹出“是否确定所设置的信息完全正确并保存对新账套的所有设置?”信息提示对话框，如图 6 - 8 所示。

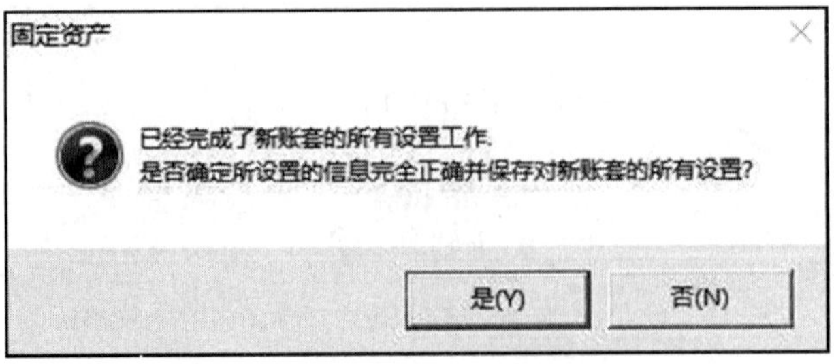
固定资产
已经完成了新账套的所有设置工作.
是否确定所设置的信息完全正确并保存对新账套的所有设置?
是(Y)
否(N)

图6-8　固定资产初始化向导完成2

(12) 单击“是”按钮，系统弹出“已成功初始化本固定资产账套!”信息提示对话框，单击“确定”按钮，如图6-9所示。

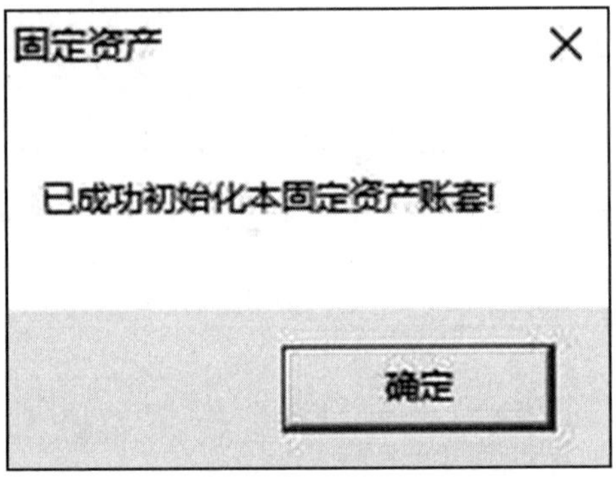
固定资产
已成功初始化本固定资产账套!
确定

图6-9　固定资产初始化向导完成3

任务操作提示

初始化设置完成后，有些参数不能修改，所以要慎重。如果发现参数有错，则必须改正，而且只能通过固定资产系统“工具”→“重新初始化账套功能”命令实现，该操作将清空对该子账套所做的一切工作。

二、固定资产管理系统相关设置

1. 选项卡设置

(1) 执行“设置”→“选项”命令，进入“选项”窗口。

(2) 单击“编辑”按钮，打开“与账务系统接口”选项卡。

(3) 选中“业务发生后立即制单”“月末结账前一定要完成制单登账业务”复选框；选择缺省入账科目为“固定资产（1601）”“累计折旧（1602）”，单击“确定”按钮。如图6-10所示。

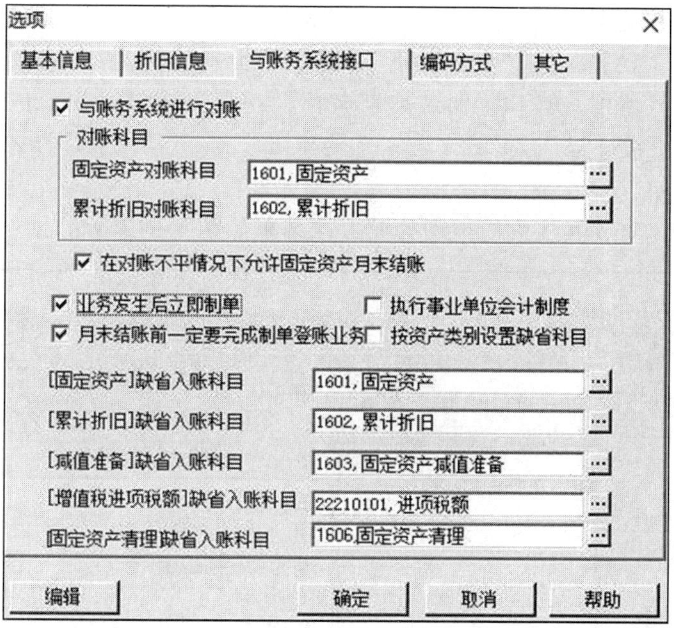

图 6－10　选项卡（与账务系统接口）窗口

2. 设置部门对应折旧科目

（1）执行“设置”→“部门对应折旧科目设置”命令，进入“部门编码表”窗口。

（2）选择部门“综合部”，单击“修改”按钮。

（3）选择折旧科目“管理费用/折旧费（660203）”，单击“保存”按钮。

（4）同理，完成其他部门折旧科目的设置，结果如图 6－11 所示。

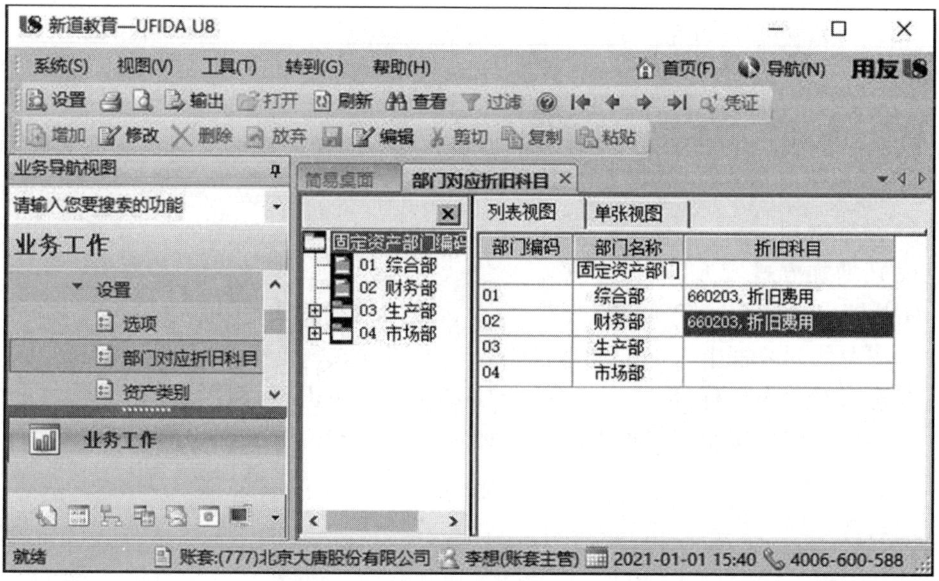

图 6－11　部门对应折旧科目窗口

3. 设置资产类别

(1) 执行"设置"→"资产类别",进入"类别编码表"窗口。

(2) 单击"增加"按钮,输入类别名称"房屋及建筑物",净残值率"4%";选择计提属性"正常计提",折旧方法"平均年限法(一)",卡片样式"通用样式",单击"保存"按钮。

(3) 同理,完成其他资产类别的设置,结果如图6-12所示。

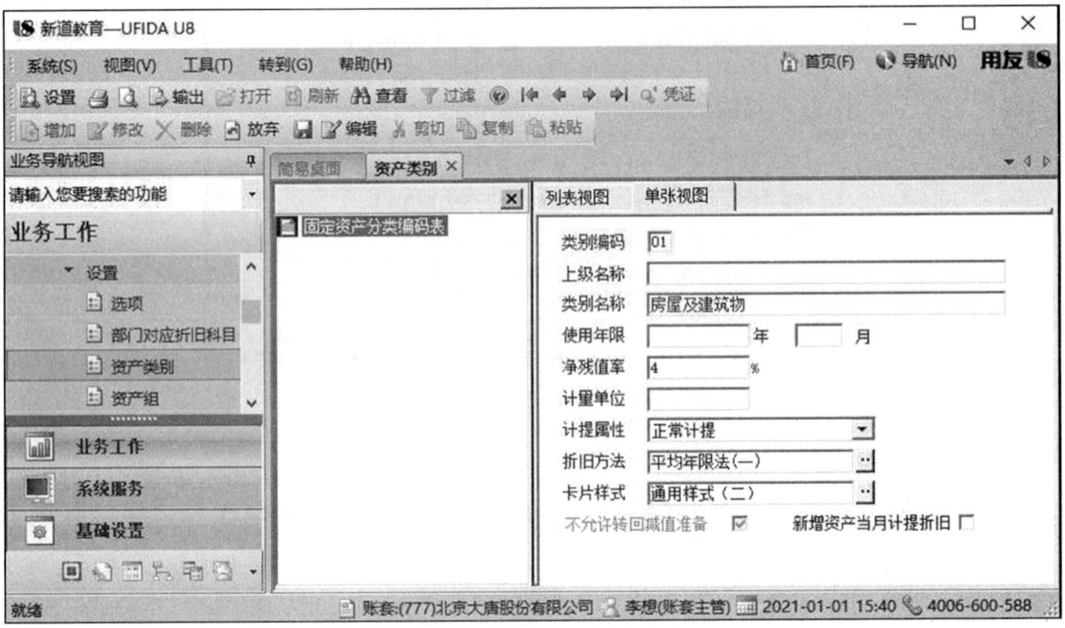

图6-12 设置资产类别结果窗口

任务操作提示

资产类别编码不能重复,同一级的类别名称不能相同。类别编码、名称、计提属性、卡片样式不能为空。已使用过的类别不能设置新下级。

4. 设置增减方式

(1) 增加方式。

①执行"设置"→"增减方式"命令,进入增减方式窗口。

②在左侧列表框中,单击"直接购入"增加方式,单击"修改"按钮。

③输入对应入账科目"工行存款(100201)",单击"保存"按钮。

④同理,依据实验资料设置的"增加方式"结果,如图6-13所示。

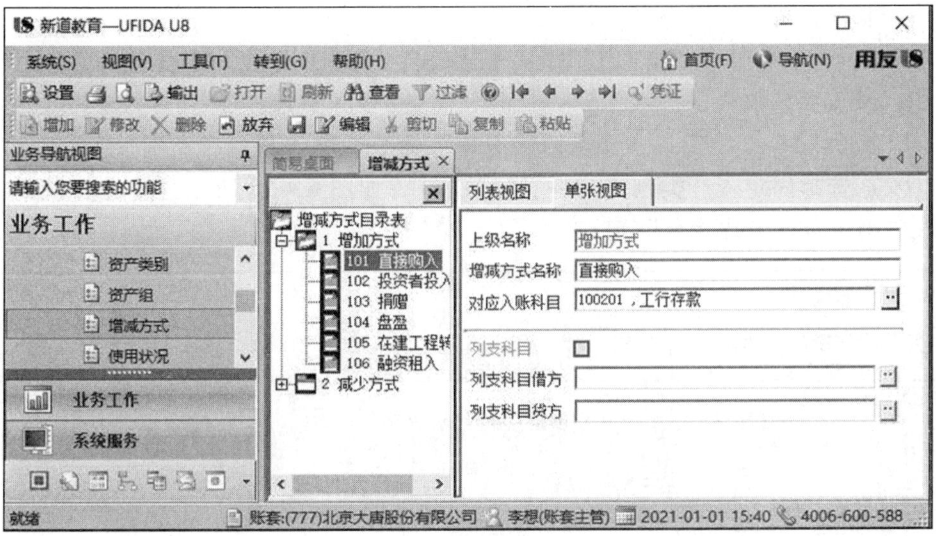

图 6-13 增加方式窗口

（2）减少方式。

①执行“设置”→“增减方式”命令，进入增减方式窗口。

②在左侧列表框中，双击“出售”减少方式，单击“修改”按钮。

③输入对应入账科目“固定资产清理（1606）”，单击“保存”按钮。

④同理，根据实验资料设置的“减少方式”结果，如图 6-14 所示。

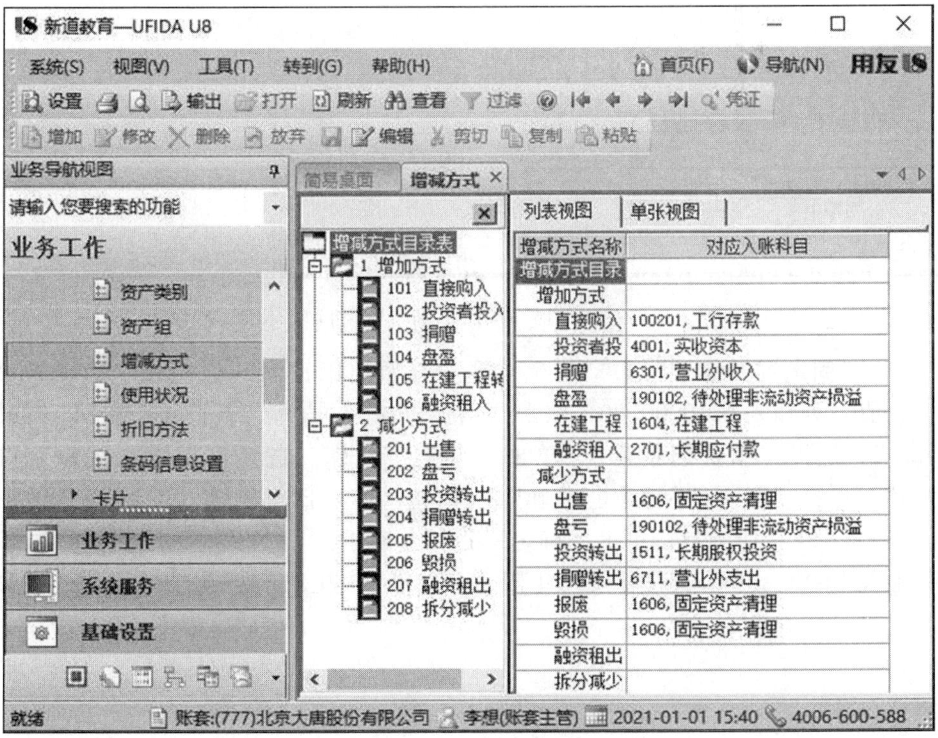

图 6-14 减少方式窗口

5. 其他设置

对于“使用状况”“折旧方法”“卡片项目”“卡片样式”不再另行设置。

6. 录入原始卡片

(1) 执行“卡片”→“录入原始卡片”命令，进入“资产类别参照”窗口。

(2) 选择固定资产类别“房屋及建筑物”，如图6-15所示。单击“确定”按钮，进入“固定资产卡片录入”窗口。

图6-15 资产类别参照窗口

(3)“固定资产编号”自动产生，在“开始使用日期”处输入“2018-02-20”，在“原值”处输入6210000.00，双击“增加方式”，选择“在建工程转入”，双击“部门名称”，选择“多部门使用”，单击“确定”按钮，进入使用部门编辑窗口，单击“增加”，选择“综合部”，单击“确定”按钮，使用比例输入“5”，继续增加其他部门，结果如图6-16所示，单击“确定”返回。双击“使用状况”，选择“在用”；累计折旧输入424816.40；输入可使用年限“480年”；其他信息自动计算出。如图6-17所示。

图 6－16　使用部门编辑窗口

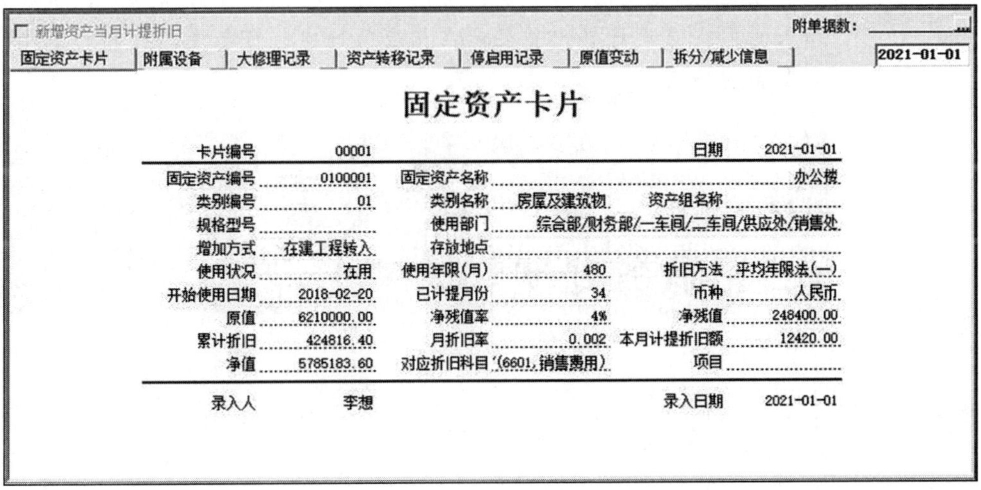

图 6－17　固定资产卡片窗口

（4）单击“保存”按钮，系统弹出“数据成功保存!”信息提示对话框，单击“确定”按钮。

（5）同理，完成其他固定资产卡片的输入。

7. 卡片查询

执行“卡片”→“卡片管理”命令，在查询条件窗口调整开始使用日期为 2018－01－01 后单击“确定”按钮，进入“卡片管理”窗口。查询全部已经录入的卡片，如图 6－18 所示。

图 6－18 全部固定资产卡片窗口

任务操作提示

①开始使用日期一定要采用“××××—××—××”的方式。

②如果使用系统编号，要删除一张卡片，又不是最后一张时，系统将保留空号。

③已计提月份由系统将根据开始使用日期自动计算出。

④月折旧率、月折旧额：与计算折旧有关的项目输入后，系统会按照输入的内容自动计算出并显示在相应项目内，可与手工计算的值比较，核对是否有错误。

任务二 日常业务处理

工作实例

2021 年 1 月发生固定资产业务如下：

①1 月 15 日，从供应处购入计算机 1 台，价值 10000.00 元，增值税税率为 13%，预计使用 8 年，净残值率为 4%。

②1 月 31 日，对办公楼进行资产评估，评估结果为原值 6680000.00 元，累计折旧为 434000.00 元。

业务操作

（1）资产增加（1 月 15 日，从供应处购入计算机 1 台，价值 10000.00 元，预计使用 8 年，净残值率为 4%）。

①更换操作员“多亮”登录系统，执行“卡片”→“资产增加”命令，进入“资产类别参照”窗口。

②选择资产类别：“其他”，单击“确定”按钮，进入“固定资产卡片新增“窗口。

③输入固定资产名称“计算机”，双击“使用部门”，选择“单部门使用”后单击“确定”按钮，选择“财务部”，双击“增加方式”，选择“直接购入”，双击“使用状况”，选择“在用”；输入原值 10000.00，可使用年限“96”，开始使用日期“2021－01－15”。如图 6－19 所示。

新增资产当月计提折旧　　附单据数：

固定资产卡片 | 附属设备 | 大修理记录 | 资产转移记录 | 停启用记录 | 原值变动 | 拆分/减少　2021-01-15

固定资产卡片

卡片编号	00006			日期	2021-01-15
固定资产编号	0300002	固定资产名称			计算机
类别编号	03	类别名称	通用设备	资产组名称	
规格型号		使用部门			供应处
增加方式	直接购入	存放地点			
使用状况	在用	使用年限(月)	96	折旧方法	平均年限法(一)
开始使用日期	2021-01-15	已计提月份	0	币种	人民币
原值	10000.00	净残值率	4%	净残值	400.00
累计折旧	0.00	月折旧率	0	本月计提折旧额	0.00
净值	10000.00	对应折旧科目	660203，折旧费用	项目	
录入人	多亮			录入日期	2021-01-15

图 6－19　固定资产卡片窗口

④单击“保存”按钮。

任务操作提示

①卡片增加完后，可以不立即制单，月末可以批量制单。

②新卡片第一个月不计提折旧，累计折旧为空或 0。

（2）资产评估（1 月 31 日，对办公楼进行资产评估，评估结果为原值 6680000.00 元，累计折旧为 434000.00 元）。

①执行“卡片”→“资产评估”命令，进入“资产评估管理”窗口。

②单击“增加”按钮，打开“资产评估选择”对话框。

③选择要评估的项目“原值”和“累计折旧”，其他是系统默认的，如图6－20所示。单击“确定”按钮。

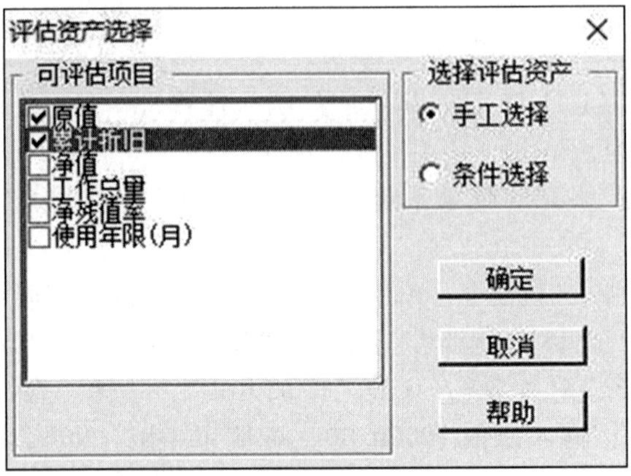

图6－20　资产评估选择窗口

④在“资产评估”窗口中，选择要评估资产“办公楼”的卡片编号00001，输入评估后数据。在“评估后原值”处输入6680000.00，在“评估后累计折旧”处输入434000.00，如图6－21所示。

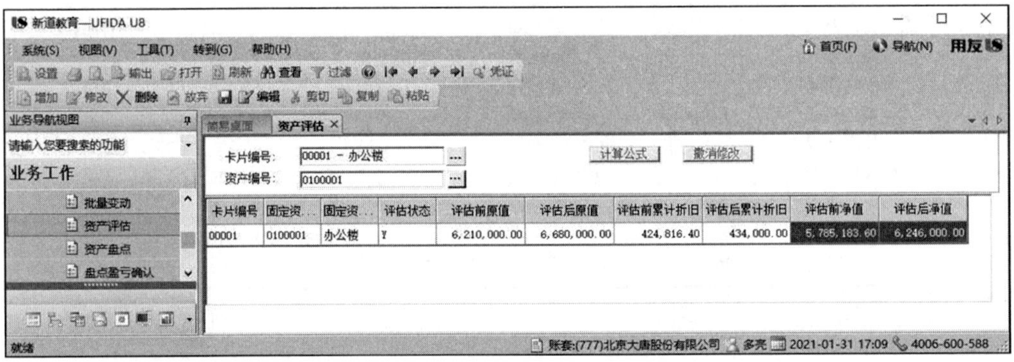

图6－21　资产评估窗口

⑤单击“保存”按钮，弹出“是否确认要进行资产评估?”窗口，单击“是”，如图6－22所示。

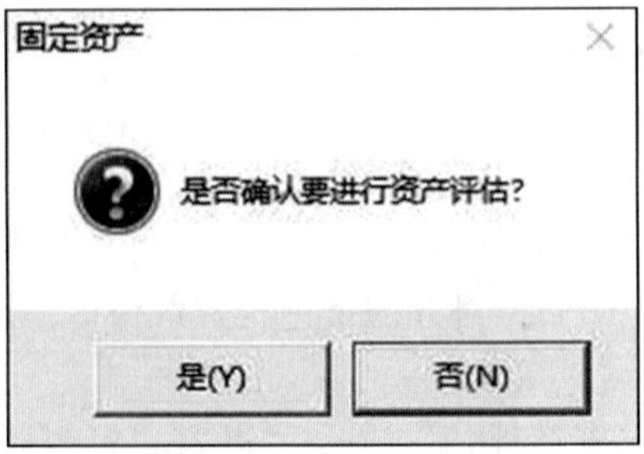

图6－22　资产评估确认

任务操作提示

资产评估后，可以不立即制单，月末可以批量制单。

（3）批量制单。

①可按如下操作：执行“处理”→“批量制单”命令，查询条件窗口单击“确定”进入“批量制单”对话框，在“新增资产”和“评估资产”行的选择处双击，出现“Y”，如图6－23所示。

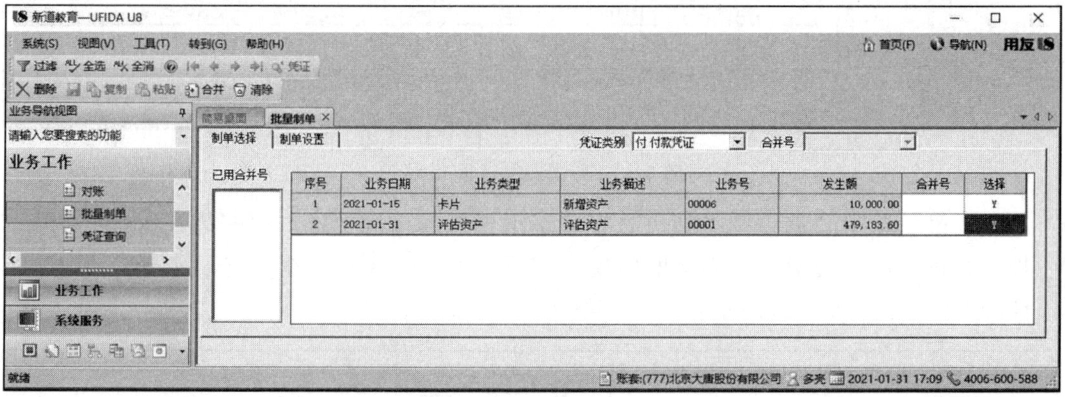

图6－23　批量制单选择

②单击“制单设置”，选择右上角合并号“0006卡片，”出现新增资产的借方科目“1601固定资产”，贷方科目“100201工行存款”，如图6－24所示，再选择右上角合并号“0001评估资产”，输入科目“资本公积”，如图6－25所示。

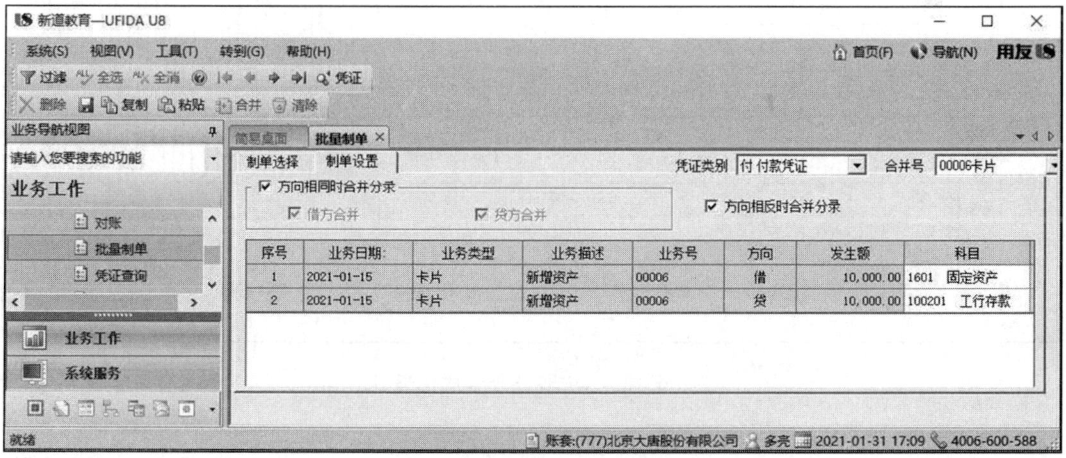

图6－24　新增资产制单设置

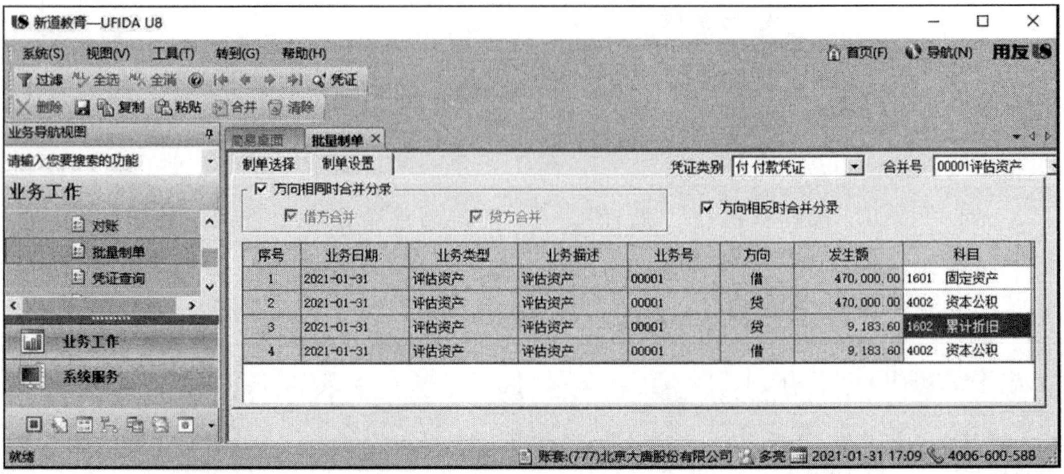

图 6-25 评估资产制单设置

③最后单击“制单”按钮，选择凭证类别，新增固定资产记账凭证需“插分”，增加一行输入应交税费——应交增值税（进项税额），借方金额 1300，调整后保存凭证，如图 6-26、图 6-27 所示。

图 6-26 新增资产生成的凭证

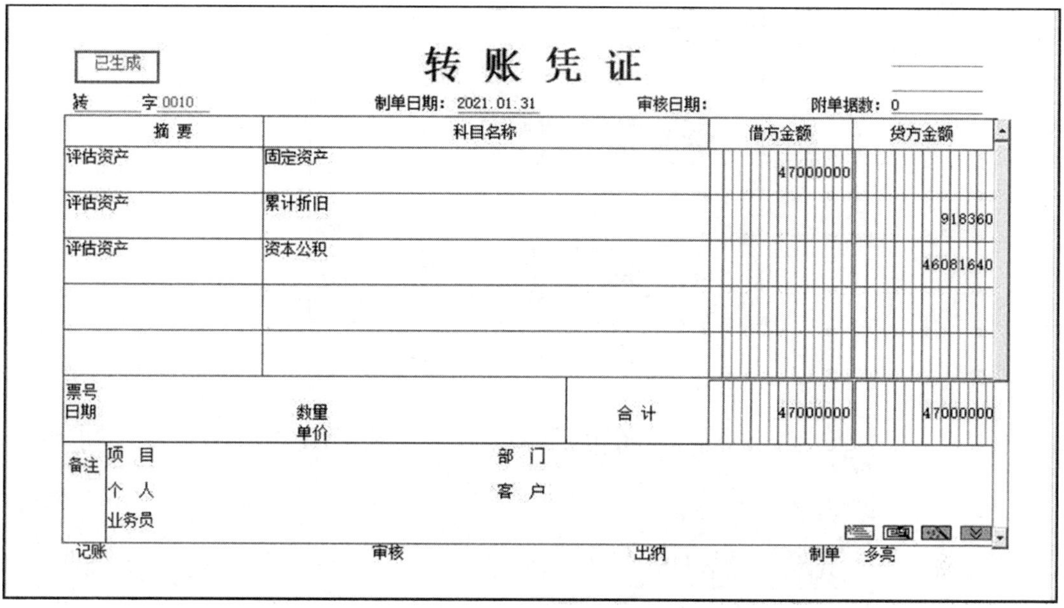

已生成

转账凭证

转 字 0010　制单日期：2021.01.31　审核日期：　附单据数：0

摘要	科目名称	借方金额	贷方金额
评估资产	固定资产	47000000	
评估资产	累计折旧		918360
评估资产	资本公积		46081640
票号 日期	数量 单价	合计 47000000	47000000

备注　项目　部门

个人　客户

业务员

记账　审核　出纳　制单　多亮

图 6－27　评估资产生成的凭证

任务操作提示

如果想删除已经处理完的评估记录，就要首先删除已经生成的凭证，删除生成的凭证不能在总账中进行，要在“固定资产管理系统”中执行“处理”→“凭证查询”命令，进入“凭证查询”对话框，如图 6－28 所示。然后，单击要删除的记录“转－10”，再点 

按钮，显示“确定要删除吗？删除后不可恢复！”提示，如图 6－29 所示。单击“是”按钮，完成删除凭证的工作。生成的凭证删除后，就可以删除资产评估的记录。

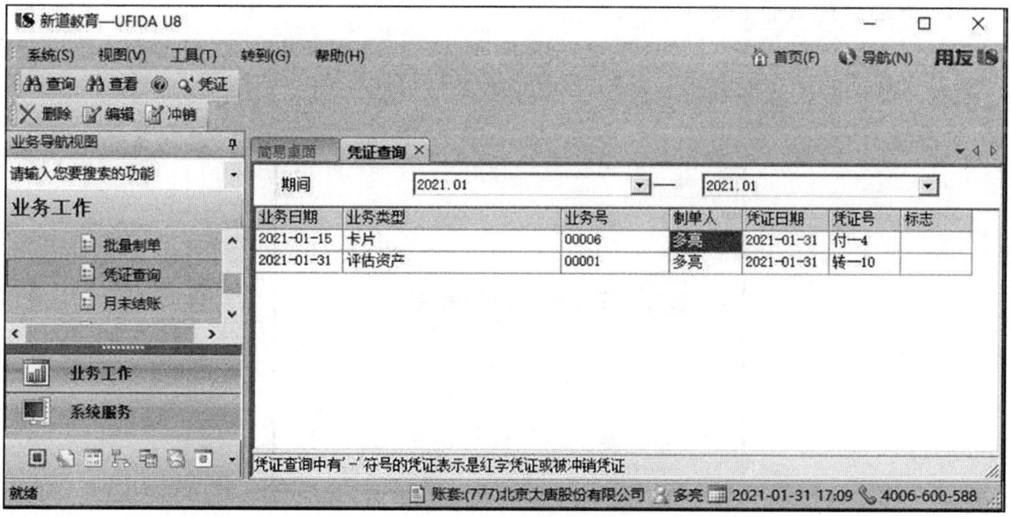

图 6－28　凭证查询窗口

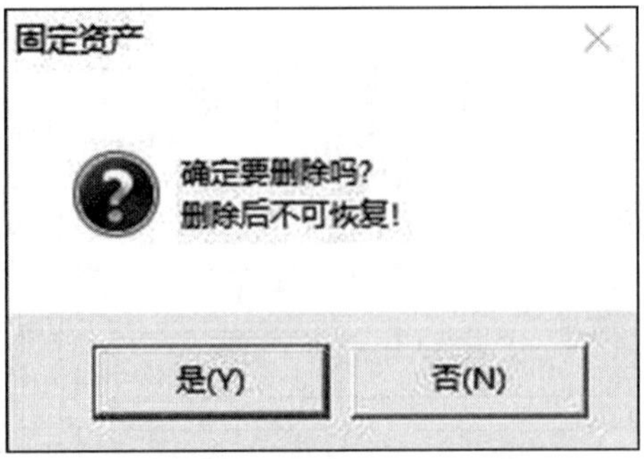
固定资产
确定要删除吗?
删除后不可恢复!
是(Y)
否(N)

图 6-29 删除提示窗口

任务三
期末处理

工作实例

(1) 1 月 31 日，计提本月折旧费用。

(2) 1 月 31 日，财务部一台价值 100000.00 元的计算机毁损。

业务操作

1. 折旧处理（计提本月折旧费用）

(1) 执行“处理”→“计提本月折旧”命令，系统弹出“是否要查看折旧清单?”信息提示对话框，如图 6-30 所示。单击“否”按钮。

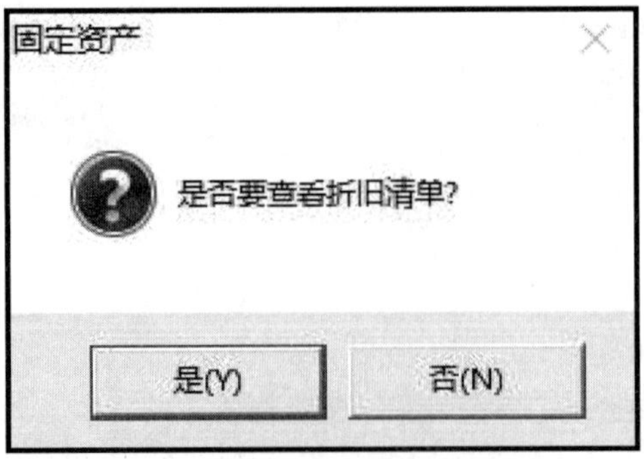
固定资产
是否要查看折旧清单?
是(Y)
否(N)

图 6-30 信息提示窗口

(2) 系统继续弹出“本操作将计提本月折旧，并花费一定时间，是否要继续?”信息提示对话框，如图 6－31 所示。单击“是”按钮。

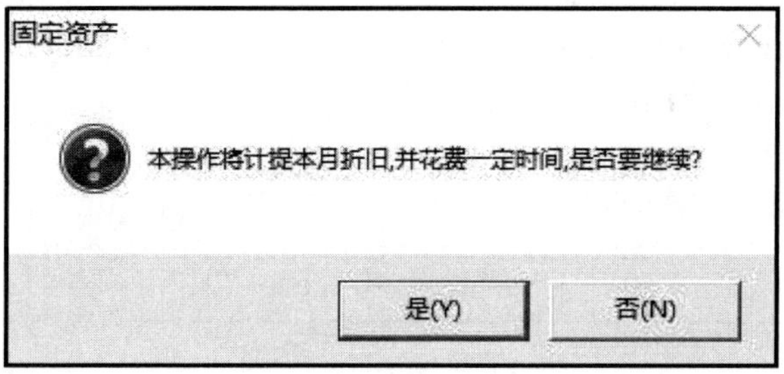

图 6－31　信息提示窗口

(3) 系统计提折旧完成后，进入“折旧清单”窗口，如图 6－32 所示。

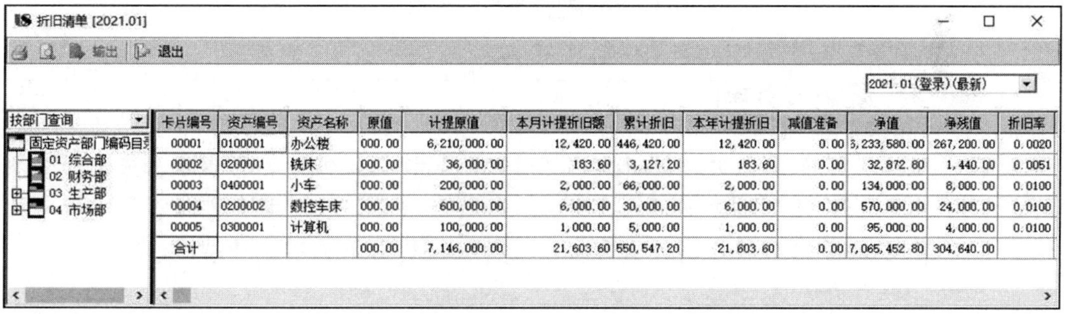

卡片编号	资产编号	资产名称	原值	计提原值	本月计提折旧额	累计折旧	本年计提折旧	减值准备	净值	净残值	折旧率
00001	0100001	办公楼	000.00	6,210,000.00	12,420.00	446,420.00	12,420.00	0.00	5,233,580.00	267,200.00	0.0020
00002	0200001	铣床	000.00	36,000.00	183.60	3,127.20	183.60	0.00	32,872.80	1,440.00	0.0051
00003	0400001	小车	000.00	200,000.00	2,000.00	66,000.00	2,000.00	0.00	134,000.00	8,000.00	0.0100
00004	0200002	数控车床	000.00	600,000.00	6,000.00	30,000.00	6,000.00	0.00	570,000.00	24,000.00	0.0100
00005	0300001	计算机	000.00	100,000.00	1,000.00	5,000.00	1,000.00	0.00	95,000.00	4,000.00	0.0100
合计			000.00	7,146,000.00	21,603.60	550,547.20	21,603.60	0.00	7,065,452.80	304,640.00	

图 6－32　折旧清单

(4) 单击“退出”，进入“折旧分配表”，如图 6－33 所示。

部门编号	部门名称	项目编号	项目名称	科目编号	科目名称	折 旧 额
01	综合部			660203	折旧费用	621.00
02	财务部			660203	折旧费用	1,621.00
0301	一车间			5101	制造费用	2,667.60
0302	二车间			5101	制造费用	8,484.00
0401	供应处			660203	折旧费用	3,105.00
0402	销售处			6601	销售费用	5,105.00
合计						21,603.60

图 6－33　折旧分配表窗口

(5) 单击“凭证”按钮，进入“填制凭证”窗口，选择“转账凭证”，按实训内容修改为其他项目，单击“保存”按钮，如图 6－34 所示。退出后，系统提示“折旧计提完成”。

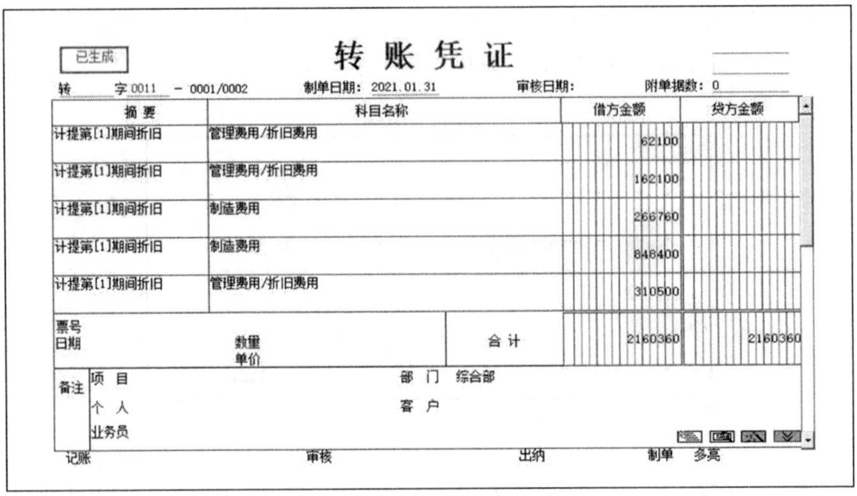

图 6－34 折旧记账凭证窗口

任务操作提示

如果上次计提折旧已通过记账凭证把数据传递到账务系统，则必须删除该凭证才能重新计提折旧。计提折旧后，又对账套进行了影响折旧计算或分配的操作，必须重新计提折旧，否则系统不允许结账。

2. 资产减少

会计制度规定本月减少的固定资产照提折旧，因此，本账套需要进行计提折旧后，才能减少资产。

（1）执行“卡片”→“资产减少”命令，进入“资产减少”窗口。

（2）选择卡片编号“00005”，单击“增加”按钮，如图 6－35 所示。

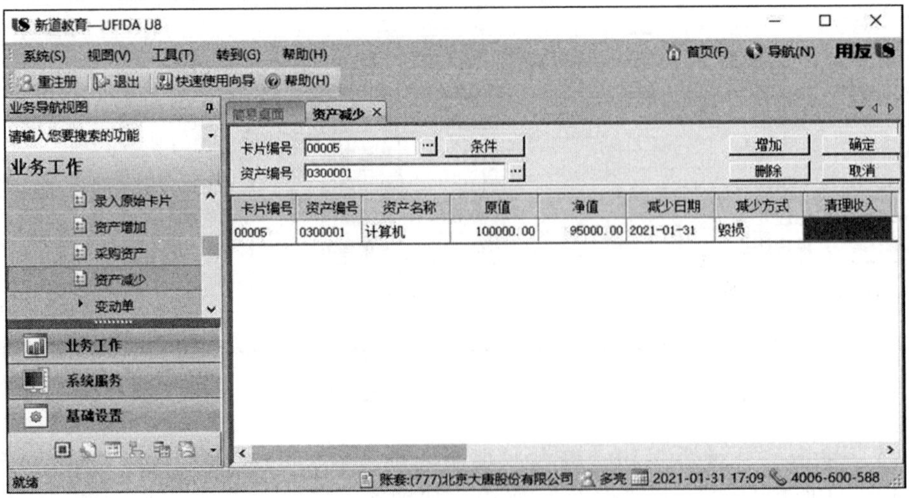

图 6－35 资产减少

（3）选择减少方式为“毁损”，单击“确定”按钮，进入“填制凭证”窗口。

（4）选择凭证类别“转账凭证”，单击“保存”按钮，凭证成功保存，如图 6－36 所示。

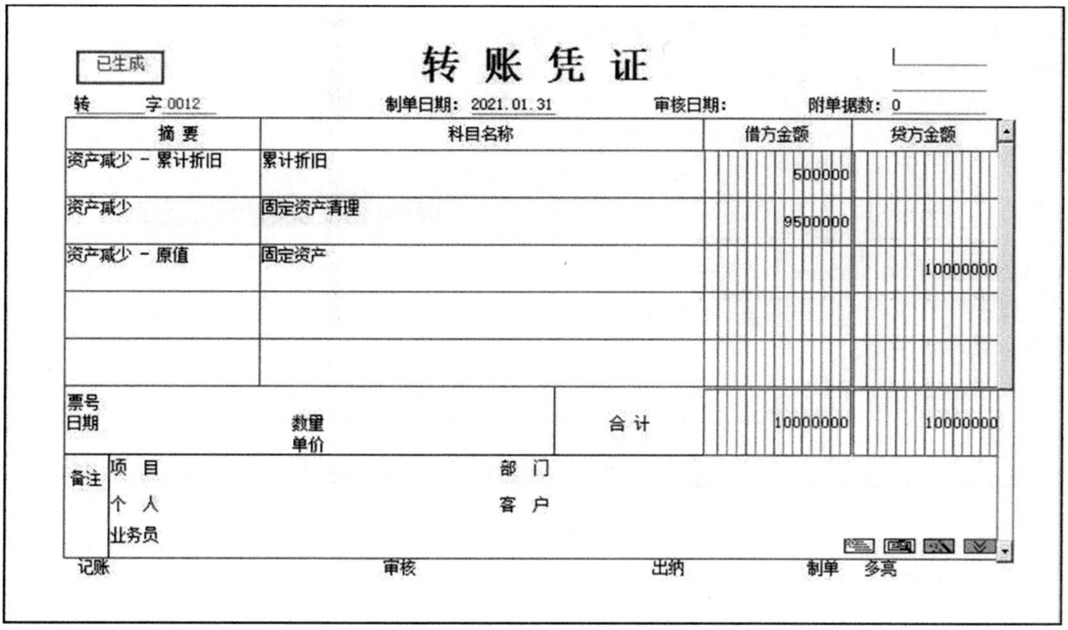

图 6－36　资产减少记账凭证窗口

3. 账表管理

（1）执行“账表”→“我的账表”命令，进入“固定资产报表”窗口。

（2）单击“折旧表”，选择“（部门）折旧计提汇总表”。

（3）双击“（部门）折旧计提汇总表”按钮，打开“条件”对话框。

（4）选择期间为“2021.01”，汇总级次为“1－1”，如图 6－37 所示。单击“确定”按钮，如图 6－38 所示。

图 6－37　条件窗口

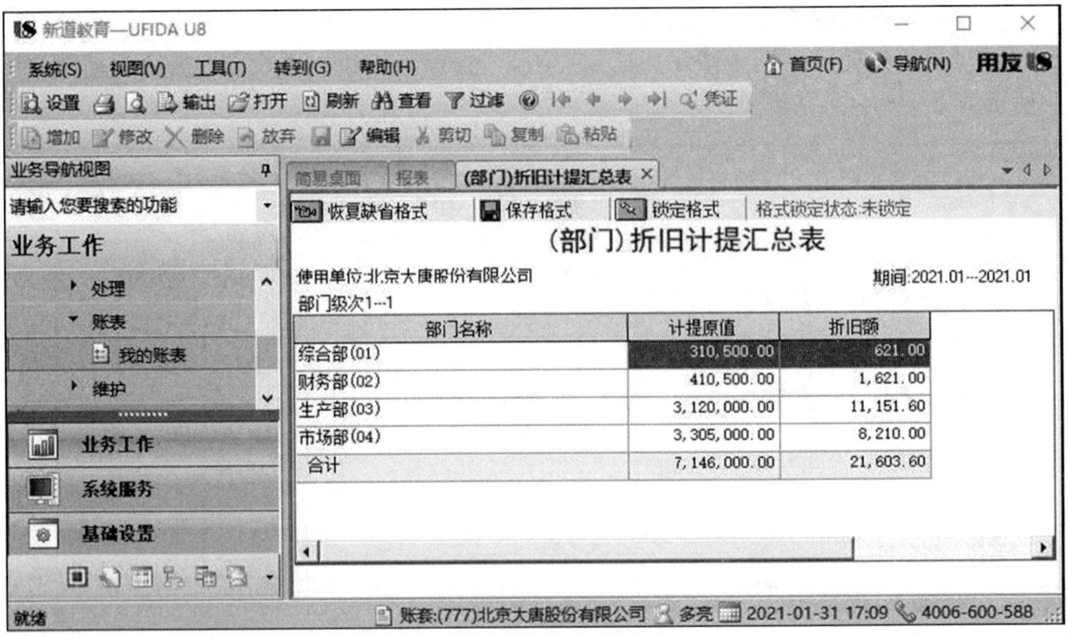

图 6－38　部门折旧计提汇总表窗口

4. 对账

（1）对前面生成的所有记账凭证进行签字、审核，并记账。

（2）执行“处理”→“对账”命令，系统弹出“与财务对账结果”信息提示对话框。如图 6－39 所示。

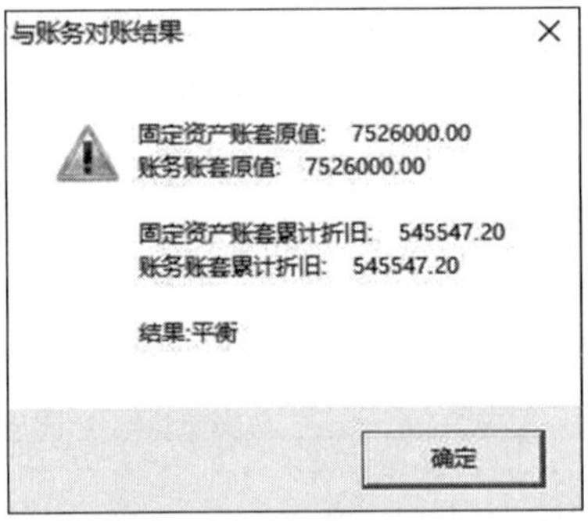

图 6－39　与财务对账结果

（3）单击“确定”按钮。

任务操作提示

当总账记账完毕，固定资产系统才可以进行对账。对账平衡，开始月末结账。如果在初始设置时，选择了“与账务系统对账”功能，对账的操作不限制执行时间，任何时候都可以进行对账。

若在财务接口中选中“在对账不平情况下允许固定资产月末结账”复选框，则可以直接进行月末结账。

5. 结账

（1）执行“处理”→“月末结账”命令，打开“月末结账”对话框，如图 6－40 所示。

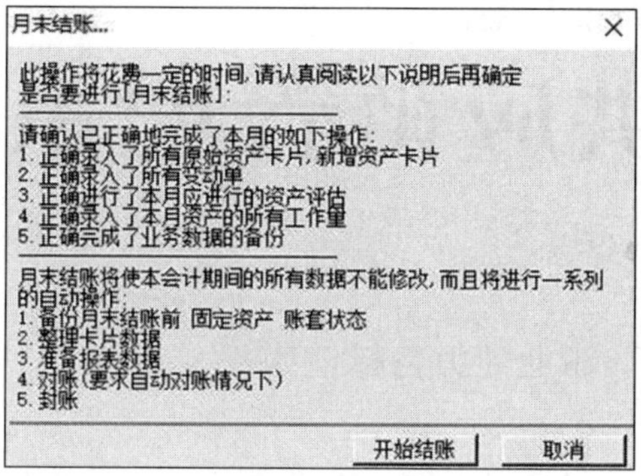
月末结账...
此操作将花费一定的时间，请认真阅读以下说明后再确定
是否要进行[月末结账]：
请确认已正确地完成了本月的如下操作：
1. 正确录入了所有原始资产卡片，新增资产卡片
2. 正确录入了所有变动单
3. 正确进行了本月应进行的资产评估
4. 正确录入了本月资产的所有工作量
5. 正确完成了业务数据的备份
月末结账将使本会计期间的所有数据不能修改，而且将进行一系列的自动操作：
1. 备份月末结账前 固定资产 账套状态
2. 整理卡片数据
3. 准备报表数据
4. 对账(要求自动对账情况下)
5. 封账
开始结账
取消

图 6－40 月末结账

（2）单击“开始结账”按钮，系统弹出“月末结账成功完成！”信息提示对话框。

（3）单击“确定”按钮。

任务操作提示

本会计期间做完月末结账工作后，所有数据资料将不能再进行修改。

本会计期间未做完月末结账工作，系统将不允许处理下一个会计期间的数据。月末结账前一定要进行数据备份，否则数据一旦丢失，将造成无法挽回的后果。

6. 取消结账

（1）执行“工具”→“恢复月末结账前状态”命令，系统弹出“是否继续？”信息提示对话框。

（2）单击“是”按钮，系统弹出“成功恢复月末结账前状态！”信息提示对话框。

（3）单击“确定”按钮。

任务操作提示

如果在结账后发现结账前操作有误，必须修改结账前的数据，则可以使用“恢复结账前状态”功能，又称“反结账”，即将数据恢复到月末结账前状态，结账时所做的所有工作都被无痕迹删除。

在总账管理系统未进行月末结账时，才可以使用恢复结账前状态功能。一旦成本系统提取了某期的数据，该期不能反结账。如果当前的账套已经做了年末处理，那么就不允许再执行恢复月初状态功能。

7 项目七 供应链管理系统应用

职业能力目标

通过本项目的学习，要求同学们掌握用友 ERPU8V10.1 软件供应链系统的基础设置，掌握供应管理系统的业务处理流程；理解系统管理在整个系统中的作用和基础设置的重要性。

课程思政目标

培养学生业务财务一体化的职业意识，能够从业务到财务全面掌握工作流程，熟悉企业采购、销售、仓库管理等业务处理方法，主动为企业的全面管理提出合理化建议，积极参与企业经营。

典型工作任务

（1）启用用友 ERPU8V10.1 软件的供应链管理系统；
（2）供应链管理系统基础设置；
（3）供应链管理系统期初余额录入；
（4）供应链管理系统日常业务处理；
（5）供应链系统的期末处理。

任务一
采购业务处理

工作实例

系统初始化

（启用采购管理、销售管理、库存管理、存货核算）

（1）计量单位组及计量单位（见表7－1、表7－2）。

表7－1

计量单位组编号	计量单位组名称	计量单位组类别
01	无换算组	无换算率

表7－2

计量单位编号	计量单位名称	所属计量单位组名称
01	公斤	无换算组
02	吨	无换算组
03	件	无换算组
04	册	无换算组
05	公里	无换算组

（2）存货分类及存货档案（见表7－3、表7－4）。

表7－3

存货分类编码	存货分类名称
01	原材料
02	辅助材料
03	库存商品
04	其他

表7－4

存货编码	存货名称	所属分类码	计量单位	税率	存货属性
01	A材料	01	公斤	13%	外购、生产耗用

续表

存货编码	存货名称	所属分类码	计量单位	税率	存货属性
02	B材料	01	公斤	13%	外购、生产耗用
03	丙材料	02	吨	13%	外购、生产耗用
04	甲产品	03	件	13%	自制、内销
05	乙产品	03	件	13%	自制、内销
06	运费	04	公里	9%	应税劳务

(3) 应付款管理系统初始设置。

①控制参数（见表7-5）。

表7-5

控制参数	参数设置
控制科目依据	按供应商
应付款核销方式	按单据
其他参数均按照系统默认设置	

②设置科目（见表7-6）。

表7-6

科目类别	设置方式
基本科目设置	应付科目（本币）：2202 预付科目（本币）：1123 采购科目：1402 税金科目：22210101
控制科目设置	所有客户的控制科目： 应付科目：2202　预付科目：1123
结算方式科目设置	结算方式：现金结算；币种：人民币；科目：1001 结算方式：现金支票；币种：人民币；科目：10020101 结算方式：转账支票；币种：人民币；科目：10020101
其他参数均按照系统默认设置	

③账期内账龄区间（见表7-7）。

表7-7

序号	起止天数	总天数
01	1~30	30
02	31~60	60
03	61~90	90
04	91以上	

（4）仓库档案（见表7－8）。

表7－8

仓库编码	仓库名称	计价方式
01	原材料仓库	先进先出法
02	产成品仓库	先进先出法

（5）收发类别（见表7－9）。

表7－9

收发类别编码	收发类别名称	收发标志
1	入库	收
11	采购入库	收
12	调拨入库	收
13	其他入库	收
2	出库	发
21	销售出库	发
22	调拨出库	发
23	其他出库	发

（6）采购类型（见表7－10）。

表7－10

采购类型编码	采购类型名称	入库类别
1	厂商采购	采购入库
2	代理商采购	采购入库
3	直运采购	采购入库
4	其他	采购入库

（7）单据设计。设置采购专用发票、采购普通发票的单据编号为手工编号、重复时重取。

（8）期初余额。

①应付款管理系统期初余额（见表7－11）。

表7－11

单据日期	单据类型	供应商	科目	方向	金额
2020.11.18	应付单	天昊	应付账款	贷	74720
2020.12.31	应付单	美禄	应付账款	贷	100000

②采购系统无期初数据。

③库存管理系统及存货核算系统期初余额（见表7－12）。

表 7 -12

仓库名称	存货编码	存货名称	数量	单价
原材料库	01	A 材料	6992	50
成品库	04	甲产品	1500	150
成品库	05	乙产品	1000	110

业务操作

1. 启用销售管理、采购管理、库存管理、存货核算等系统。

2. 进行初始化设置

（1）在基础设置中，进行计量单位分组及单位设置。

①进入“基础档案”→“存货”，进入“计量单位”，单击“分组”→“增加”，输入“计量单组编码：01”，“计量单位组名称：无换算组”，“计量单位组类别：无换算率”。

②单击“保存”按钮，如图 7 -1 所示。单击“退出”。

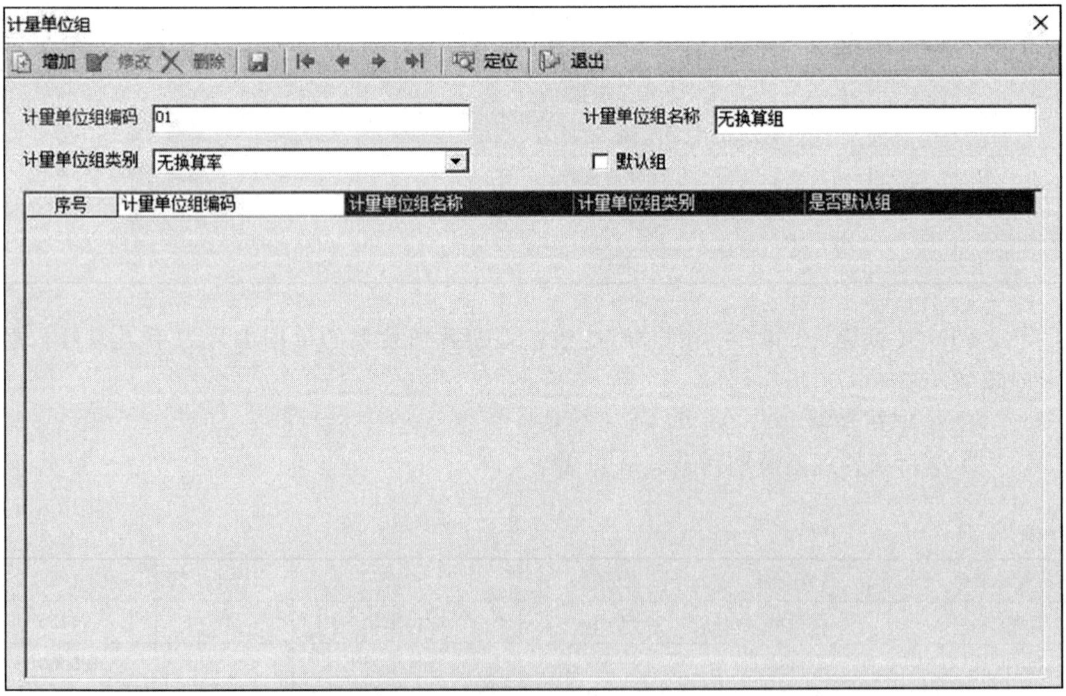

图 7 -1 设置计量单位——分组

③单击“单位”→“增加”，输入计量单位编码、计量单位名称。如图 7 -2 所示。

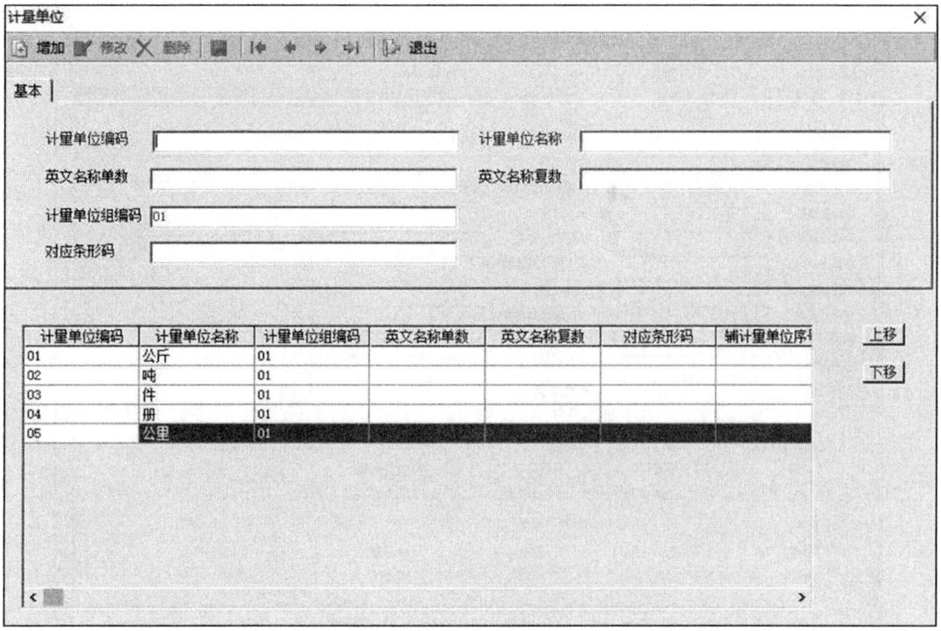

图 7－2　设置计量单位——单位

（2）在基础设置中，进行存货分类设置及存货档案录入工作。

①进入“基础档案”→“存货”，进入“存货分类”，单击“增加”，输入“分类编码”“分类名称”，如图 7－3 所示。

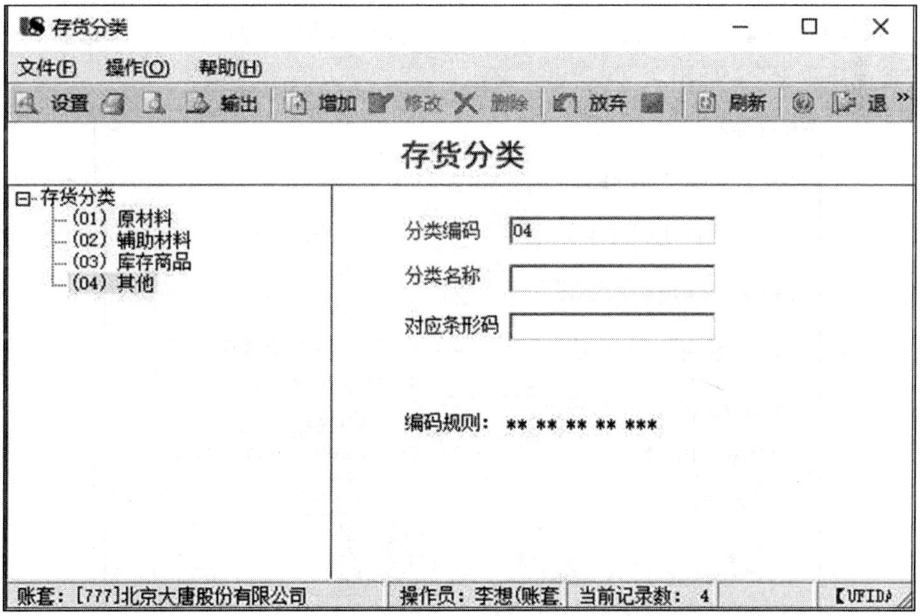

图 7－3　存货分类

②进入“基础档案”→“存货”，进入“存货档案”，单击“增加”，输入“存货编码”，“存货名称”，选择“存货分类”“计量单位组”“存货属性”等信息，如图 7－4

所示。

图 7－4 设置存货档案

（3）在应付款管理系统中，进行控制参数设置。进入“应付款管理”→“设置”，单击“选项”→“编辑”按钮，选择“控制科目依据：按供应商”，选择“应付款核销方式：按单据”。如图 7－5 所示。

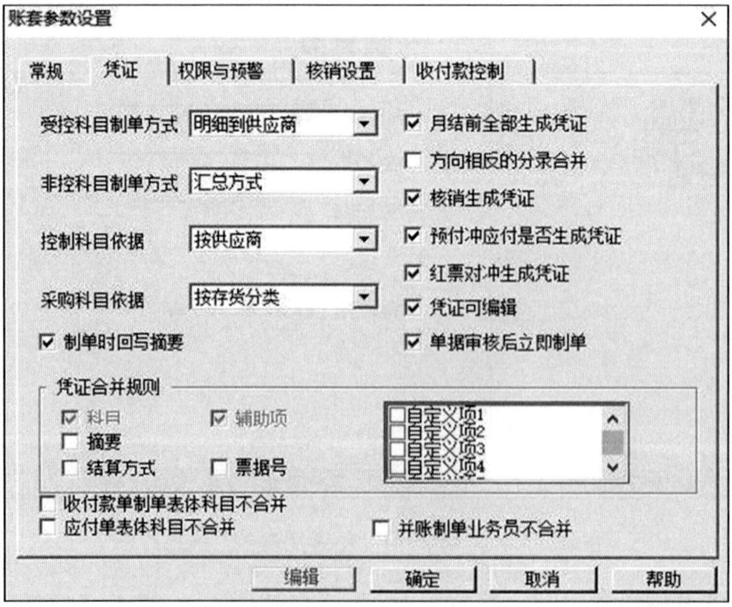

图 7－5 控制参数设置

（4）在应付款管理系统中，进行初始设置。

进入“应付款管理”→“设置”，单击“初始设置”，按照题目要求输入“基本科目设置”“控制科目”等信息，如图7-6~图7-9所示。

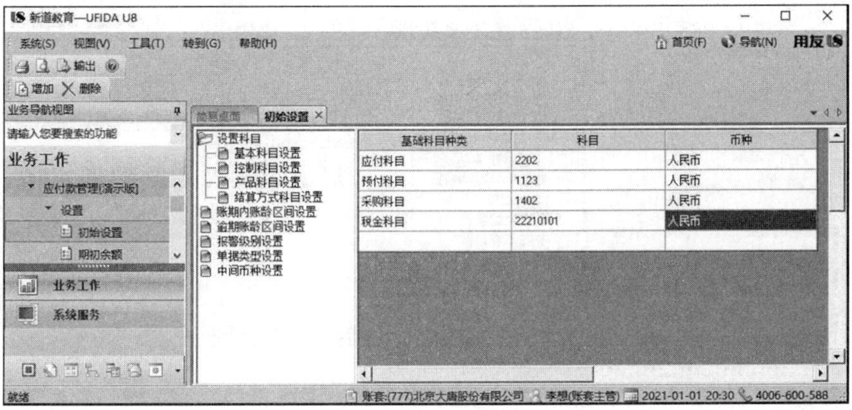

图7-6　设置科目-1

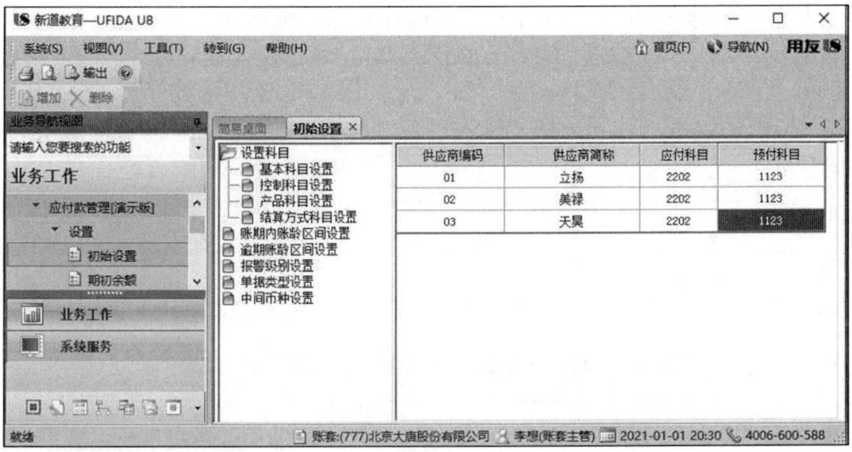

图7-7　设置科目-2

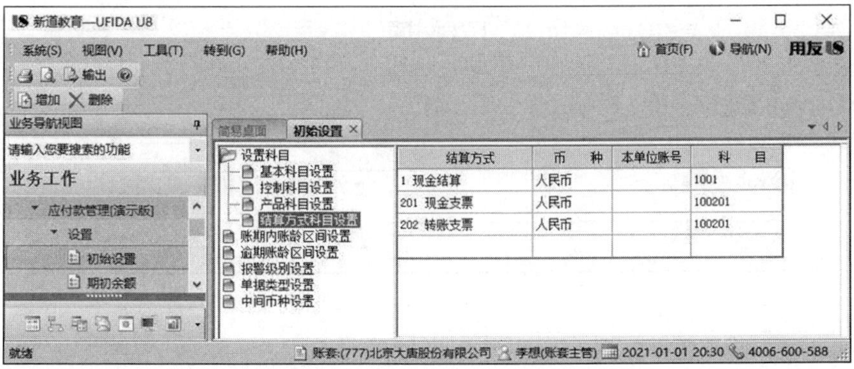

图7-8　设置科目-3

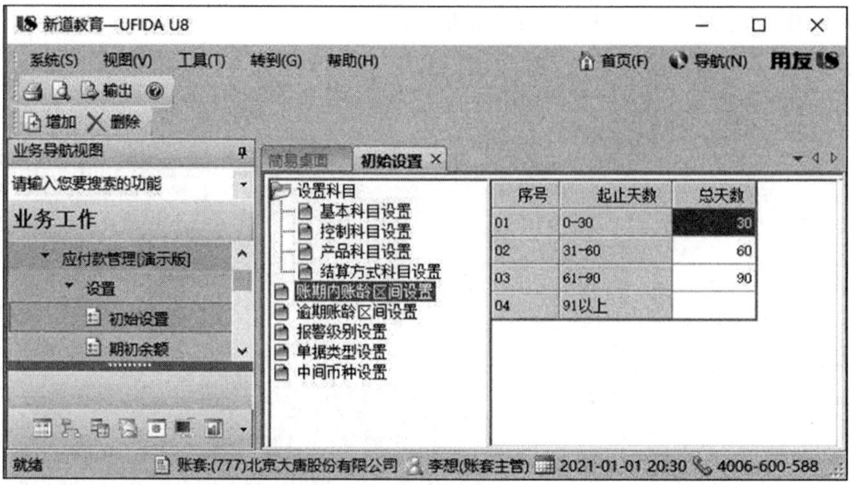

图 7－9　设置账龄区间

（5）在基础设置中，进行仓库档案设置。

进入“基础档案”→“业务”，单击“仓库档案”，单击“增加”按钮，输入“仓库编码”“仓库名称”和“计价方式”，如图 7－10 所示。

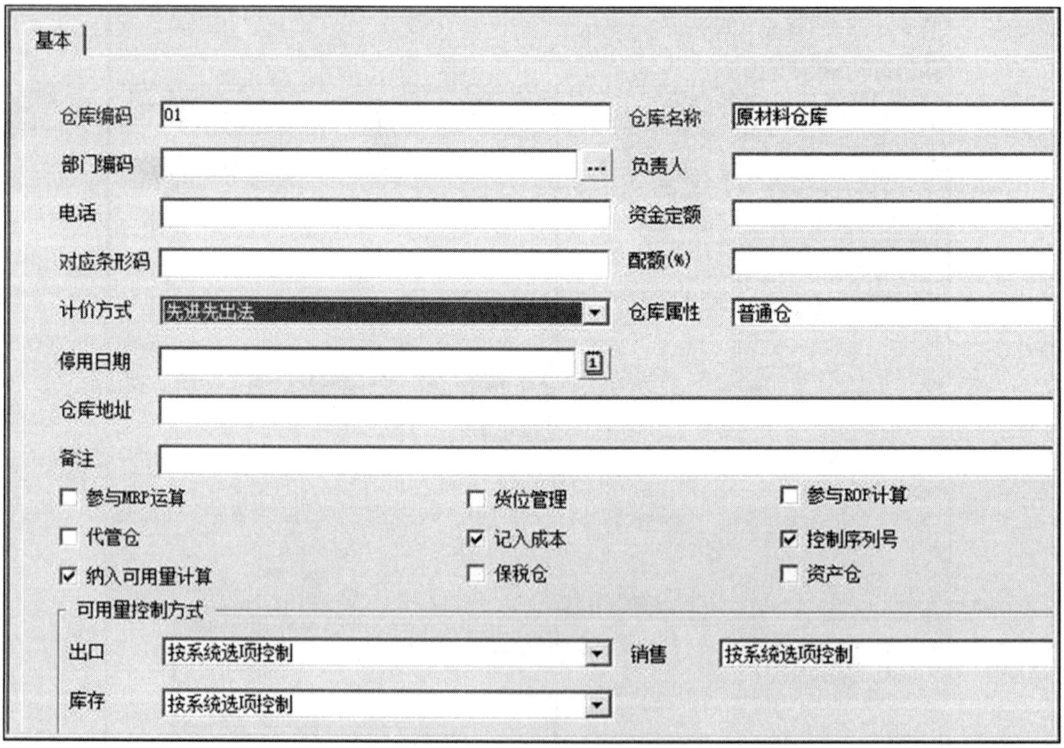

图 7－10　设置仓库档案

（6）在基础设置中，进行收发类别设置。

进入“基础档案”→“业务”，单击“收发类别”，单击“增加”按钮，输入“收发类别编码”“收发类别名称”，选择“收发标志”，如图 7－11 所示。

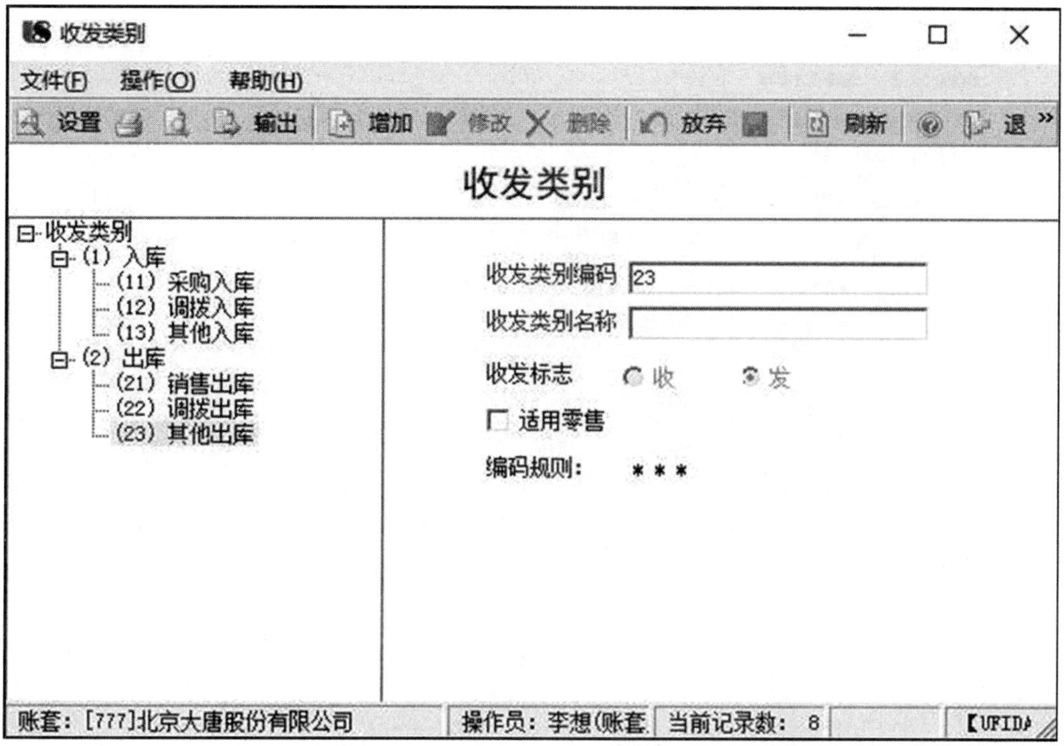

图 7－11　设置收发类别

（7）在基础设置中，进行采购类型设置。

进入“基础档案”→“业务”，单击“采购类型”，单击“增加”按钮，输入“采购类型编码”“采购类型名称”，选择“入库类别”，单击“保存”，如图 7－12 所示。

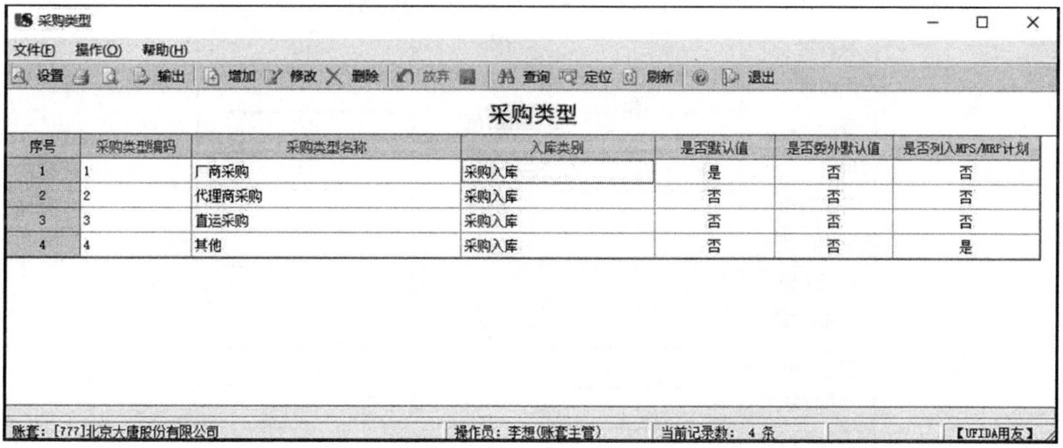

图 7－12　设置采购类型

（8）在基础设置中，进行单据编码设置。

进入“基础设置”→“单据设置”，单击“单据编号设置”，选择“采购管理”→“采购专用发票”，单击“编辑”，选择“手工改动，重号时自动重取”，单击“保存”，如图 7－13 所示。同样方法设置采购普通发票的单据编号为手工编号、重复时自动重取。

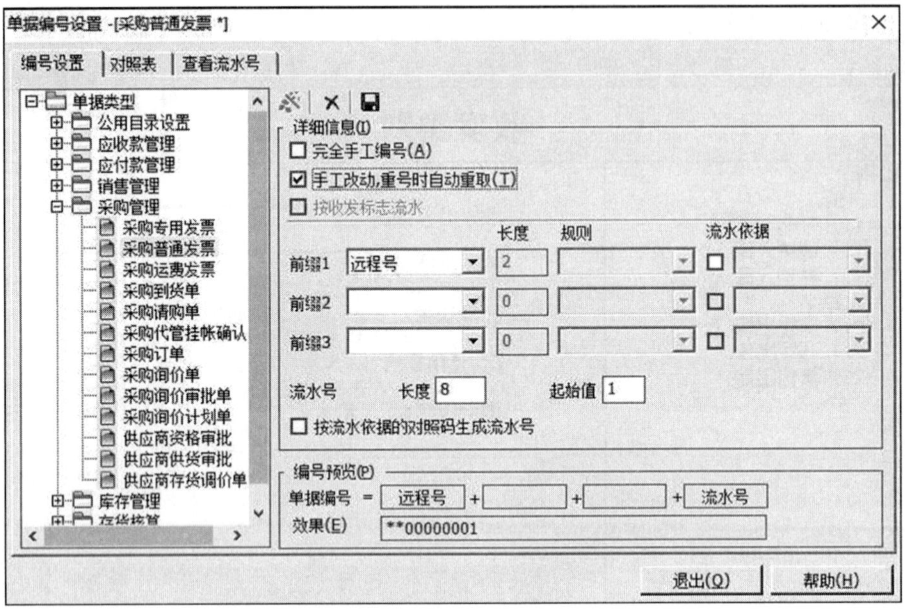

图 7－13　修改单据编号

（9）应付款管理系统期初余额。

①进入“应付款管理”，单击“设置”→“期初余额”。如图 7－14 所示。单击“确定”按钮。

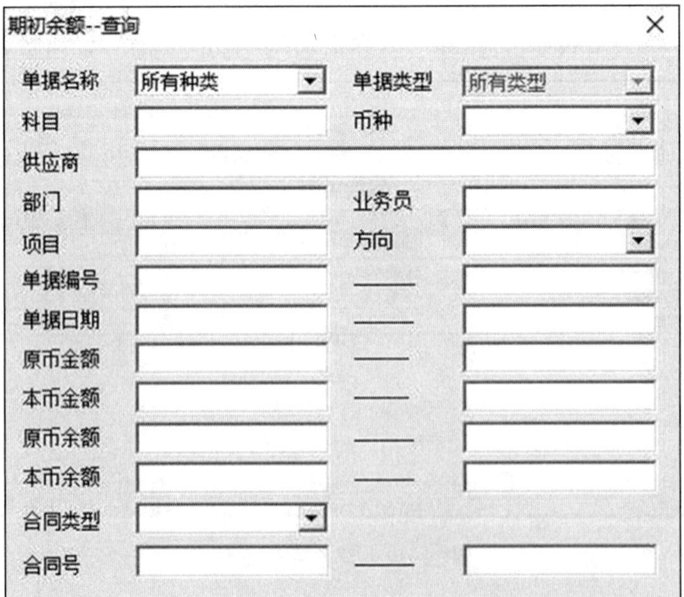

图 7－14　应付款期初余额

②单击“增加”，选择“应付单”，如图 7－15 所示。单击“确定”按钮。

图 7－15　单据类别选择

③单击“增加”，输入“单据日期”“供应商”，选择科目“应付账款”，输入金额。如图 7－16 所示。继续完成第二张应付单录入。

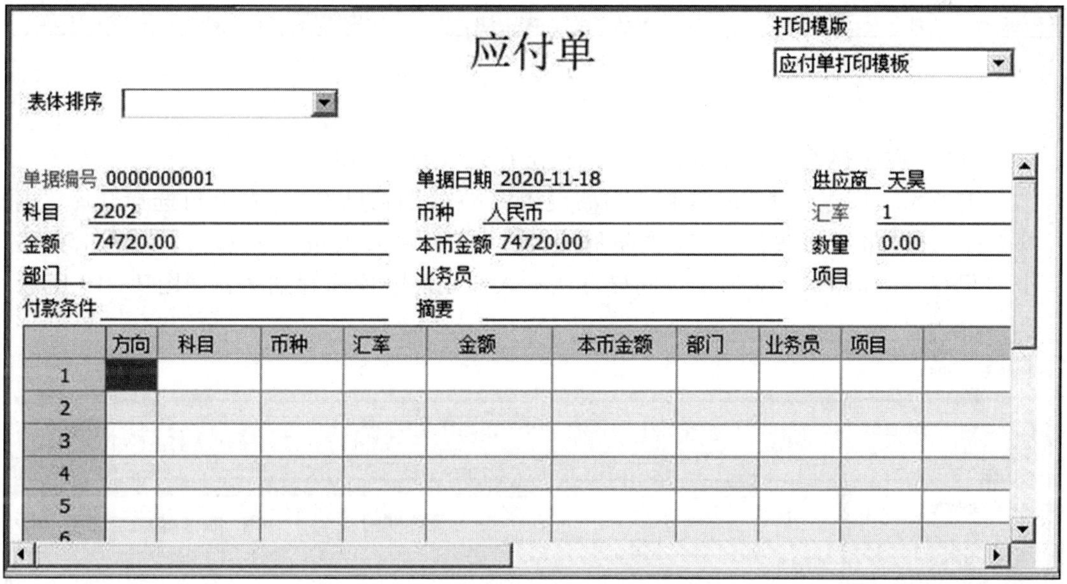

图 7－16　应付单

（10）在采购管理系统中，进行采购系统数据期初记账。

进入“采购管理”，单击“采购基础记账”，单击“记账”按钮，如图 7－17 所示。

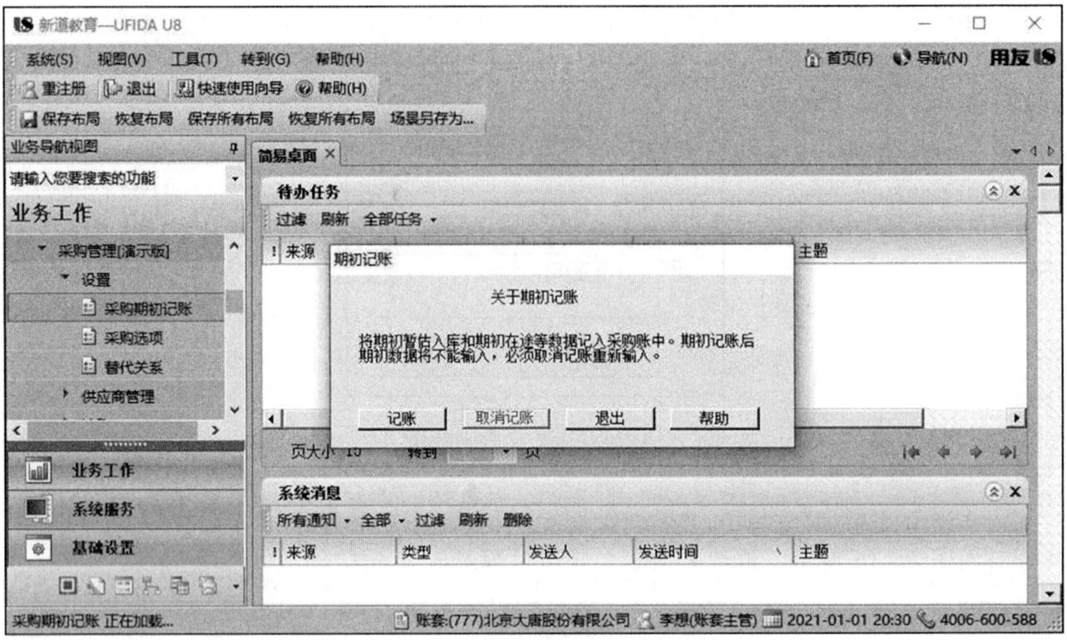

图 7－17　采购系统期初记账

（11）在库存管理系统中，进行期初结存录入数据并审核。

①进入“库存管理”，单击“初始设置”→“期初结存”，右上角选择仓库“原材料仓库”，单击“修改”，选择“存货编码：01”，输入数量“6992”，单价“50”，单击“保存”，如图 7－18 所示。同样方法输入产成品仓库库存期初，如图 7－19 所示。

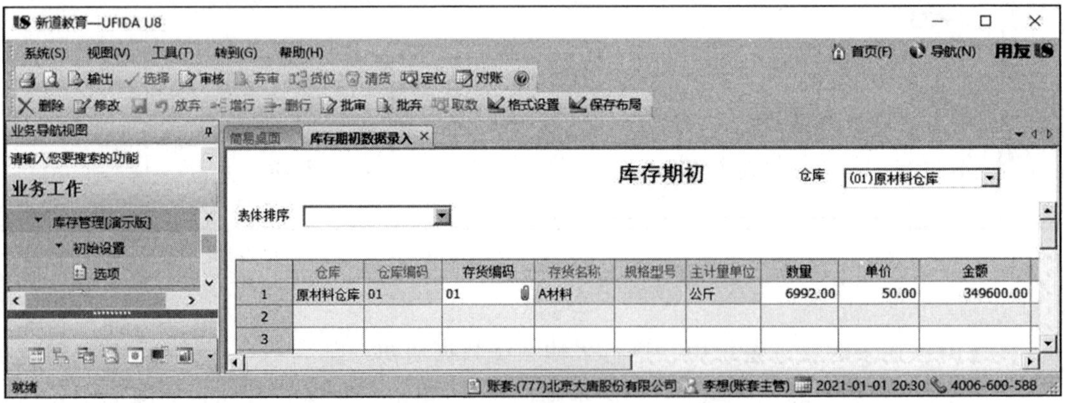

图 7－18　库存管理系统——期初余额－1

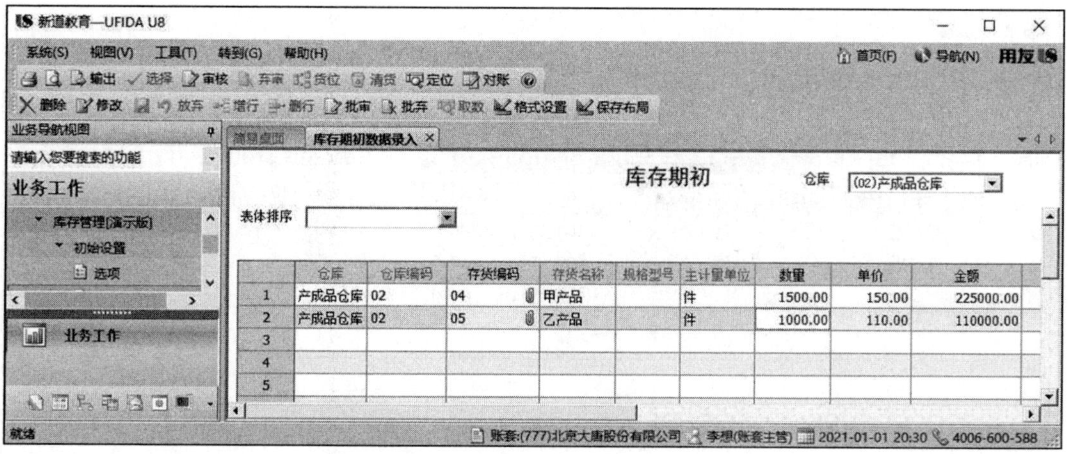

图 7-19 库存管理系统——期初余额-2

②分别对仓库库存期初数进行审核，单击“审核”按钮。

(12) 在存货核算系统中，进行存货期初数据录入并记账，并与库存管理系统进行对账。

①执行“存货核算”→“初始设置”→“期初数据”→“期初余额”，选择“原材料仓库”，单击“取数”，如图 7-20 所示。

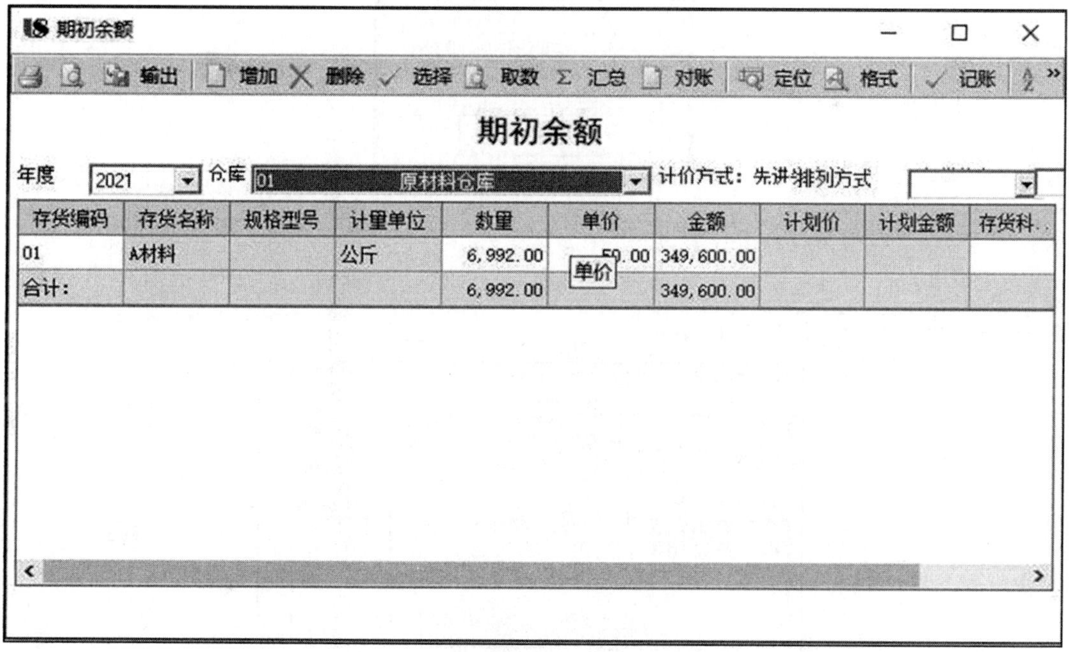

图 7-20 存货核算系统——期初余额-1

②选择“产成品仓库”，单击“取数”，如图 7-21 所示。

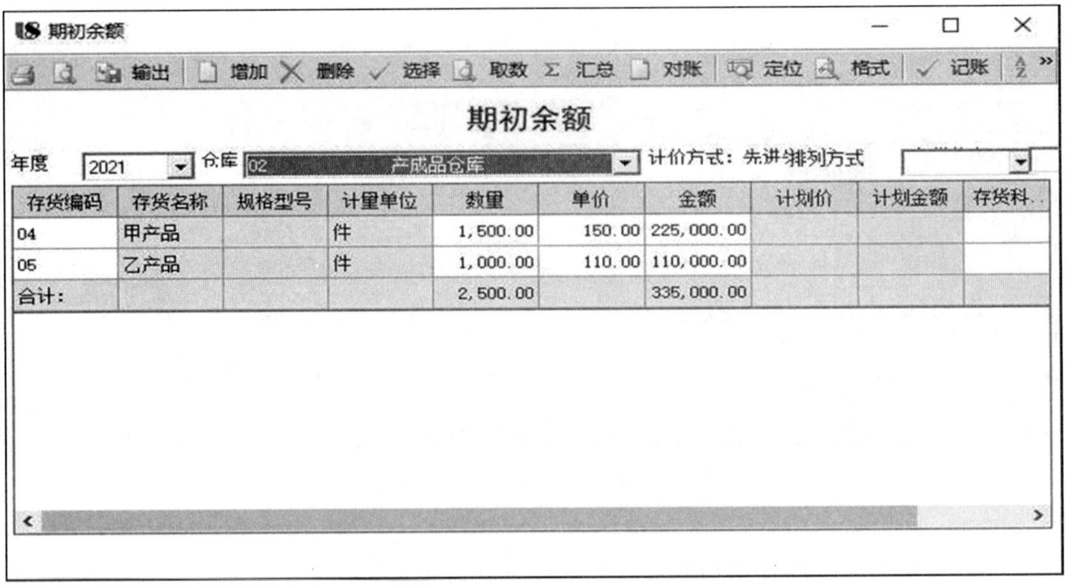

图 7－21　存货核算系统——期初余额－2

③单击“记账”，弹出对话框，如图 7－22 所示，单击“确定”。

图 7－22　存货核算系统——期初余额－3

④单击“对账”，弹出“查询条件窗口”，单击“确定”，在提示框单击“确定”按钮。如图 7－23 所示。

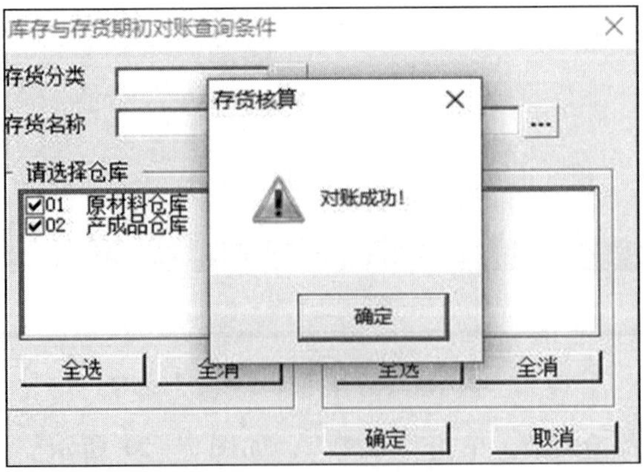

图 7－23　存货核算系统——期初余额－4

工作实例

采购业务日常处理

2021 年 1 月采购业务如下：

1. 普通采购业务

（1）1 月 1 日，业务员李超向美禄公司询问 A 材料的价格（170 元/公斤，不含税），觉得价格合适，随后向公司上级主管提出请购要求，请购数量为 300 公斤。业务员据此填制并审核请购单。

（2）1 月 2 日，上级主管同意向美禄公司订购 A 材料 300 公斤，单价为 170 元，要求到货日期为 2021/01/03，填制并审核采购订单。

（3）1 月 3 日，收到所订购的 A 材料 300 公斤。填制并审核到货单。

（4）1 月 3 日，将所收到的货物验收入原材料库。填制采购入库单。

（5）当天收到该笔货物的专用发票一张，发票号 cg8001。

（6）业务部门将采购发票交给财务部门，财务部门确定此业务所涉及的应付账款及采购成本，材料会计记材料明细账。

（7）次日，财务部门开出转账支票（票号 zz801）一张，付清采购货款。

2. 采购现结业务

1 月 5 日，向天昊公司购买 A 材料 400 公斤，本币单价为 150 元/公斤，验收入原材料库。同时收到专用发票一张，票号为 cg80012。立即以转账支票形式（票号 zz011）支付货款。

3. 采购运费处理

1 月 8 日，向天昊公司购买 A 材料 1000 公斤，本币单价为 120 元/公斤，验收入原材料库。同时收到专用发票一张，票号为 cg8023。另外收到运费专用发票一张，原币金额 500 元，税率为 9%，票号为 yf003。运费按金额分摊。

业务操作

（一）普通采购业务处理

1. 在采购管理系统中填制并审核请购单

（1）以“101”身份登录，进入采购管理系统，执行“请购”→“请购单”命令，进入“采购请购单”窗口。

（2）单击“增加”按钮，输入日期“2021－01－01”，选择部门“供应处”。

（3）选择存货编号为“01A 材料”，输入数量为“300”、本币单价“170”。

（4）单击“保存”按钮，如图 7－24 所示。单击“审核”按钮。

（5）单击“退出”按钮，退出“采购请购单”窗口。

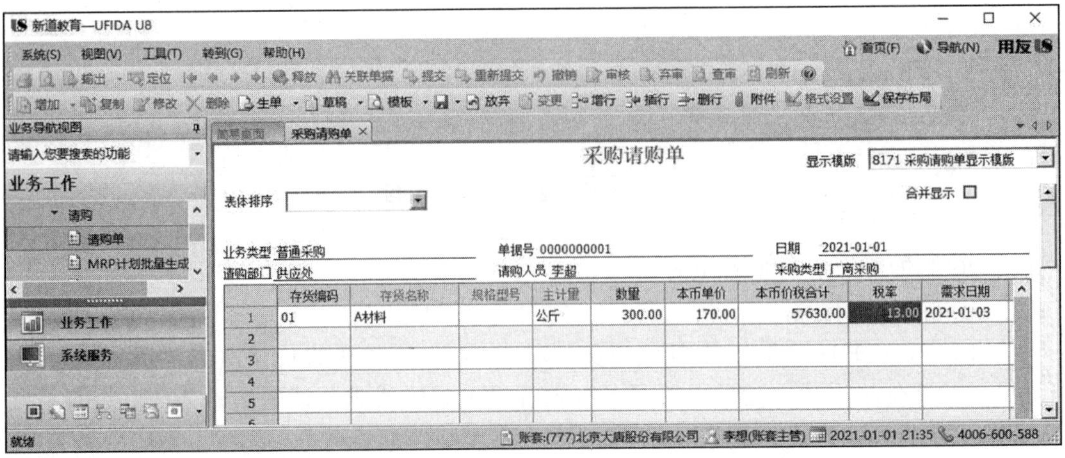

图 7－24　采购请购单

2. 在采购管理系统中填制并审核采购订单

（1）执行“采购订货”→“采购订单”命令，进入“采购订单”窗口。

（2）单击“增加”按钮，单击“生单”，选择“请购单”，打开“过滤条件选择窗口”对话框，单击“确定”按钮，进入“采购订单拷贝采购请购单”窗口。

（3）双击需要参照的采购请购单的“选择”栏，单击“OK”按钮，将采购请购单相关信息带入采购订单，调整税率为13，供应商选择“美禄”，业务员选择“李超”。

（4）单击“保存”按钮，如图7－25所示。单击“审核”按钮，订单底部显示审核人名字。

（5）单击“退出”按钮，退出“采购订单”窗口。

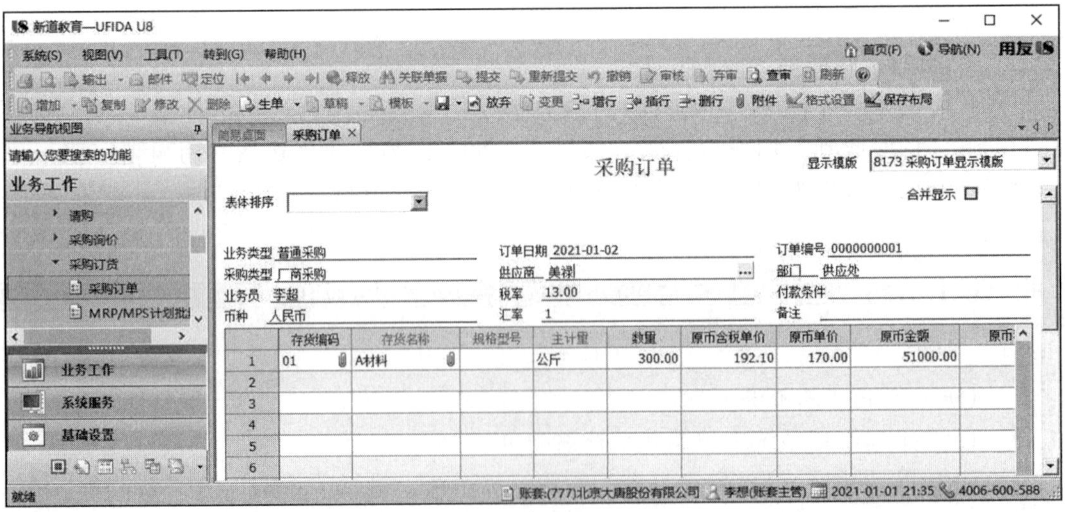

图 7－25　采购订单

任务操作提示

①在填制采购订单时，单击鼠标右键可查看存货现存量。

②如果在存货档案中设置了最高进价，那么当采购订单中货物的进价

高于最高进价时，系统会自动报警。

③如果企业要按部门或业务员进行考核，必须输入相关“部门”和“业务员”信息。

④采购订单审核后，可在“采购订单执行统计表”中查询。

3. 在采购管理系统中填制到货单

（1）执行“采购到货”→“到货单”命令，进入“到货单”窗口。

（2）单击“增加”→“生单”，选择“采购订单”，打开“过滤条件窗口”对话框，单击“确定”，进入“采购到货单拷贝采购订单”窗口，如图7－26所示。

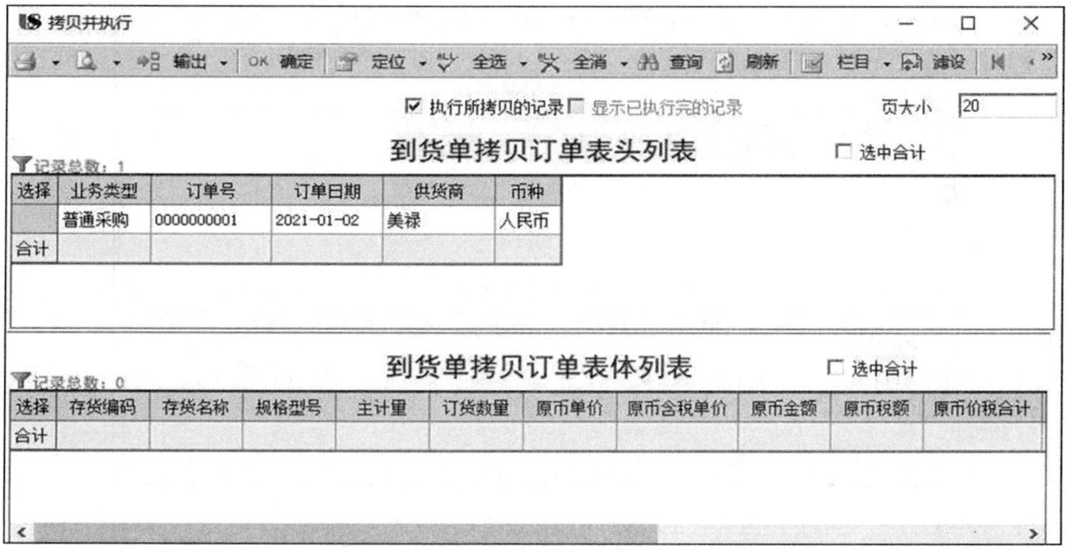

图7－26 采购到货单拷贝采购订单

（3）双击需要参照的采购订单的选择栏，单击“OK”按钮，将采购订单相关信息带入采购到货单，如图7－27所示。

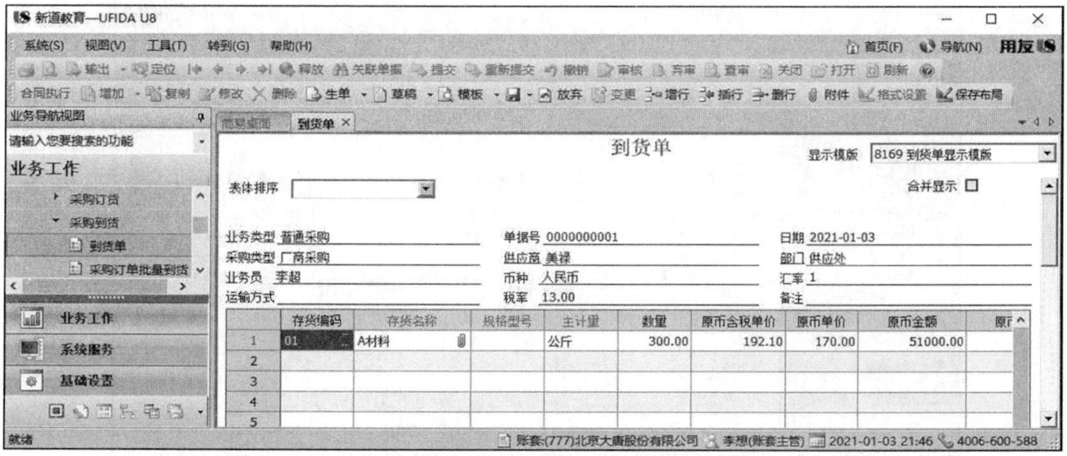

图7－27 采购到货单

（4）单击“保存”按钮。单击“审核”按钮，到货单底部显示审核人名字。单击“退出”按钮，退出“采购到货单”窗口。

4. 在库存管理系统中填制并审核采购入库单

（1）进入库存管理系统，执行“入库业务”→“采购入库单”命令，进入“采购入库单”窗口。

（2）单击“生单”按钮，选择“采购到货单（蓝字）”。

（3）“查询条件选择”窗口，单击“确定”按钮，选择需要参照的采购到货单，如图7－28所示，单击“确定”。

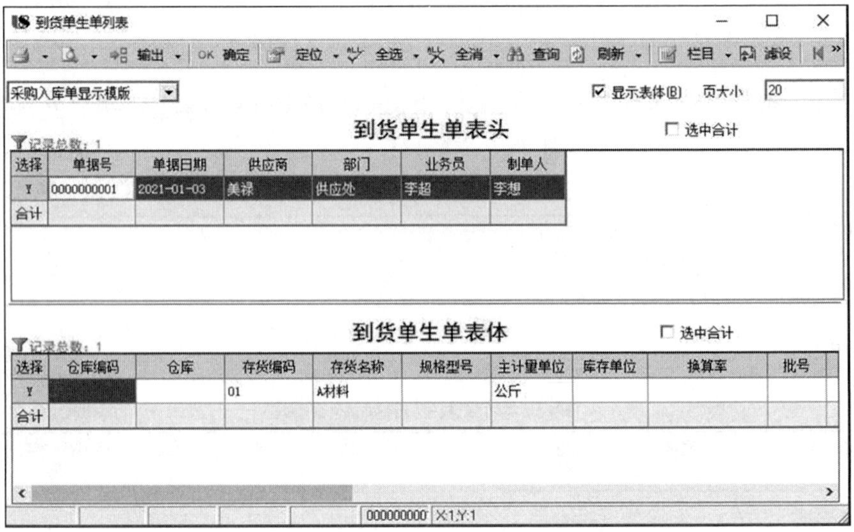

图7－28　根据采购到货单生成采购入库单

（4）选择入库仓库“原材料库”，单击“保存”按钮，入库单成功保存。

（5）单击“审核”，系统弹出“该单据审核成功！”信息提示框，如图7－29所示，单击“确定”按钮返回。

图7－29　生成采购入库单

任务操作提示

①只有采购管理系统、库存管理系统集成使用时，库存管理系统才可通过“生单”生成采购入库单。

②生单时参照的单据是采购管理系统中已审核未关闭的采购订单和到货单。

③采购管理系统如果设置“必有订单业务模式”时，不可手工录入采购入库单。

④当入库数量与订单/到货单数量完全相同时，可不显示表体。

5. 在采购管理系统中填制并审核采购发票

（1）进入采购管理系统，执行“采购发票”→“专用采购发票”命令，进入“采购专用发票”窗口。

（2）单击“增加”按钮，单击“生单”按钮，选择“采购入库单”，进入“过滤条件窗口”。单击“确定”，进入“采购发票拷贝采购入库单”窗口。

（3）选择需要参照的采购入库单，单击“OK”按钮，将采购入库单信息带入采购专用发票，输入发票号“cg8001”。如图 7－30 所示。

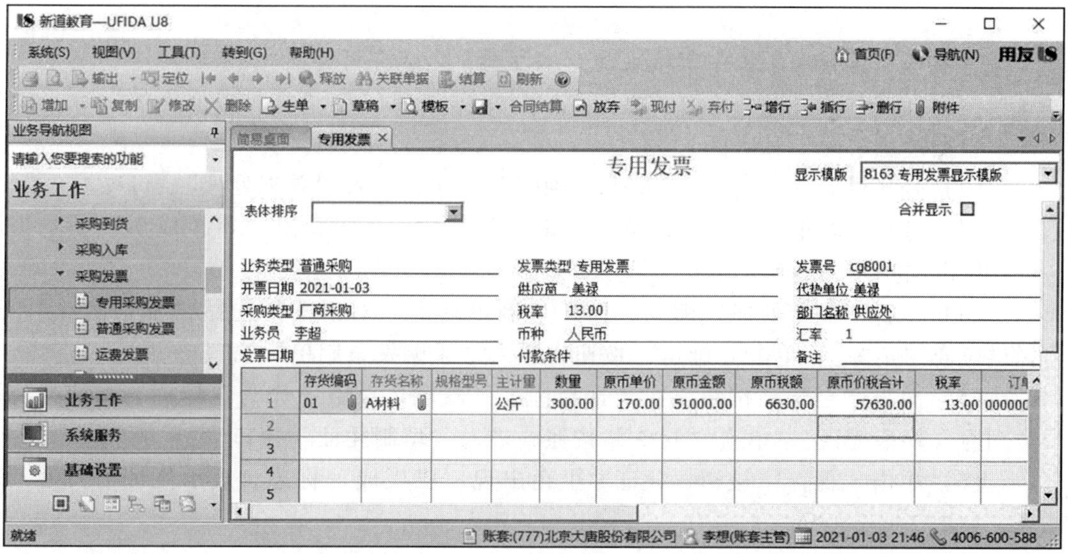

图 7－30　采购专用发票

（4）单击“保存”，单击“退出”。

6. 在采购管理系统中执行采购结算

（1）在采购管理系统中，执行“采购结算”→“手动结算”，打开“手动结算”对话框，单击“选单”→“查询”，分别选取入库单和对应发票。如图 7－31 所示。单击“确定”按钮后，单击“结算”按钮。系统弹出“完成结算”信息提示框。

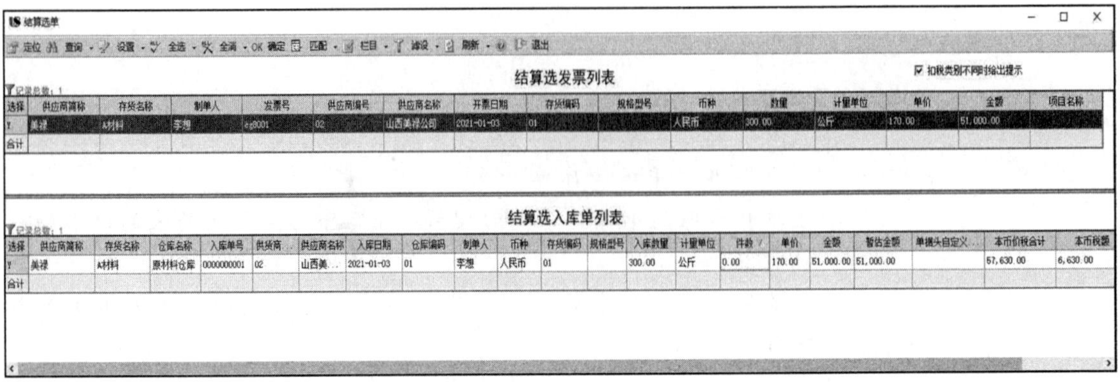

图 7-31 手动结算选单

（2）单击“确定”按钮返回。

任务操作提示

①结算结果可以在“结算单列表”中查询。

②结算完成后，在“手工结算”窗口将看不到已结算的入库单和发票。

③由于某种原因需要修改或删除入库单、采购发票时，需先取消采购结算，即删除该张结算单，可在结算单列表中查询。

7. 在应付款管理系统中审核采购专用发票，生成应付凭证

（1）在应付款管理系统中，执行“应付单据处理”→“应付单据审核”命令，打开“单据过滤条件”对话框。

（2）选择供应商“美禄”，单击“确定”按钮，进入“单据处理”窗口。

（3）选择需要审核的单据，单击“审核”按钮，系统弹出“审核成功”信息提示框，单击“确定”返回，退出。

（4）执行“制单处理”命令，打开“制单查询”对话框，选择“发票制单”，选择供应商“美禄”，单击“确定”按钮，进入“采购发票制单”窗口。

（5）单击“全选”按钮或在“选择标志”栏输入某数字作为选择标志，选择凭证类别为“转账凭证”，单击“制单”按钮，进入“填制凭证”窗口。

（6）单击“保存”按钮，凭证左上角出现“已生成”标志，表示凭证已传递到总账，如图 7-32 所示。

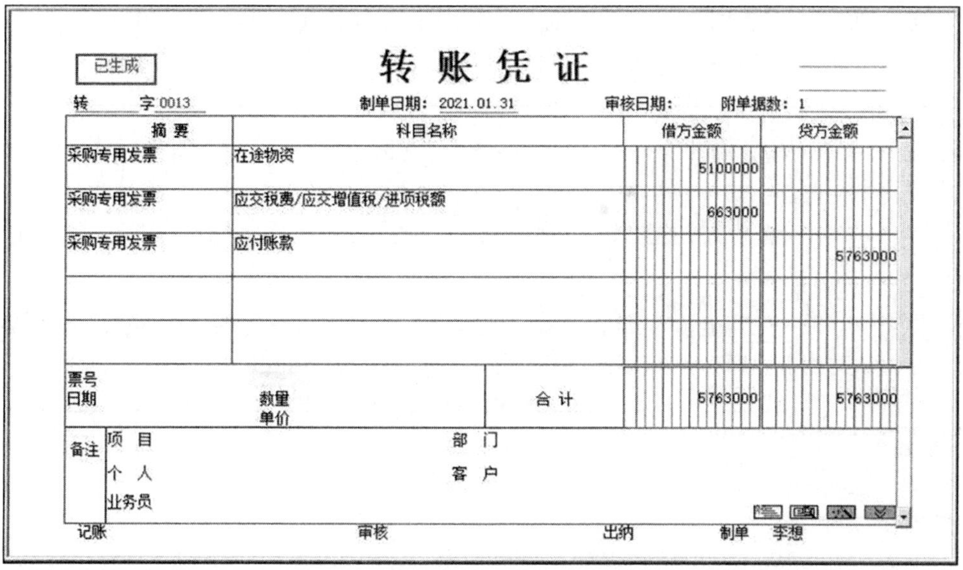

图 7－32　采购发票制单生成凭证

8. 在存货核算系统中进行记账，生成入库凭证

（1）在存货核算系统中，执行“业务核算”→“正常单据记账”命令，打开“正常单据记账条件”对话框。

（2）选择查询条件，单击“确定”按钮，进入“正常单据记账”窗口。

（3）选择要记账的单据，单击“记账”按钮，显示“记账成功。”，如图 7－33 所示。

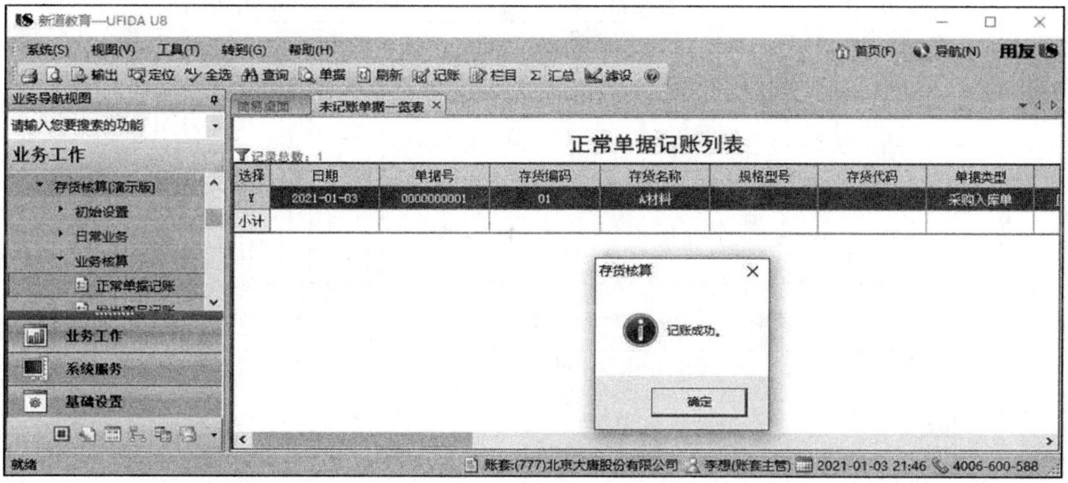

图 7－33　对采购入库单进行记账

（4）执行“财务核算”→“生成凭证”命令，进入“生成凭证”窗口。

（5）单击工具栏上的“选择”按钮，打开“查询条件”对话框。

（6）选择“采购入库单（报销记账）”，单击“确定”按钮，进入“未生成凭证一览表”窗口。

（7）选择要制单的记录行，单击“确定”按钮，进入“生成凭证”窗口。

（8）选择凭证类别为“转账凭证”，分别录入科目代码1403、1402，如图7－34所示，单击“生成”按钮，进入“填制凭证”窗口。

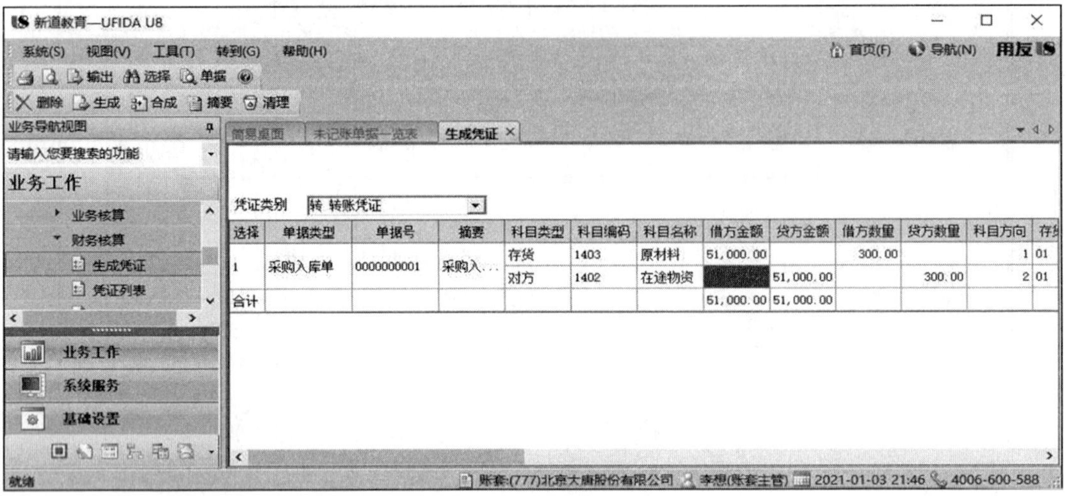

图7－34 填制凭证

（9）调整日期为1月31日，单击“保存”按钮，凭证左上角出现“已生成”标志，表示凭证已传递到总账，如图7－35所示。

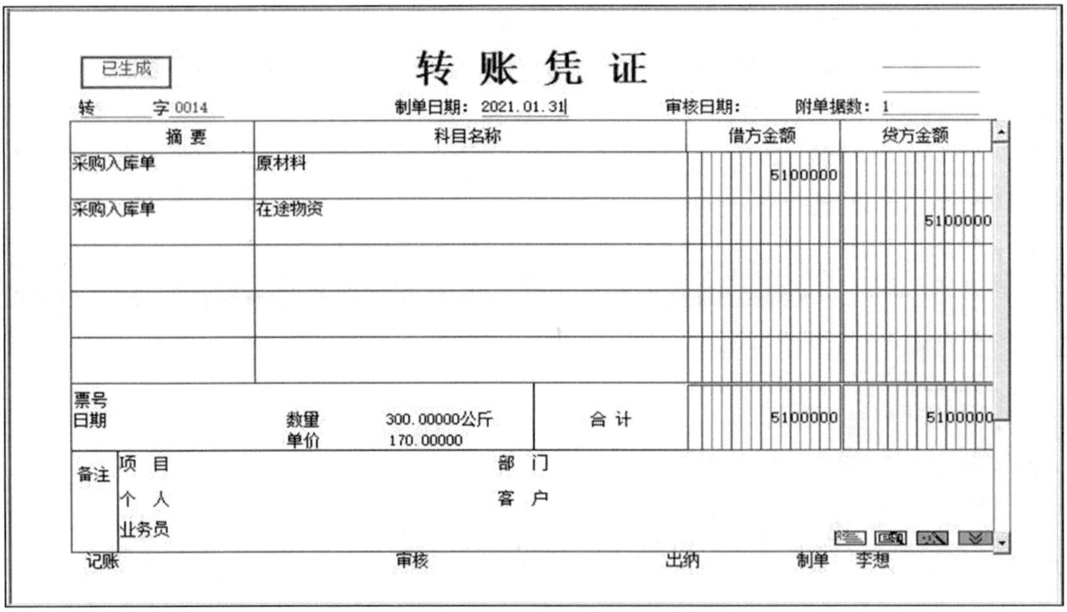

图7－35 采购入库单生成凭证

9. 在应付款管理系统中，进行付款处理并生成付款凭证

（1）在应付款管理系统中，执行“付款单据处理”→“付款单据录入”命令，进入“付款单”窗口。

（2）单击“增加”按钮，选择供应商“美禄”，结算方式“转账支票”，金额

“57630”，单击“保存”按钮，如图7-36所示。

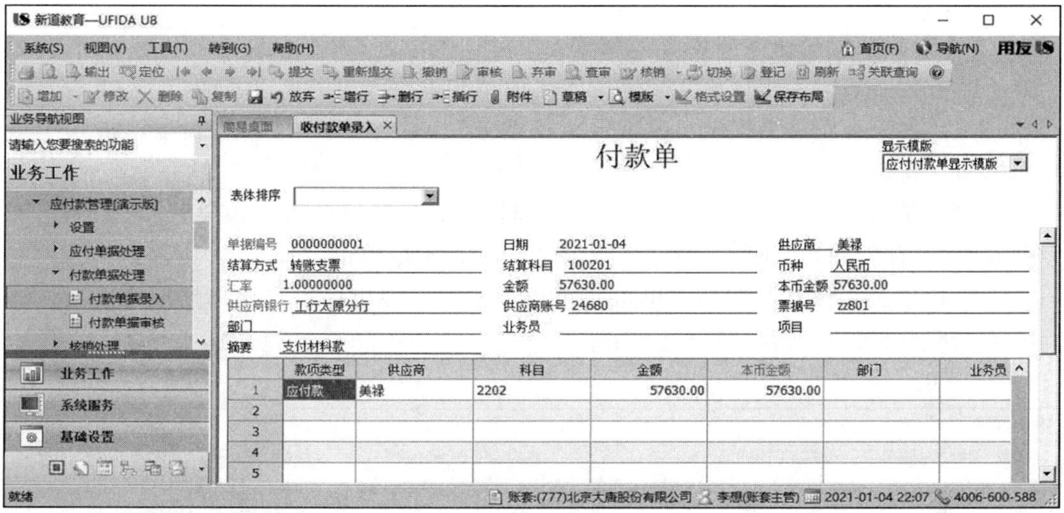

图7-36　填制凭证

（3）单击“审核”按钮，系统弹出“是否立即制单？”信息提示框，单击“是”按钮，进入“填制凭证”窗口。

（4）选择凭证类别“付款凭证”，调整日期后，单击“保存”按钮，凭证左上角出现“已生成”标志，表示凭证已传递到总账，如图7-37所示。

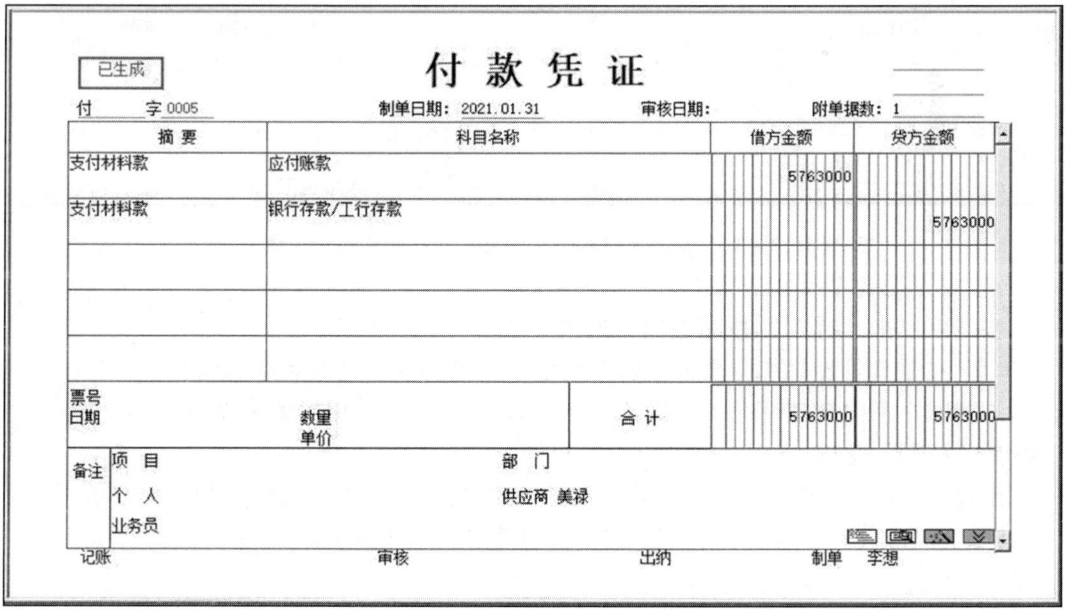

图7-37　付款单生成凭证

10. 相关查询

（1）在采购管理系统中查询“到货明细表”“入库明细表”“采购明细表”等报表。

（2）在库存管理系统中，查询“库存台账”。

（3）在存货核算系统中，查询“收发存汇总表”。

（二）采购现结业务处理

1. 在库存管理系统中直接填制采购入库单并审核

（1）在库存管理系统中，执行“入库业务”→“采购入库单”命令，进入“采购入库单”窗口。

（2）单击“增加”按钮，选择“原材料库”，选择供应商“天昊”，入库类别“采购入库”，存货编码“01A 材料”，数量“400”，本币单价“150”。

（3）单击“保存”按钮，单击“审核”按钮，弹出提示“该单据审核成功!”，如图 7－38 所示。

图 7－38　库存管理系统——录入并审核采购入库单

（4）单击“确定”按钮返回，退出。

2. 在采购管理系统中录入采购专用发票，进行现结处理和采购结算

（1）在采购管理系统中，执行“采购发票”→“专用采购发票”命令，进入“采购专用发票”窗口。

（2）单击“增加”按钮，单击“生单”按钮，选择“拷贝采购入库单”，进入“过滤条件窗口”。单击“确定”，进入“采购发票拷贝采购入库单”窗口，如图 7－39 所示。

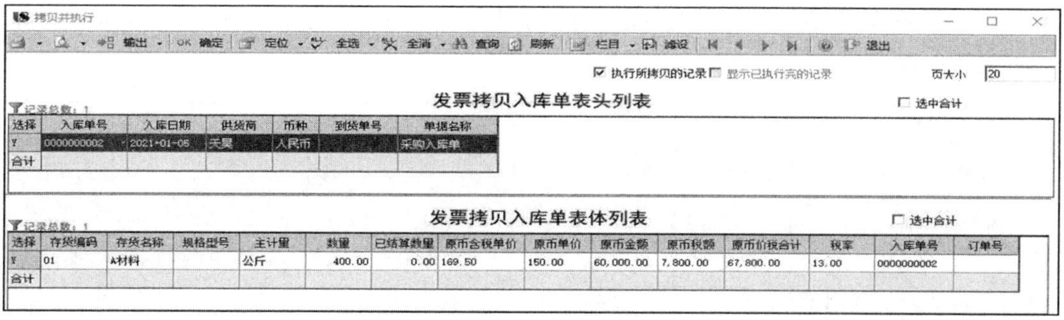

图 7－39　采购管理系统——采购发票拷贝采购入库单

（3）选择需要参照的采购入库单，单击“OK”按钮，将采购入库单信息带入采购专用发票，调整税率为 13，修改发票号为“cg80012”。如图 7－40 所示。

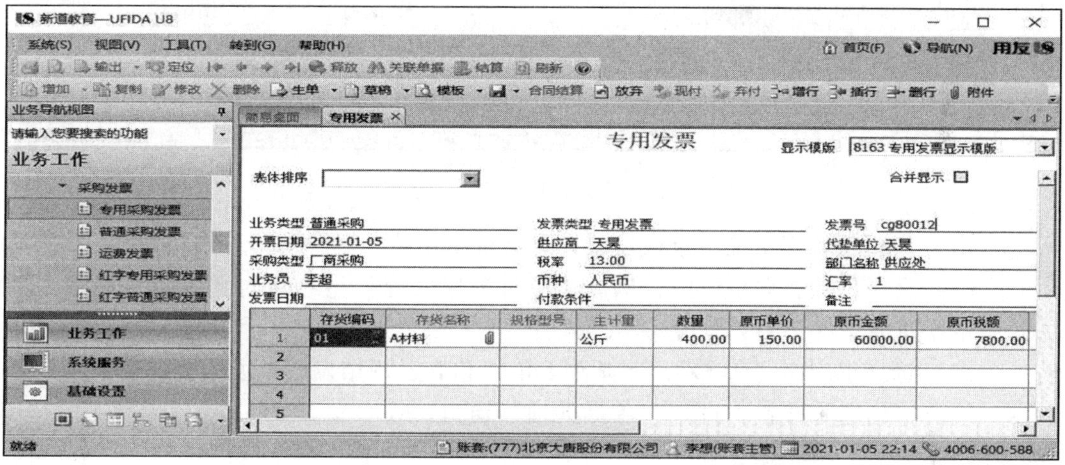

图 7－40　采购管理系统——采购专用发票

（4）单击“保存”按钮，单击“现付”按钮，打开“采购现付”对话框。

（5）选择结算方式“202”，输入结算金额“67800”，票据号“zz011”，单击“确定”按钮，发票左上角显示“已现付”标记。如图 7－41 所示。

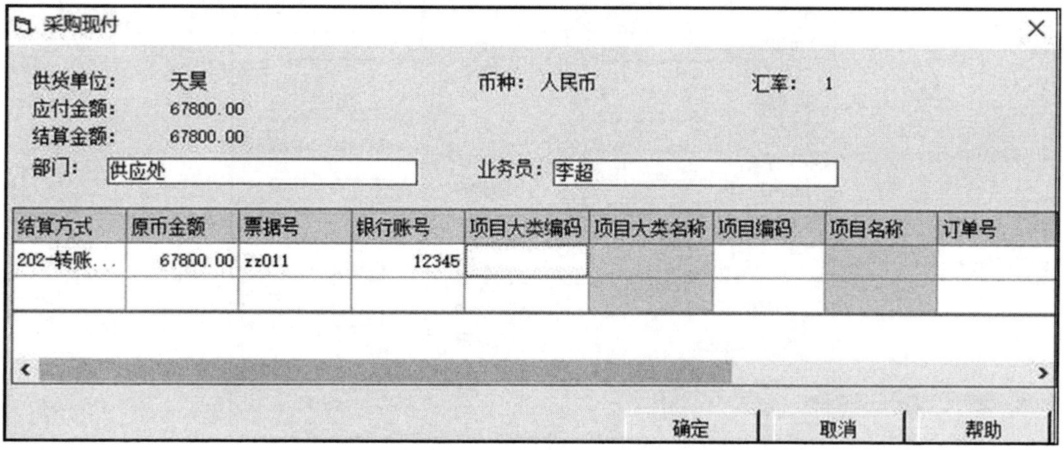

图 7－41　采购管理系统——采购专用发票现结

（6）单击“结算”按钮，完成自动结算，发票左上角显示“已结算”标志。如图7－42所示。

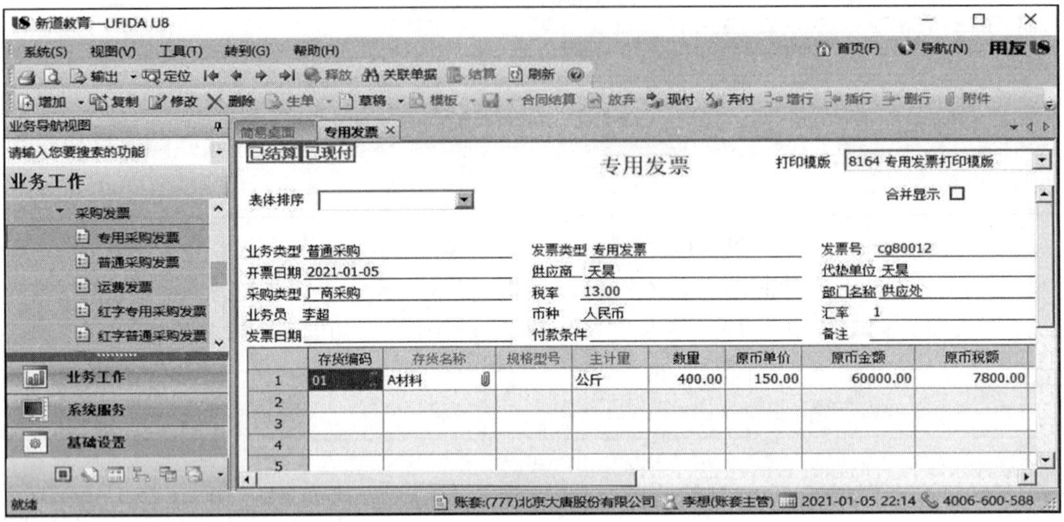

图7－42　采购管理系统——手工结算

3. 在应付款管理系统中审核发票，进行现结制单

（1）在应付款管理系统中，执行“应付单据处理”→“应付单据审核”命令，打开“单据过滤条件”对话框。

（2）选择供应商“天昊”，选择左下角“包含已现结发票”复选框，如图7－43所示，单击“确定”按钮，进入“单据处理”窗口。

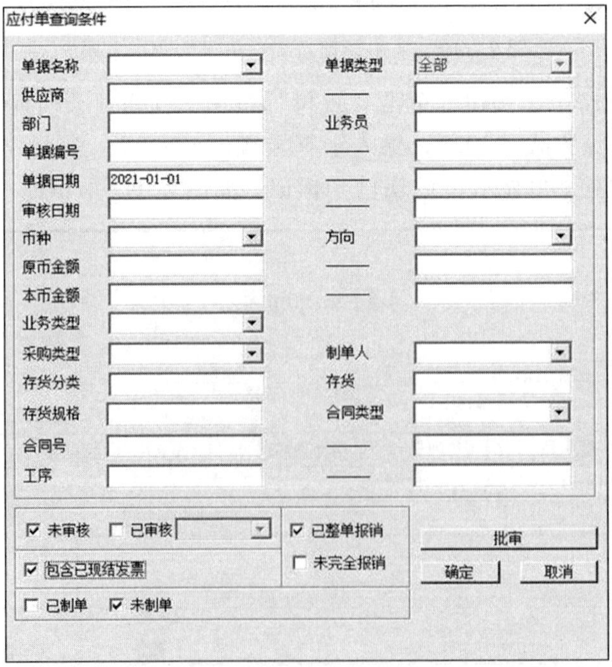

图7－43　应付款管理系统——应付单据过滤

（3）选择需要审核的单据，单击“审核”按钮，系统弹出“审核成功”信息提示框，如图 7－44 所示，单击“确定”按钮返回。

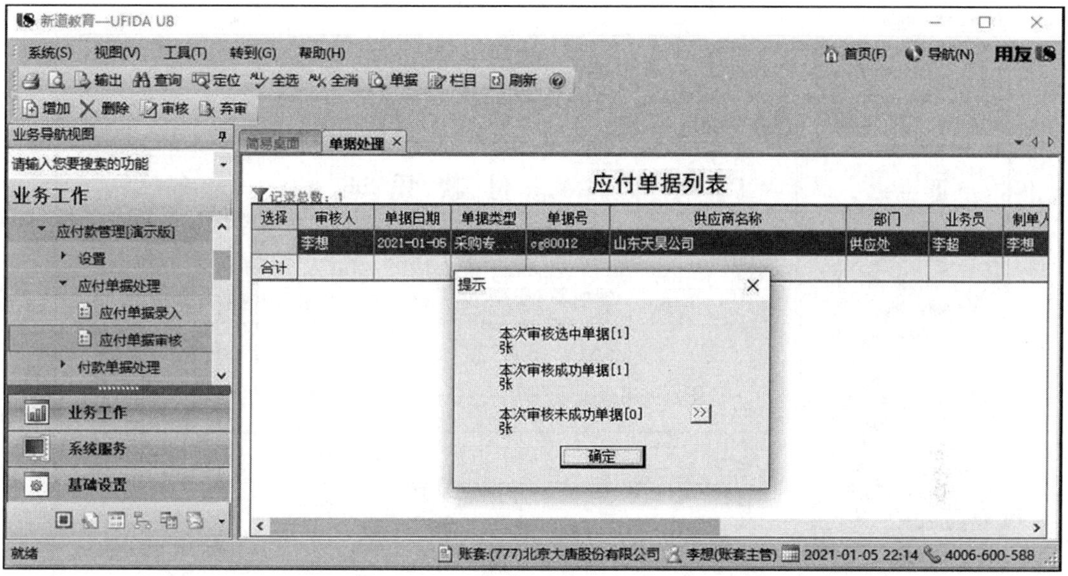

图 7－44 应付款管理系统——应付单据审核

（4）执行“制单处理”命令，打开“制单查询”对话框，选择“现结制单”，如图7－45 所示。单击“确定”按钮，进入“制单”窗口。

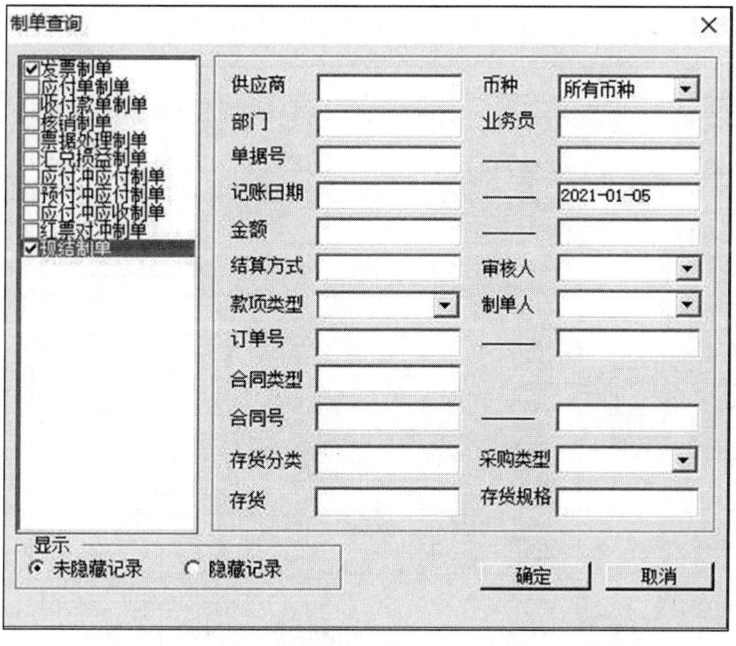

图 7－45 应付款管理系统——制单查询

（5）选择要制单的记录行，选择凭证类别为“付款凭证”，单击“制单”按钮，进入“填制凭证”窗口。

(6) 调整日期后，单击“保存”按钮，凭证左上角出现“已生成”标志，表示凭证已传递到总账，如图 7-46 所示。

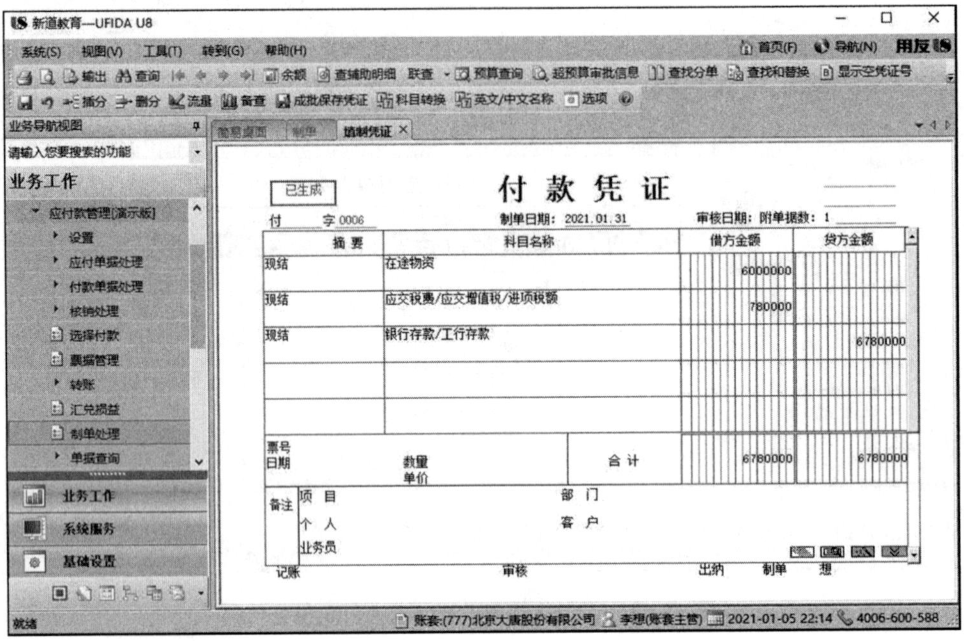

图 7-46　现结制单

4. 在存货核算系统中记账，生成入库凭证

操作步骤参见采购业务 1，如图 7-47 ~ 图 7-50 所示。

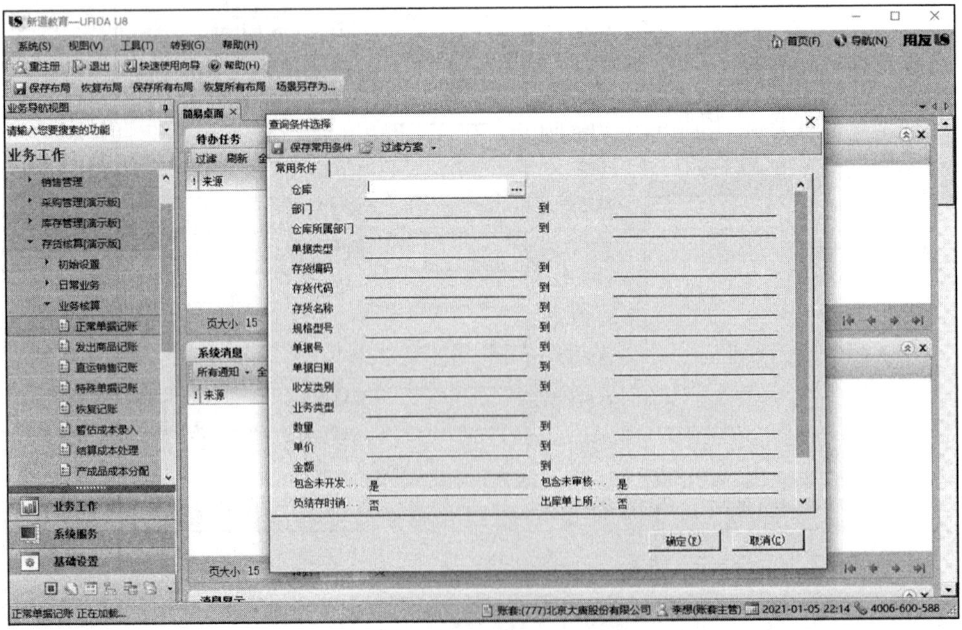

图 7-47　存货核算系统——正常单据记账过滤入库单

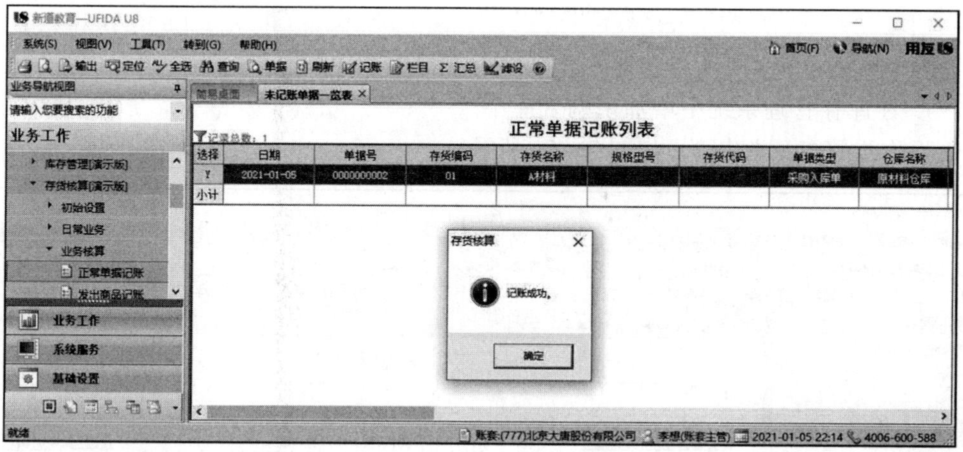

图 7 - 48　存货核算系统——入库单记账

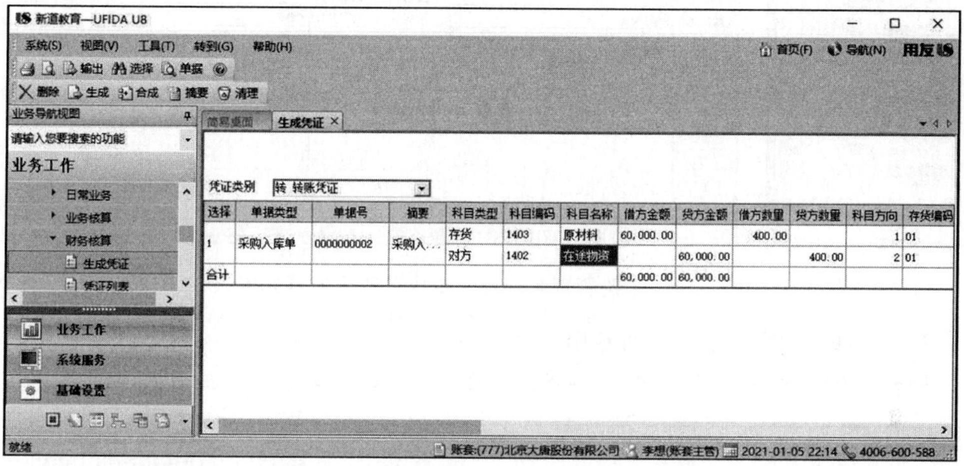

图 7 - 49　存货核算系统——生成凭证设置

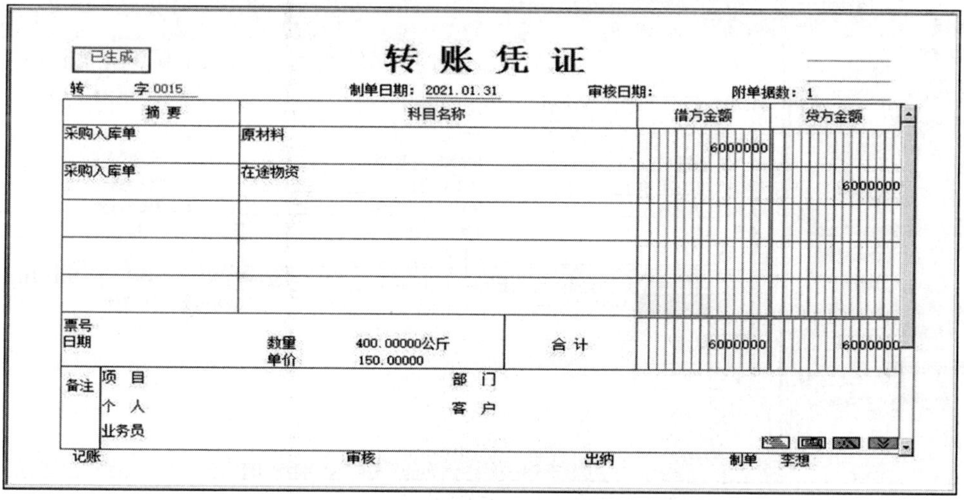

图 7 - 50　存货核算系统——生成记账凭证

（三）有运费采购业处理

1. 在库存管理系统中增加采购入库单

操作步骤参见业务2，如图7－51所示。

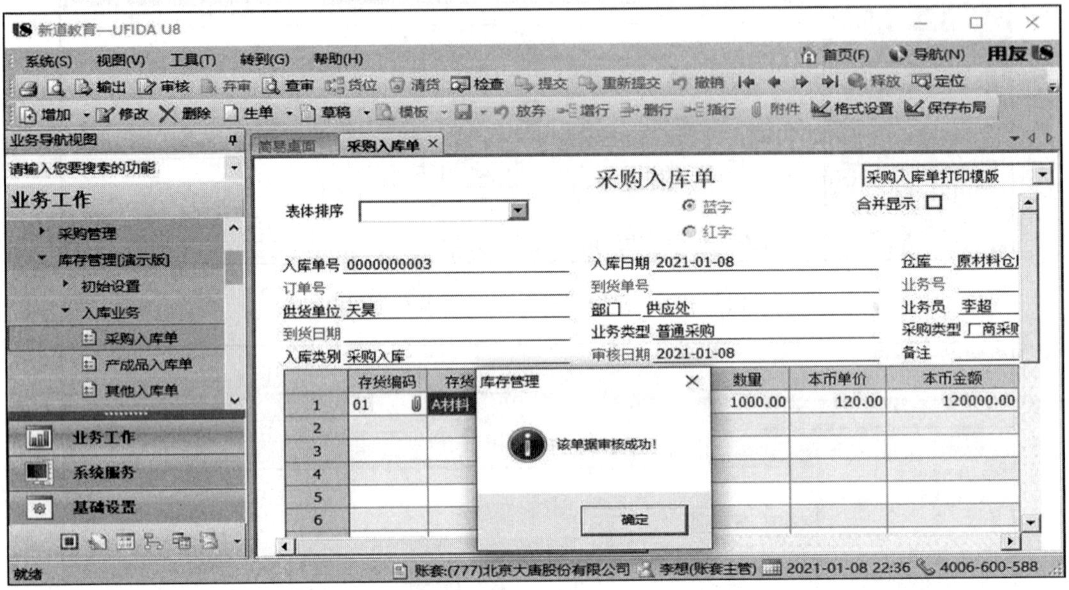

图7－51　采购管理系统——生成采购入库单并审核

2. 在采购管理系统中增加专用发票

操作步骤参见业务2，如图7－52所示。

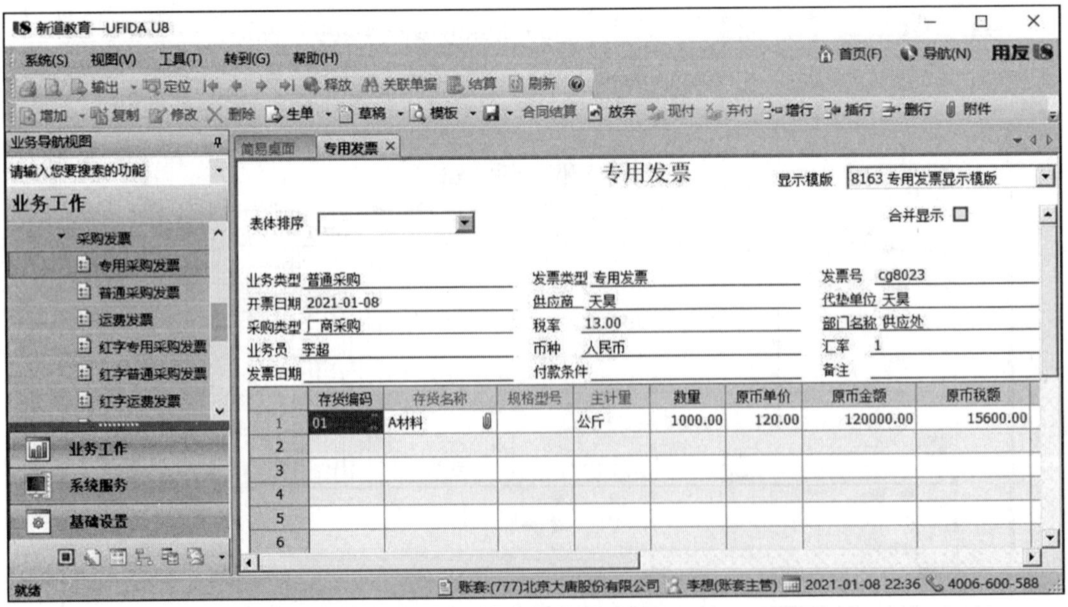

图7－52　采购管理系统——拷贝生成采购专用发票

3. 在采购管理系统中填制运费发票并进行采购结算专用采购（手工结算）

（1）在采购管理系统中，执行“采购发票”→“专用采购发票”命令，进入“采购专用发票”窗口。

（2）单击“增加”，输入发票号“yf003”，供货单位“天昊”，税率为9，存货“运输费”，原币金额“500”，单击“保存”按钮，如图7－53所示，单击“退出”按钮。

图7－53　采购管理系统——手工录入运费发票

任务操作提示

费用发票上的存货必须具有“应税劳务”属性。

（3）执行“采购结算”→“手工结算”，进入“手工结算”窗口。

（4）单击“选单”按钮，下方显示未结算的采购入库单。

（5）单击“查询”按钮，单击“确定”按钮上方显示采购专用发票和运费发票。

（6）选择要结算的入库单、采购专用发票和运费发票，单击“确定”按钮，如图7－54所示。返回“手工结算”窗口。

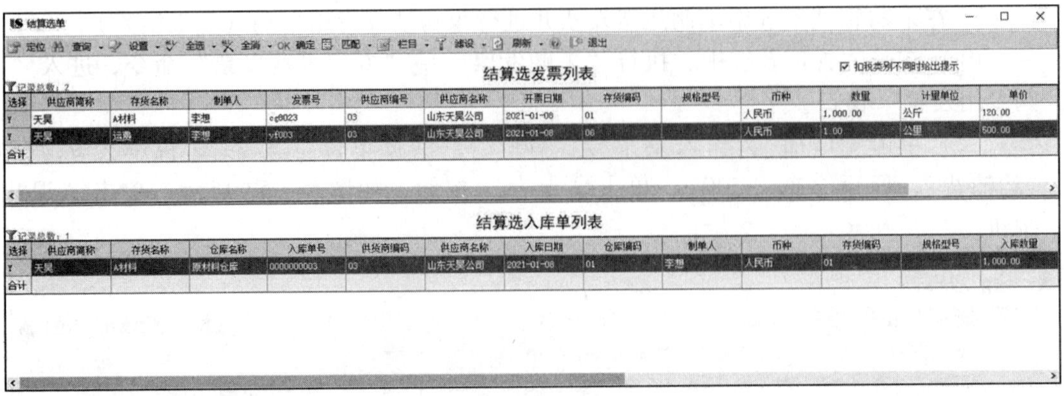

图 7－54　采购管理系统——手工结算选单

(7) 选择费用分摊方式“按金额”，单击“分摊”按钮，系统弹出信息提示框，单击“是”按钮。系统自动完成分摊，显示提示信息“费用分摊（按数量）完毕，请检查”，如图 7－55 所示，单击“确定”返回。

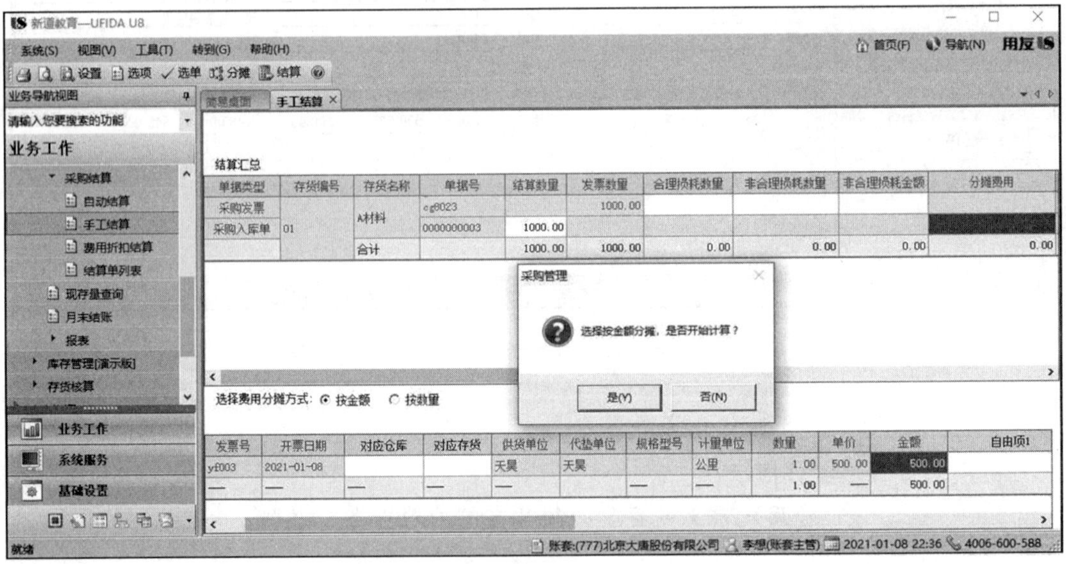

图 7－55　采购管理系统——费用分摊

(8) 单击“结算”按钮，系统进行结算处理，完成后弹出“完成结算!”信息提示框。单击“确定”返回。

4. 在应付款管理系统中审核采购专用发票，生成应付凭证

(1) 在应付款管理系统中，执行“应付单据处理”→“应付单据审核”命令，打开“单据过滤条件”对话框。

(2) 选择供应商“天昊”，单击“确定”按钮，进入“单据处理”窗口。

(3) 选择需要审核的单据，单击“审核”按钮，系统弹出“审核成功”信息提示框，如图 7－56 所示，单击“确定”按钮返回，退出。

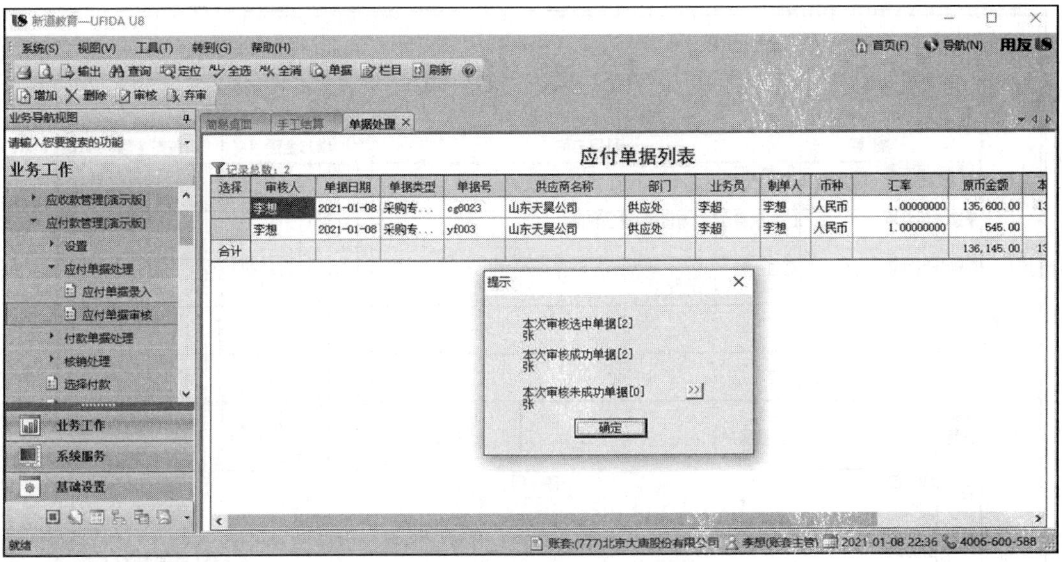

图 7－56　应付款管理系统——采购发票审核

（4）执行“制单处理”命令，打开“制单查询”对话框，选择“发票制单”，选择供应商“天昊”，单击“确定”按钮，进入“采购发票制单”窗口，如图 7－57 所示。

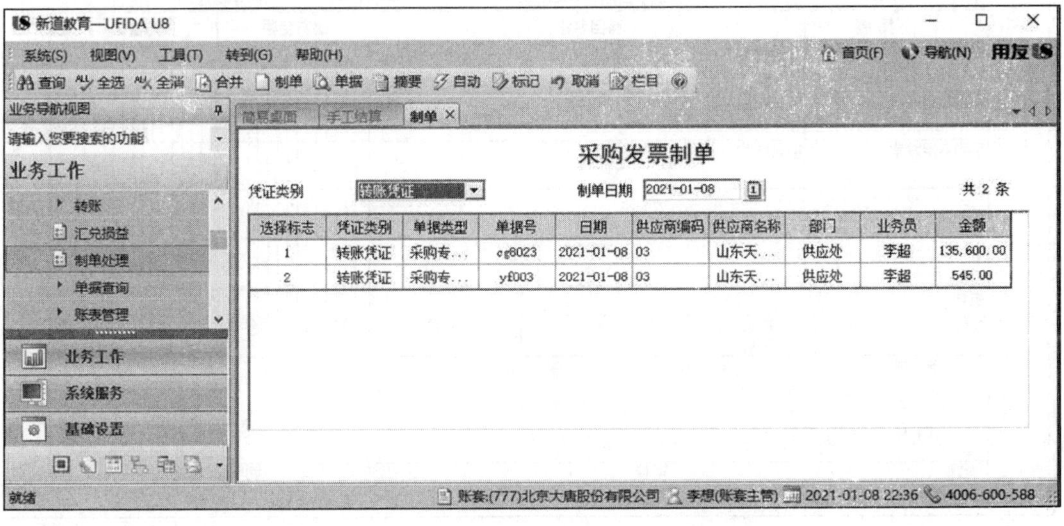

图 7－57　应付款管理系统——采购发票制单

（5）单击“全选”按钮或在“选择标志”栏输入某数字作为选择标志，选择凭证类别为“转账凭证”，单击“制单”按钮，进入“填制凭证”窗口。

（6）单击“保存”按钮，凭证左上角出现“已生成”标志，如图 7－58、图 7－59 所示，表示凭证已传递到总账。

已生成

转 账 凭 证

转 字 0016　　制单日期：2021.01.31　　审核日期：　　附单据数：1

摘要	科目名称	借方金额	贷方金额
采购专用发票	在途物资	12000000	
采购专用发票	应交税费/应交增值税/进项税额	1560000	
采购专用发票	应付账款		13560000
票号 日期　数量 单价	合计	13560000	13560000

备注　项目　　部门
　　　个人　　客户
　　　业务员

记账　　审核　　出纳　　制单 李想

图 7-58　采购管理系统——专用发票制单

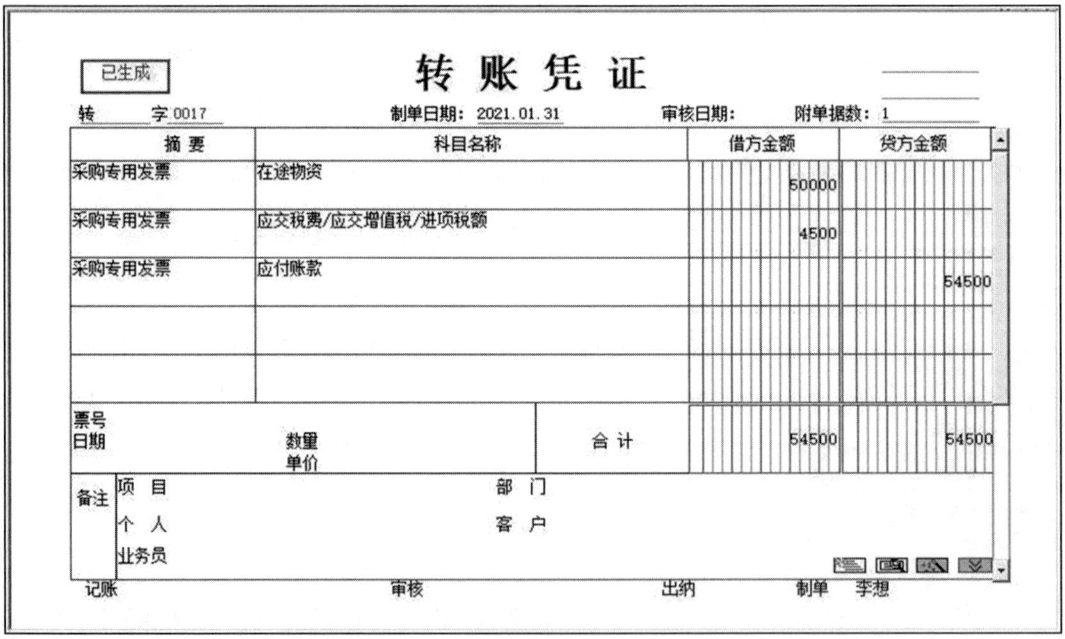

已生成

转 账 凭 证

转 字 0017　　制单日期：2021.01.31　　审核日期：　　附单据数：1

摘要	科目名称	借方金额	贷方金额
采购专用发票	在途物资	50000	
采购专用发票	应交税费/应交增值税/进项税额	4500	
采购专用发票	应付账款		54500
票号 日期　数量 单价	合计	54500	54500

备注　项目　　部门
　　　个人　　客户
　　　业务员

记账　　审核　　出纳　　制单 李想

图 7-59　采购管理系统——运费发票制单

5. 在存货核算系统中记账，生成入库凭证

操作步骤参见采购业务 1，如图 7-60、图 7-61 所示。

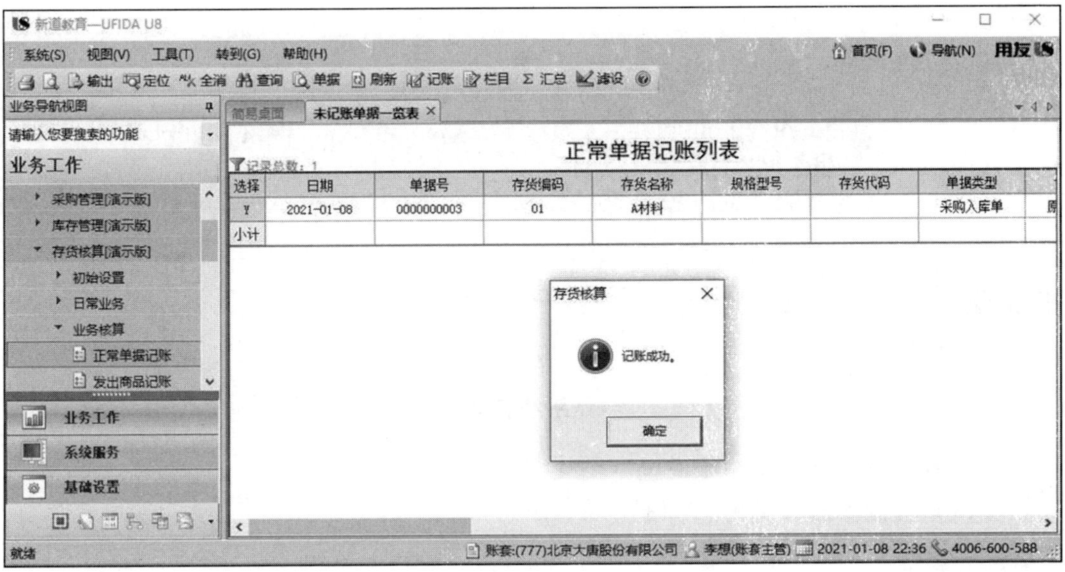

图 7－60　存货核算系统——入库单记账

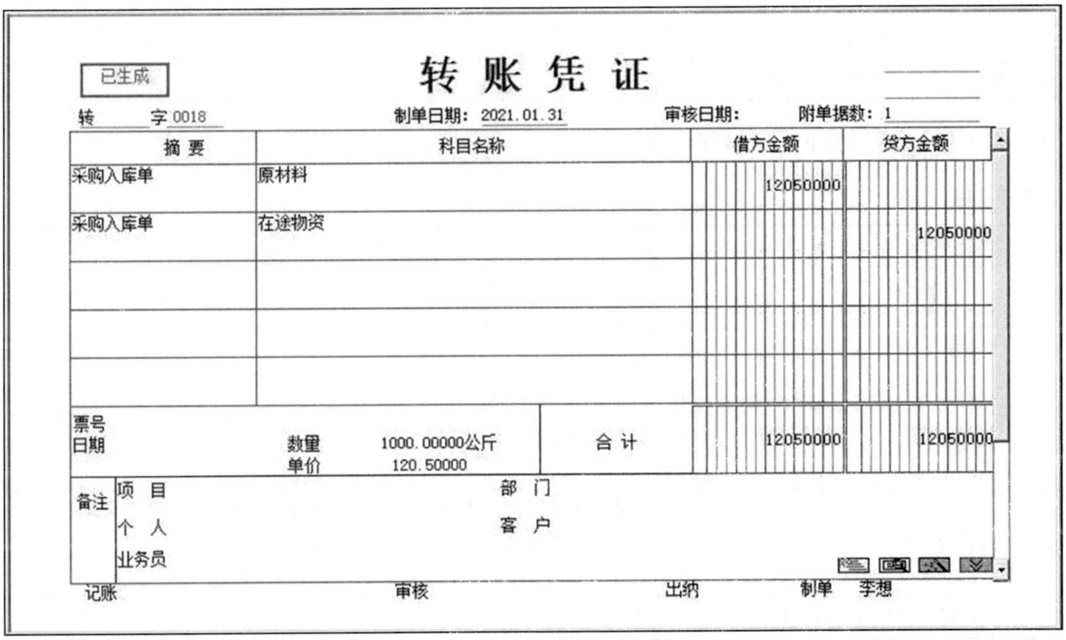

图 7－61　存货核算系统——生成存货成本凭证

任务二
销售业务处理

工作实例

系统初始化

1. 应收款管理系统初始设置

（1）控制参数（见表7－13）。

表7－13

控制参数	参数设置
坏账处理方式	应收余额百分比法
是否自动计算现金折扣	√
其他业务参数均按照系统默认设置	

（2）设置科目（见表7－14）。

表7－14

科目类别	设置方式
基本科目设置	应收科目（本币）：1122 预收科目（本币）：2203 销售收入科目：6001 税金科目：22210105
控制科目设置	所有客户的控制科目： 应收科目：1122　预收科目：2203
结算方式科目设置	结算方式：现金结算；币种：人民币；科目：1001 结算方式：现金支票；币种：人民币；科目：100201 结算方式：转账支票；币种：人民币；科目：100201
其他业务参数均按照系统默认设置	

（3）坏账准备设置（见表7－15）。

表7－15

控制参数	参数设置
提取比例	0.5%
坏账准备期初余额	1000
坏账准备科目	1231
对方科目	6701

（4）账期内账龄区间及逾期账龄区间（见表7－16）。

表7－16

序号	起止天数	总天数
01	1～30	30
02	31～60	60
03	61～90	90
04	91以上	

（5）单据设计。

设置销售专业发票、销售普通发票、代垫费用单的单据编号为手工改动，重复时自动重取。

（6）期初余额（应收管理系统）（见表7－17）。

会计科目：　1122 应收账款　　　余额：借1156000元

表7－17　　　　**增值税专用发票**

日期	客户	销售部门		科目	摘要
2020.12.28	精诚	销售部	99600	应收票据	赊销甲产品600件
2020.12.28	大洋	销售部	160000	应收账款	赊销甲产品1000件

（7）销售类型（见表7－18）。

表7－18

销售类型编码	销售类型名称	出库类别
01	普通销售	销售出库
02	代理商销售	销售出库
03	直运销售	销售出库
04	其他销售	销售出库

2. 存货核算系统初始设置

在存货核算系统中，修改销售成本核算方式为“销售出库单”。

业务操作

1. 设置控制参数

（1）执行“财务会计”→“应收款管理”，进入“设置”→“选项”命令，打开“账套参数设置”对话框。

（2）单击“编辑”按钮，按实验资料进行控制参数设置，如图7－62所示。

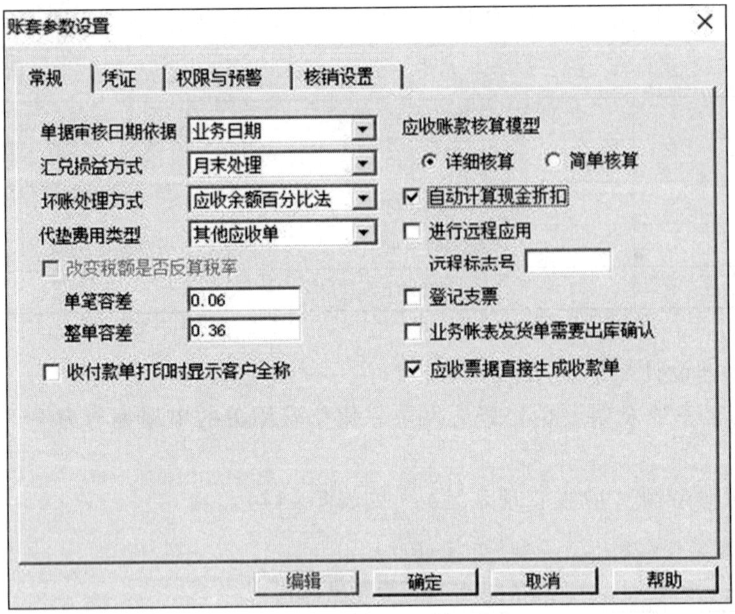

图 7－62　账套参数设置

任务操作提示

①修改后，单击“确定”按钮，使用 101 重新注册登录，继续操作即可。

②应收款核销方式一经确定，不允许调整。

③如果当年已计提过坏账准备，则坏账处理方式不允许修改，只能在下一年度修改。

2. 初始设置

（1）执行“设置”→“初始设置”，进入“初始设置”窗口。

（2）按实验资料进行基本科目设置、控制科目设置、结算方式科目设置、坏账准备设置、账期内账龄区间设置和逾期账龄区间设置。

3. 单据编号设置

（1）在企业应用平台“基础设置”页签中，执行“单据设置”→“单据编码设置”命令，打开“单据编码设置”对话框。

（2）从左边列表中选择单据类型，单击“修改”按钮，选择“手工改动，重复时自动重取”复选框。单击“保存”按钮。

4. 输入期初余额

输入期初销售专用发票。

（1）执行“设置”→“期初余额”命令，打开“期初余额——查询”对话框。

（2）单击“确定”按钮，进入“期初余额明细表”窗口。

（3）单击“增加”按钮，打开“单据类别”对话框。

（4）选择单据名称“销售发票”，单据类型“销售专用发票”。

（5）单击“确定”按钮，进入“期初销售发票”窗口。

（6）单击“增加”，输入开票日期“2020－12－28”，客户名称“西安精诚”，其他信息自动带出。

（7）选择货物名称“04 甲产品”；输入数量“600”，价税合计“99600”，表头、表体税率均为“13”，相关金额自动算出，单击“保存”按钮，如图7－63所示。

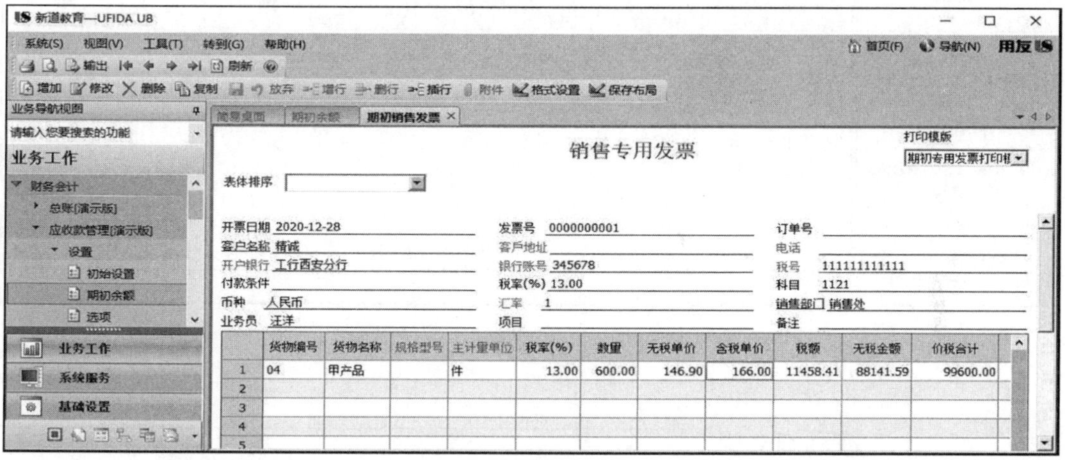

图7－63　销售专用发票1

（8）同理，输入第2张增值税专用发票，大洋公司，甲产品1000件，价税合计160000元。如图7－64所示。

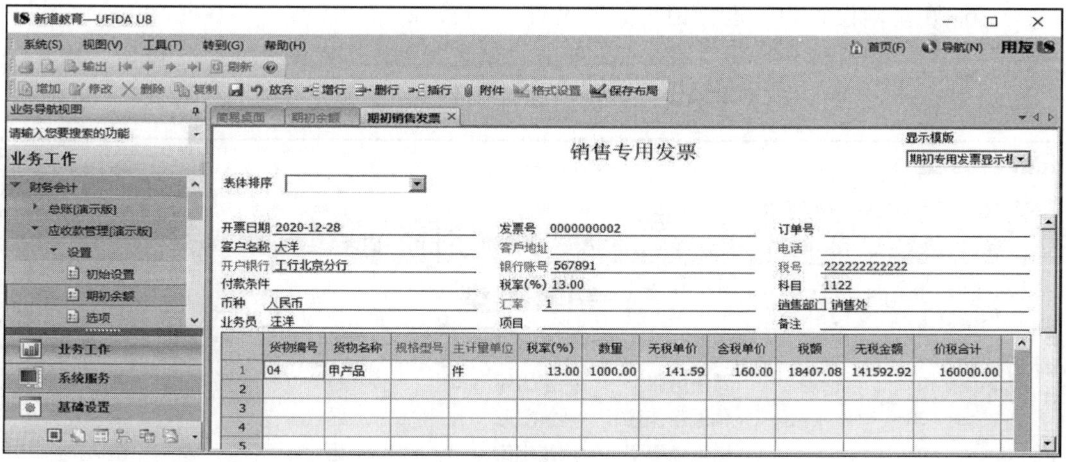

图7－64　销售专用发票2

任务操作提示

输入期初销售发票时，要确定科目，以方便与总账系统的应收账款对账。

5. 期初对账

(1) 在“期初余额明细表”窗口，单击“对账”按钮，进入“期初对账”窗口。

(2) 查看应收系统与总账系统的期初余额是否平衡，如图 7－65 所示。

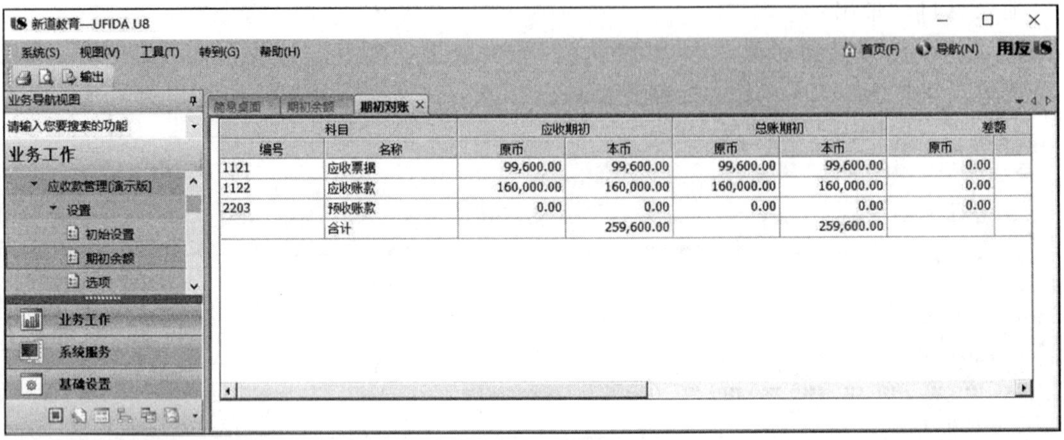

图 7－65 对账窗口

任务操作提示

应收系统与总账系统的期初余额的差额应为零。即两个系统的客户往来科目的期初余额应完全一致。

6. 在基础设置中，进行销售类型设置

进入“基础档案”→“业务”，单击“销售类型”，单击“增加”按钮，输入“销售类型编码”“销售类型名称”、选择“出库类别”，单击“保存”，如图 7－66 所示。

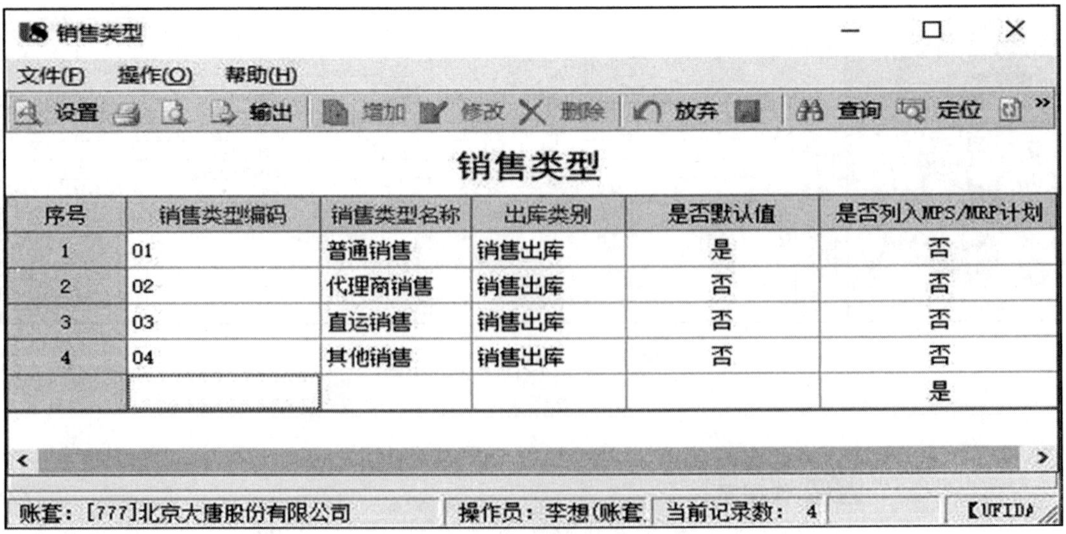

图 7－66 销售类型

7. 存货核算初始设置

进入“存货核算系统”，单击“初始设置→选项→选项录入”，选择“销售成本核算方式”为“销售出库单”。如图 7-67 所示。

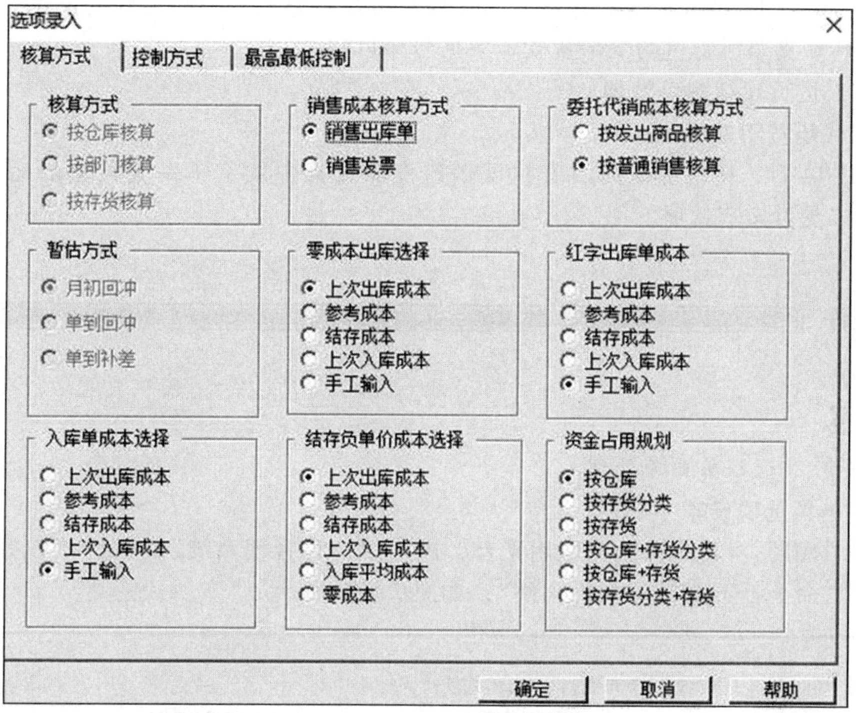

图 7-67 存货选项录入

工作实例

销售业务日常处理

2021 年 1 月销售日常业务如下：

1. 普通销售业务

（1）1 月 10 日，天津中海想购买 100 件甲产品，向销售部了解价格。销售部报价为 200 元/件（报价不含税）。填制并审核报价单。

（2）1 月 10 日，该客户了解情况后，要求订购 100 件，要求发货日期为 1 月 10 日。填制并审核销售订单。

（3）1 月 12 日，销售部从产成品仓库向天津中海发出其所订货物。并据此开具专用销售发票一张，发票号为 xs8021（新增发票参照发货单）。

（4）1 月 12 日，业务部门将销售发票交给财务部门，财务部门结转此业务的收入及成本。

（5）1 月 21 日，财务部收到天津中海的转账支票一张，金额 23400 元，票号 zz1155。据此填制收款单并制单。

2. 现结业务

(1) 1 月 14 日，销售部向西安精诚出售甲产品 100 件，无税单价为 200 元，货物从产成品库发出。

(2) 1 月 14 日，根据上述发货单开具专用发票一张（发票号 xs11890）。同时收到客户以转账支票所支付的全部货款。票据号 zz1188。

(3) 进行现结制单处理。

3. 代垫费用处理

1 月 14 日，销售部在向西安精诚销售商品过程中发生了一笔代垫的运费 100 元。客户尚未支付该笔款项。

业务操作

(一) 普通销售业务处理

1. 销售选项设置

以"101"身份进入企业应用平台，进入"销售管理系统"，执行"设置"→"销售选项"命令，不选择"报价含税"，如图 7-68 所示。

图 7-68 销售选项设置

2. 在销售管理系统中填制并审核报价单

(1) 进入销售管理系统，执行"销售报价"→"销售报价单"命令，进入"销售报价单”窗口。

（2）单击“增加”按钮，输入报价日期“2021－01－10”，销售类型“普通销售”，客户名称“天津中海”，销售部门“销售部”。

（3）选择货物名称“甲产品”，输入数量“100”、报价“200”。

（4）单击“保存”按钮，单击“审核”按钮，保存并审核报价单，退出。如图7－69所示。

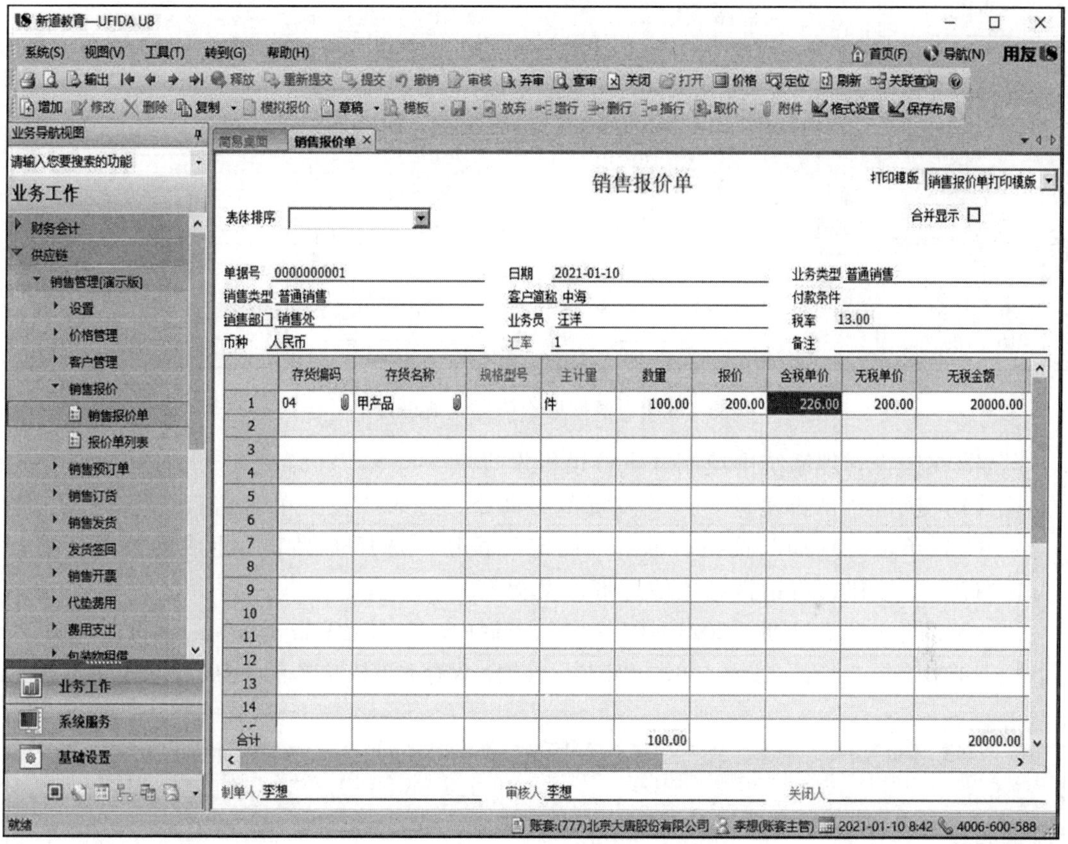

图7－69　输入销售报价单

3. 在销售管理系统中填制并审核销售订单

（1）执行“销售订货”→“销售订单”命令，进入“销售订单”窗口。

（2）单击“增加”按钮，单击“生单”按钮，打开“选择报价单”对话框。

（3）单击“确定”按钮，从上边窗口中选择已录入的报价单，从下边窗口中选择要参照的记录行，单击“确定”按钮，将报价单信息带入销售订单。

（4）单击“保存”按钮，单击“审核”按钮，保存并审核销售订单，退出，如图7－70所示。

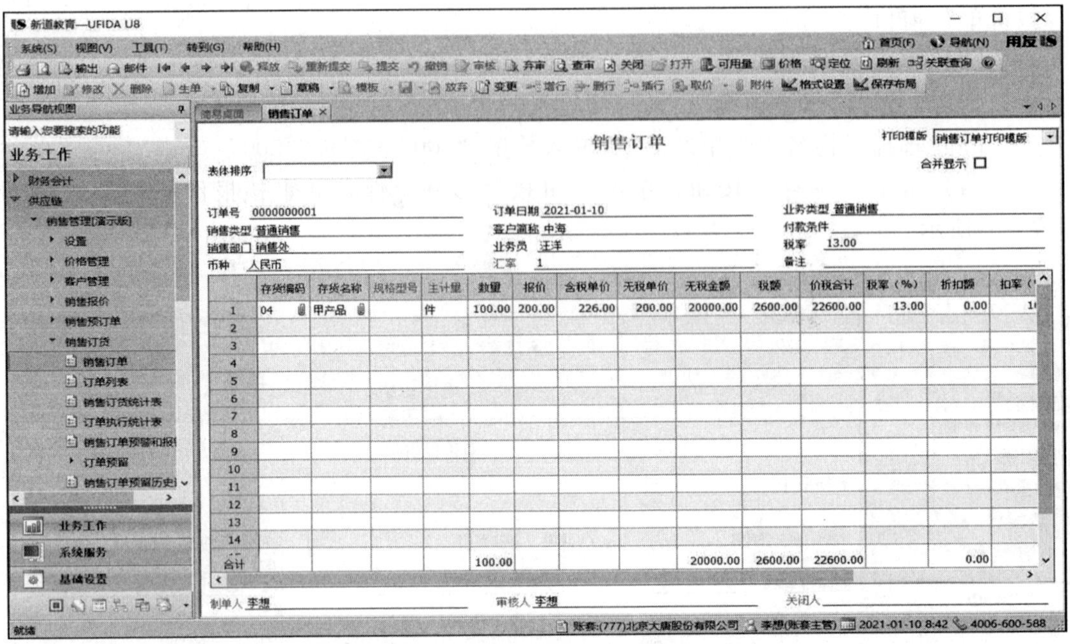

图 7－70　根据报价单生成销售订单

4. 在销售管理系统中填制并审核销售发货单

（1）执行“销售发货”→“发货单”命令，进入“发货单”窗口。

（2）单击“增加”按钮后单击“确定”按钮，选择步骤 2 中生成的销售订单，单击“确定”按钮，将销售订单信息带入发货单。

（3）输入发货日期“2021－01－12”，选择仓库“产成品仓库”。

（4）单击“保存”按钮，单击“审核”按钮，保存并审核发货单，退出，如图 7－71 所示。

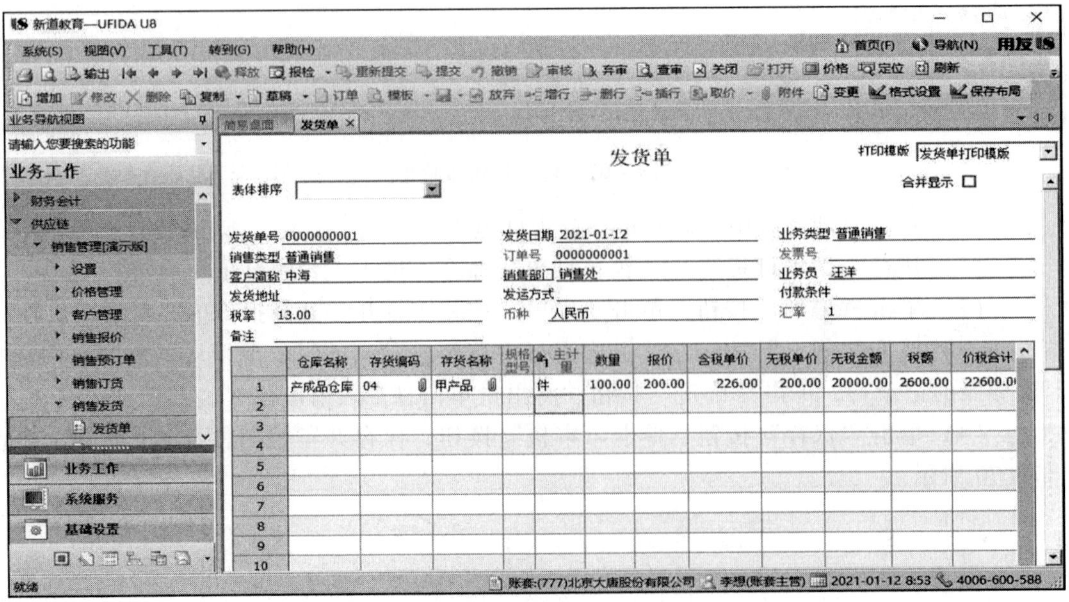

图 7－71　根据销售订单生成销售发货单

5. 在销售管理系统中根据发货单填制并复核销售发票

(1) 执行“设置”→“销售选项”，打开“选项”对话框。单击“其他控制”页签，选择新增发票默认“参照发货单生成”，如图 7－72 所示，单击“确定”按钮返回。

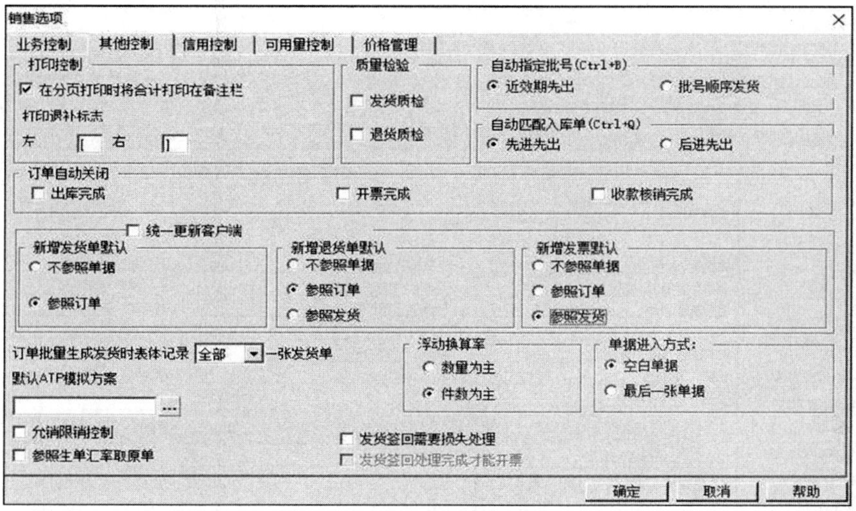

图 7－72　销售管理系统中，调整销售选项

(2) 执行“销售开票”→“销售专用发票”命令，进入“销售专用发票”窗口。

(3) 单击“增加”按钮，打开“选择发货单”对话框，单击“确定”按钮，选择要参照的发货单，单击“确定”按钮，将发货单信息带入销售专用发票。

(4) 单击开户银行参照按钮，在弹出“开户银行基本参照”中，单击“编辑”，进入开户银行编辑窗口，单击“增加”，输入开户银行编码“01”，开户银行账号“230102198012”，选择开户银行“工行前门支行”，所属银行“中国工商银行”。如图 7－73 所示。

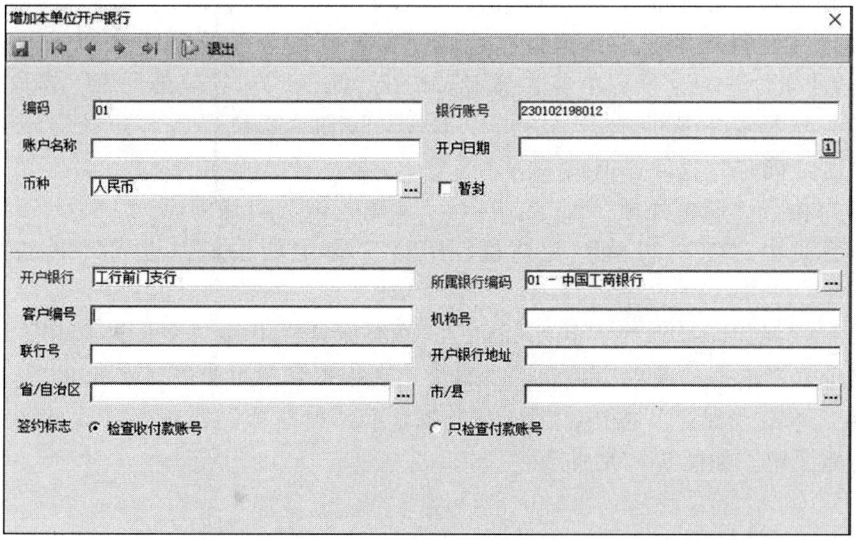

图 7－73　增加开户银行

（5）单击“保存”按钮，单击“退出”后，单击“确定”，回到发票处理窗口，单击“保存”。单击“复核”按钮，复核销售专用发票，单击“退出”按钮，如图7－74所示。

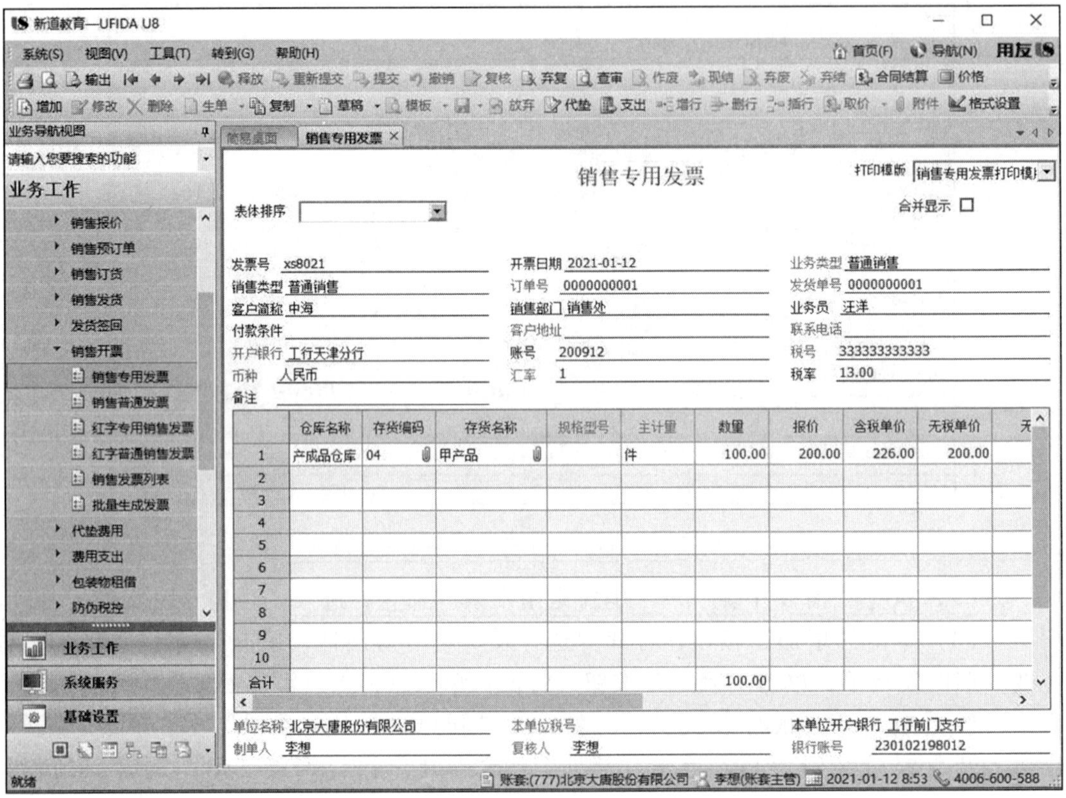

图7－74 根据销售发货单生成销售发票

6. 在应收款管理系统中，审核销售专用发票并生成销售收入凭证

（1）在应收款系统中，执行“应收单据处理”→“应收单据审核”命令，打开“单据过滤条件”对话框，单击“确定”按钮，进入“应收单据列表”窗口。

（2）选择要审核的单据，单击“审核”按钮，系统弹出“审核”成功信息提示框，单击“确定”返回，退出。

（3）执行“制单处理”命令，打开“制单查询”对话框。

（4）选中“发票制单”复选框，单击“确定”按钮，进入“销售发票制单”窗口。

（5）选择凭证类别为“转账凭证”、单击工具栏中的“全选”按钮，选择窗口中的所有单据。单击“制单”按钮，屏幕上出现根据发票生成的转账凭证。

（6）单击“保存”按钮，凭证左上角显示“已生成”红字标记，表示已将凭证传递到总账系统。如图7－75所示。

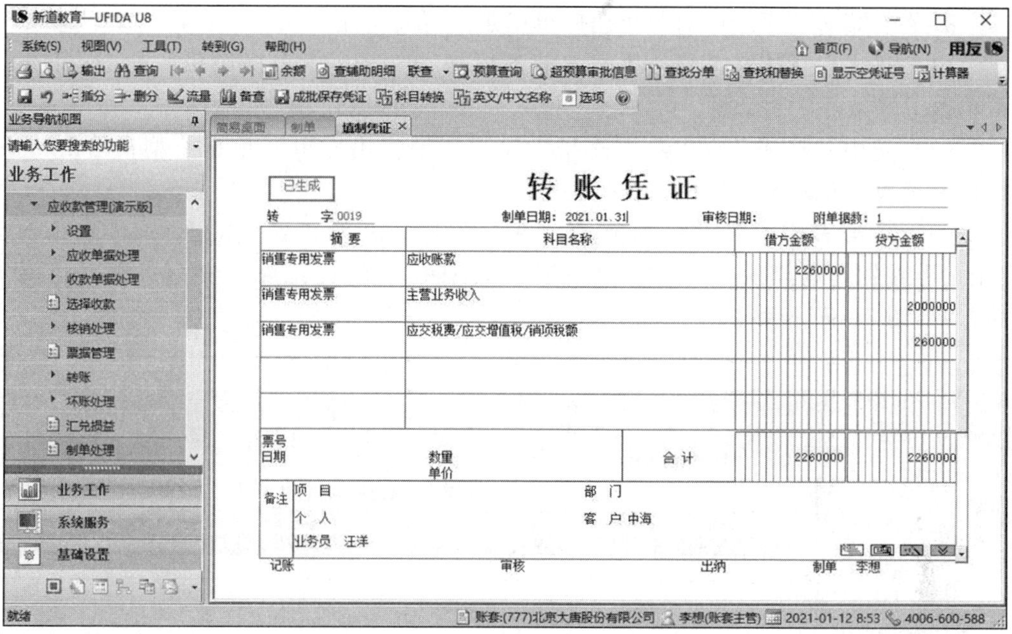

图 7－75　生成销售收入凭证

7. 在库存管理系统中审核销售出库单

（1）进入库存管理系统，执行“出库业务”→“销售出库单”命令，进入“销售出库单”窗口，单击“末张”按钮，查找到自动生成的出库单。

（2）单击“审核”按钮，系统弹出“该单据审核成功!”信息提示框，如图 7－76 所示，确定返回。

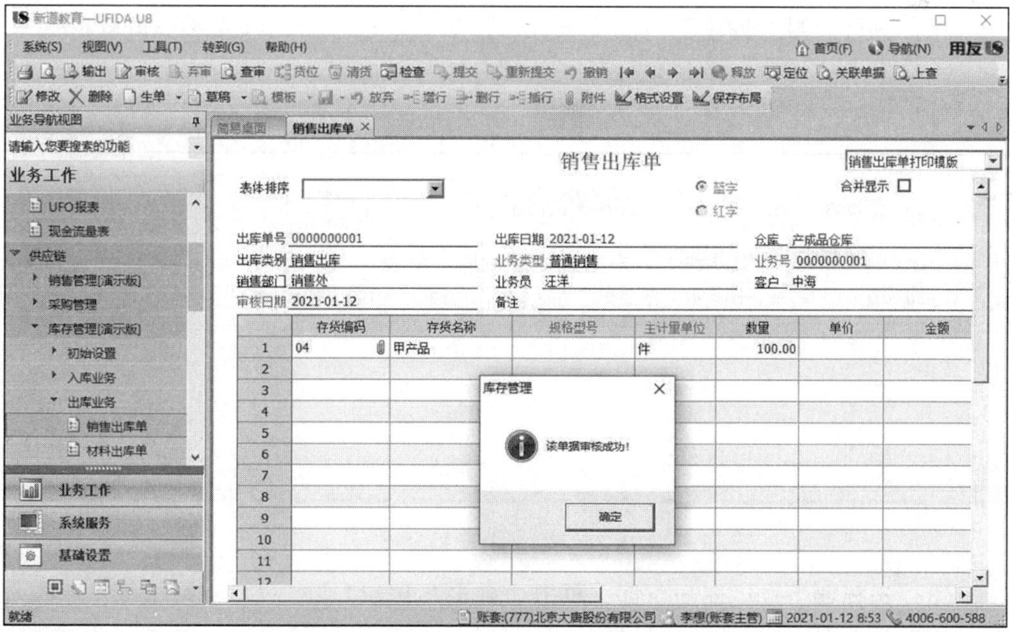

图 7－76　库存管理系统中，出库单据审核

8. 在存货核算系统中对销售出库单记账并生成凭证

（1）进入存货核算系统，执行“业务核算”→“正常单据记账”命令，打开“正常单据记账条件”对话框。

（2）选中“产成品仓库”复选框，保留“销售出库单”单据类型，单击“确定”按钮，进入“正常单据记账”窗口。

（3）单击需要记账的单据前的“选择”栏，出现“√”标记，或单击工具栏的“全选”按钮，选择所有单据，然后单击工具栏中的“记账”按钮，显示“记账成功”，如图 7－77 所示。

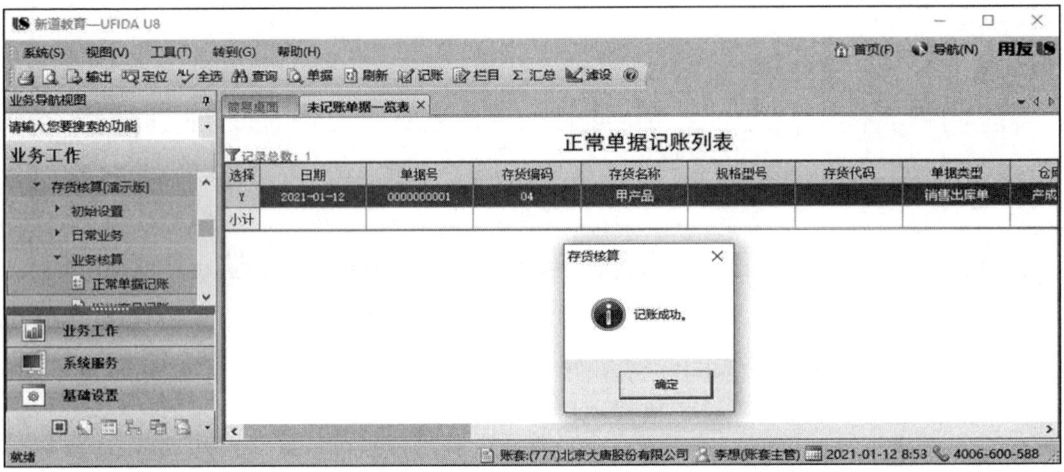

图 7－77 存货核算系统中，单据记账

（4）记账成功后，单据不在窗口中显示。

（5）执行“财务核算”→“生成凭证”命令，进入“生成凭证”窗口。

（6）单击“选择”按钮，打开“查询条件”对话框。

（7）选择“销售出库单”，单击“确定”按钮，进入“选择单据”窗口。如图 7－78 所示。

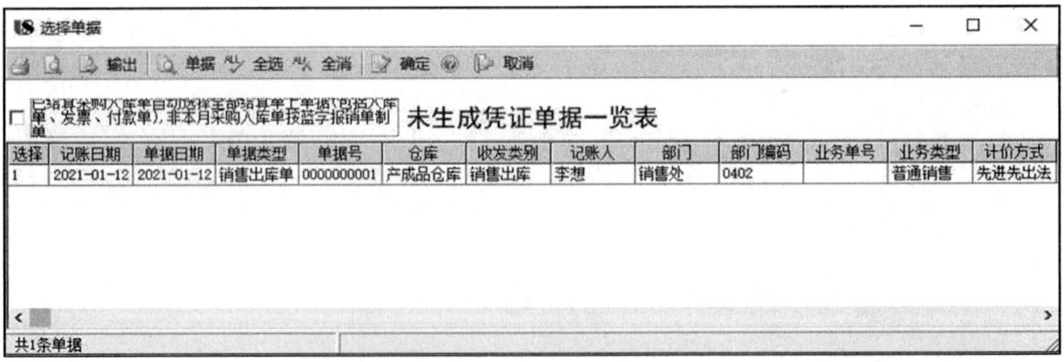

图 7－78 选择单据窗口

（8）选择要生成凭证的单据，单击“确定”按钮。

（9）选择凭证类别为“转账凭证”，输入借贷方科目编码，单击“生成”按钮，系统显示生成的转账凭证。

（10）修改确定无误后，单击工具栏中的“保存”按钮，凭证左上角显示“已生成”红字标记，表示已将凭证传递到总账系统。如图 7－79 所示。

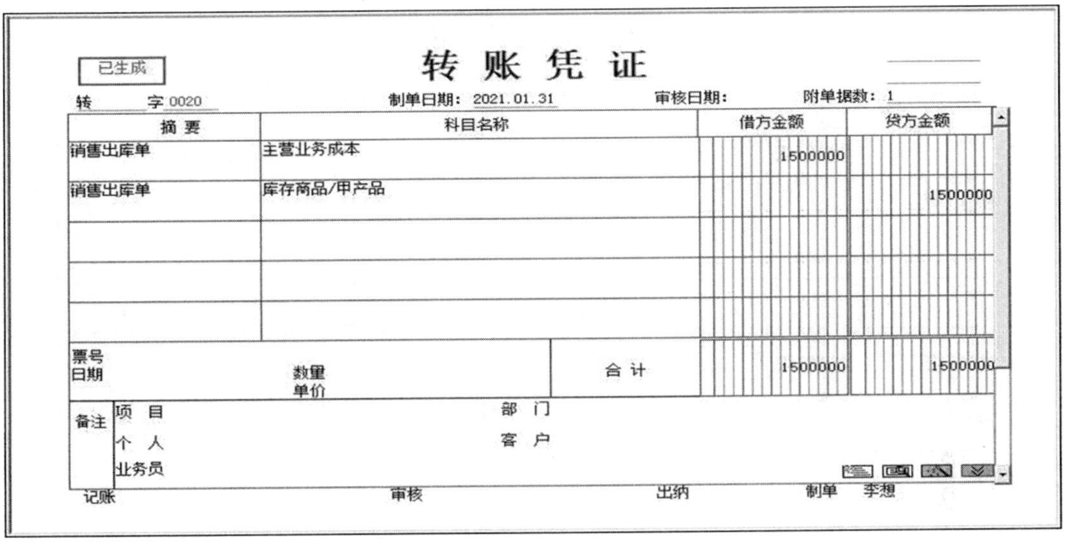

图 7－79　生成销售成本凭证

9. 在应收款管理系统中输入收款单并制单

（1）进入应收款管理系统，执行“收款单据处理”→“收款单据录入”命令，进入收款单录入窗口。

（2）单击“增加”，输入客户“天津中海”，选择结算方式“转账支票”，输入金额“22600”，输入收款单其他信息。

（3）单击“保存”按钮，单击“审核”按钮，提示“是否立即制单?”，如图 7－80所示，单击“是”按钮。

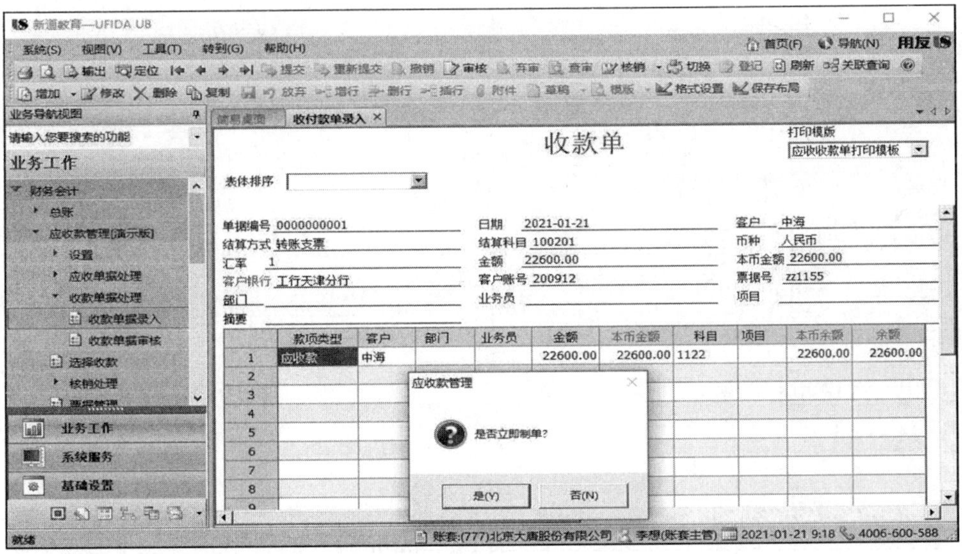

图 7－80　应收款管理系统中，收款单据录入与审核

（4）在填制凭证窗口，单击“保存”按钮，如图 7－81 所示。

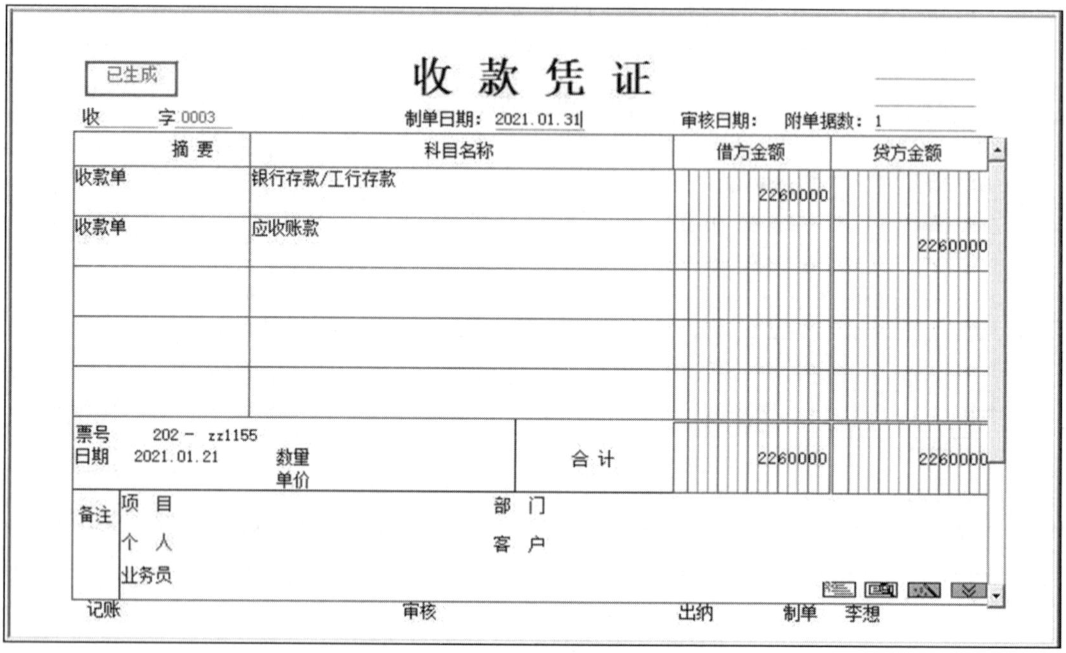

图 7－81 生成收款凭证

（二）现结销售业务处理

1. 在销售管理系统中填制并审核发货单

操作步骤参见业务 1，如图 7－82 所示。

图 7－82 销售管理系统——销售发货单填制与审核

2. 在销售管理系统中根据发货单生成销售专用发票，并执行现结

（1）在销售管理系统中，根据发货单生成销售专用发票，输入发票号“xs11890”，单击“保存”按钮。

（2）在销售专用发票界面，单击“现结”按钮，打开“现结”对话框。选择结算方式为“转账支票”，输入结算金额为“22600”，票据号为“zz1188”，如图7－83所示。

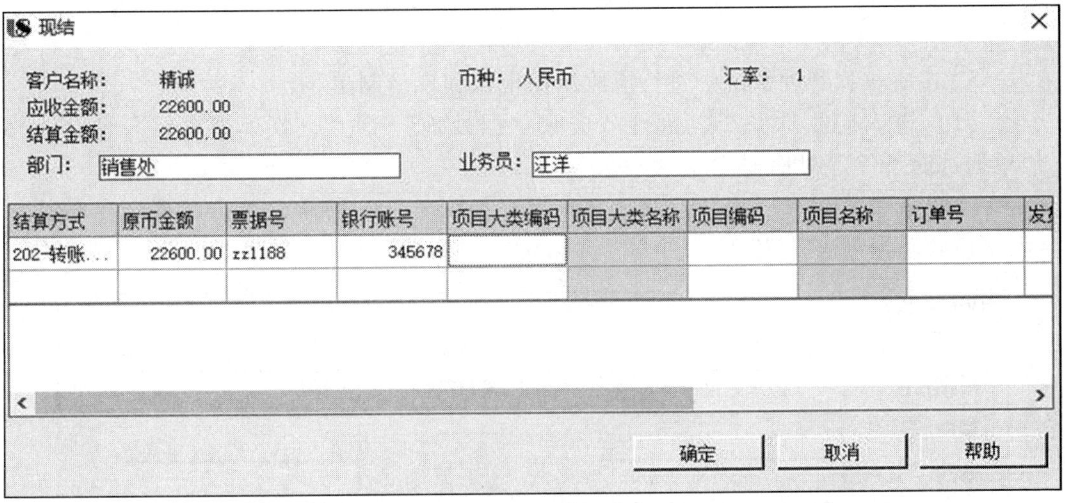

图7－83　现结窗口

（3）单击“确定”按钮返回，销售专用发票左上角显示“现结”标志，如图7－84所示。

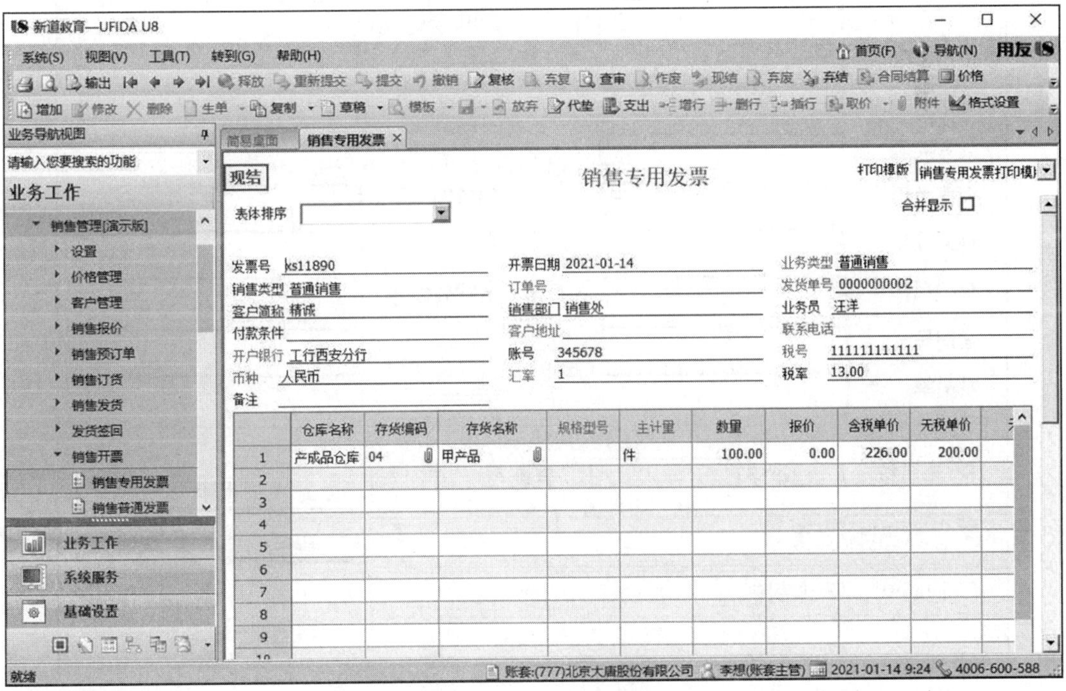

图7－84　销售管理系统——销售发票填制与现结

（4）单击“复核”按钮，对现结发票进行复核。

任务操作提示

①应在销售发票复核前进行现结处理。

②销售发票复核后才能在应收款系统中进行“现结”制单。

3. 在应收款管理系统中进行应收单据审核和现结制单

（1）进入应收款系统，执行“应收单据处理”→“应收单据审核”命令，打开“单据过滤条件”对话框。

（2）选中“包含已现结发票”复选框，如图 7－85 所示，单击“确定”按钮，进入“应收单据列表”窗口。

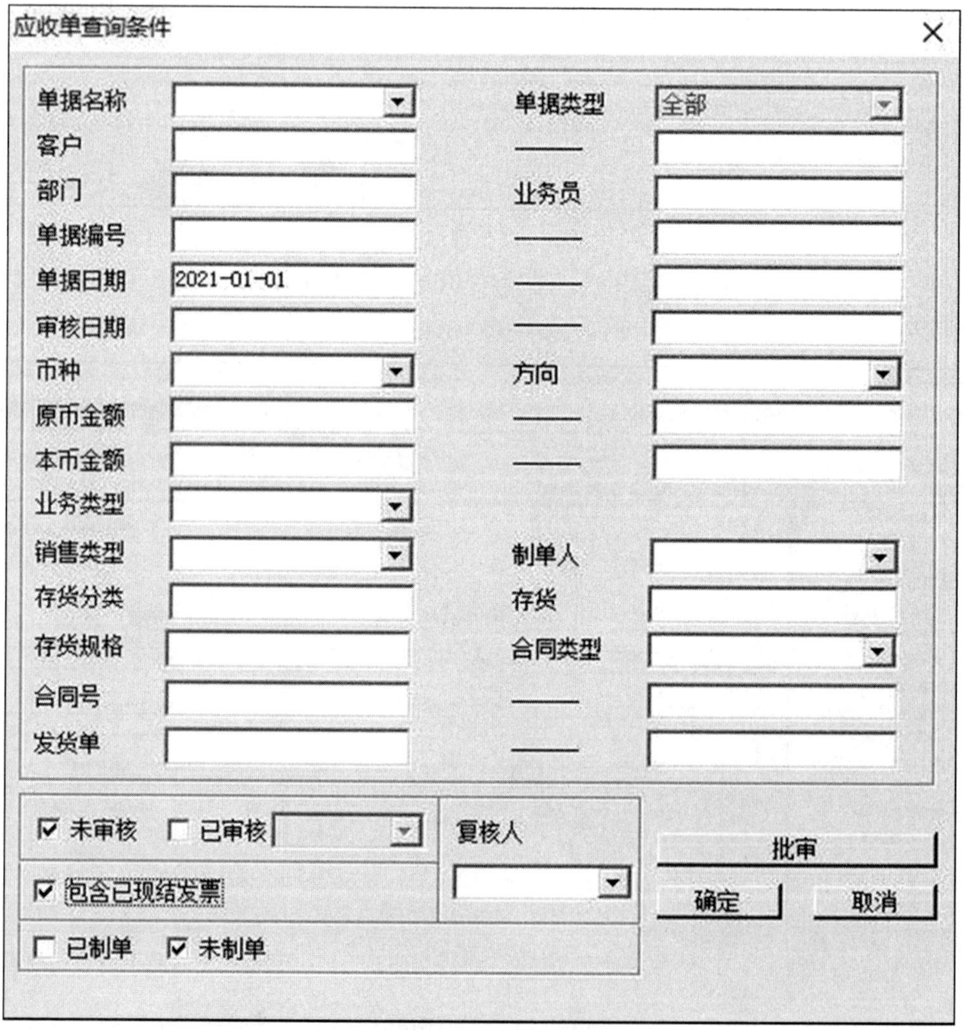

图 7－85　应收单过滤条件窗口

（3）双击要审核的销售专用发票，进入销售专用发票界面，单击“审核”，弹出“是否立即制单”，选择“是”，进入填制凭证窗口，选择凭证类别“收款凭证”，单击“保存”按钮，凭证左上角出现“已生成”红色标记，表示凭证已传递到总账，如图7－86所示。

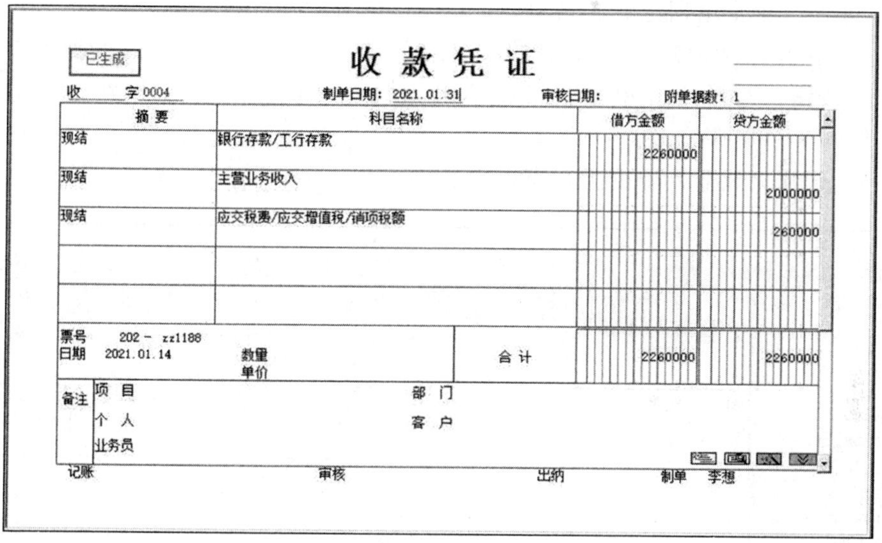

图7－86　凭证生成窗口

4. 在库存管理系统中审核销售出库单

（1）进入“库存管理系统”，执行“出库业务”→“销售出库单”命令，进入“销售出库单”窗口，单击“末张”按钮，查找到自动生成的出库单。

（2）单击“审核”按钮，系统弹出“该单据审核成功！”信息提示框，如图7－87所示，确定返回。

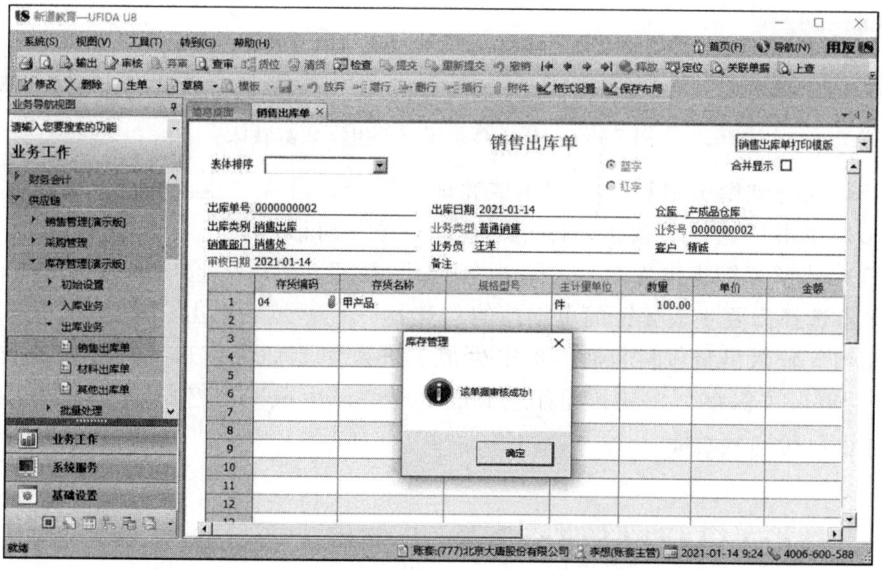

图7－87　库存管理系统中，出库单据审核

5. 在存货核算系统中对销售出库单记账并生成凭证

（1）进入存货核算系统，执行“业务核算”→“正常单据记账”命令，打开“正常单据记账条件”对话框。

（2）选中“产成品仓库”复选框，保留“销售出库单”单据类型，单击“确定”按钮，进入“正常单据记账”窗口。

（3）双击需要记账的单据前的“选择”栏，出现“Y”标记，或单击工具栏的“全选”按钮，选择所有单据，然后单击工具栏中的“记账”按钮，显示“记账成功”，如图 7－88 所示。

（4）记账完成后，单据不在窗口中显示。

图 7－88　货核算系统——出库成本确认

（5）执行“财务核算”→“生成凭证”命令，进入“生成凭证”窗口。

（6）单击“选择”按钮，打开“查询条件”对话框。

（7）选择“销售出库单”，单击“确定”按钮，进入“选择单据”窗口。

单击选择需要生成凭证的单据前的“选择”栏，然后单击“确定”，进入“生成凭证”窗口，输入借贷方科目后，单击生成，进入填制凭证窗口，选择凭证类别“转账凭证”，单击“保存”按钮，凭证左上角出现“已生成”红色标记，如图 7－89 所示，表示凭证已传递到总账。

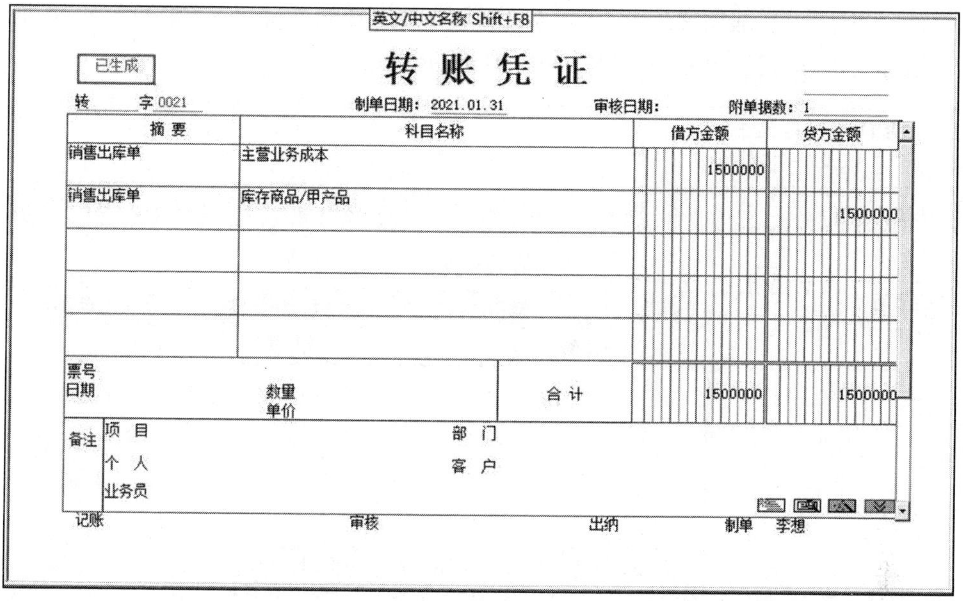

图 7－89　存货核算系统——结转销售成本

（三）代垫费用处理

1. 在企业应用平台中设置费用项目

（1）在企业应用平台的“基础设置”页签中，执行“基础档案”→“业务”→“费用项目分类”命令，进入“费用项目分类”窗口。增加项目分类“1 代垫费用”。如图 7－90 所示。

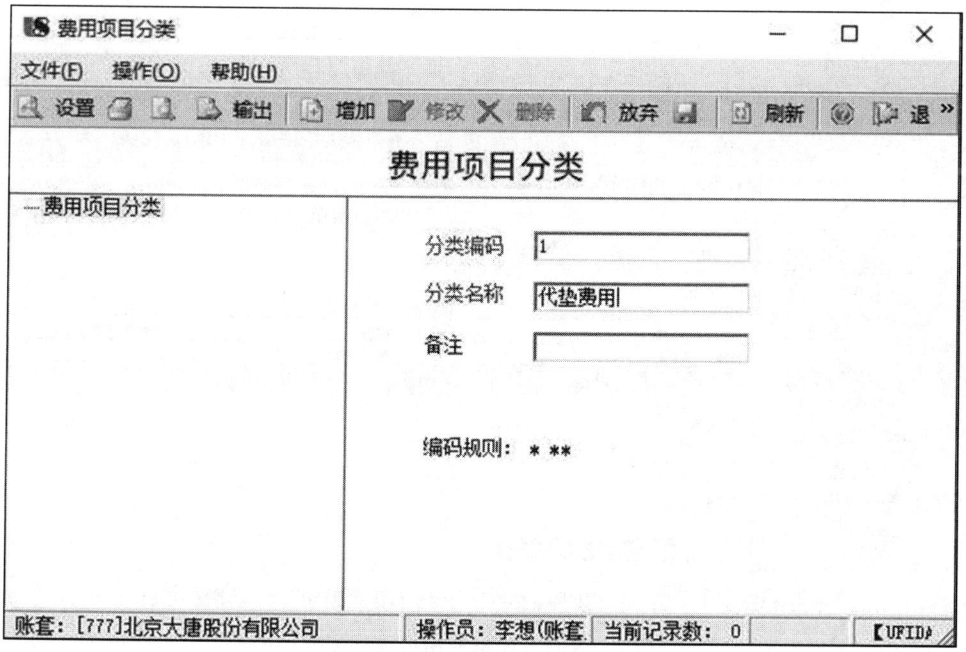

图 7－90　费用项目设置

（2）执行“基础档案”→“业务”→“费用项目”命令，进入“费用项目”窗口。增加“01运费”并保存。如图7－91所示。

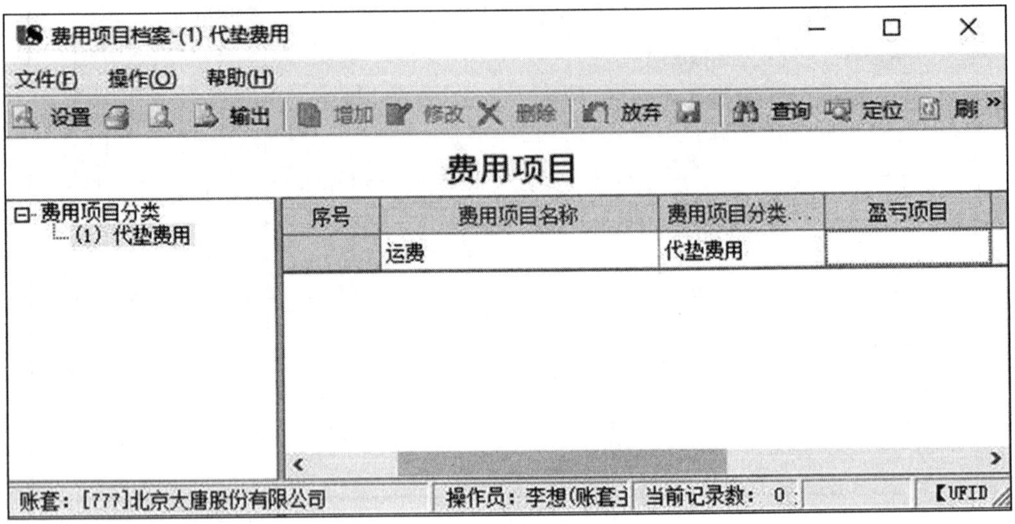

图7－91 费用项目档案

2. 在销售管理系统中填制并审核代垫费用单

（1）在销售管理系统中，执行“代垫费用”→“代垫费用单”命令，进入“代垫费用单”窗口。

（2）单击“增加”按钮，输入代垫日期“2021－01－14”；客户“西安精诚”；销售部门“销售处”；费用项目“运费”；代垫金额“100”，保存并审核，如图7－92所示。

图7－92 代垫费用单据录入

3. 在应收款管理系统中对代垫费用单进行审核并确定应收

（1）在应收款管理系统中，在“应收单据处理”→“应收单据审核”中对代垫费用单形成的其他应收单进行审核，双击选择要审核的其他应收单，单击“审核”，审核成功，如图 7－93 所示。

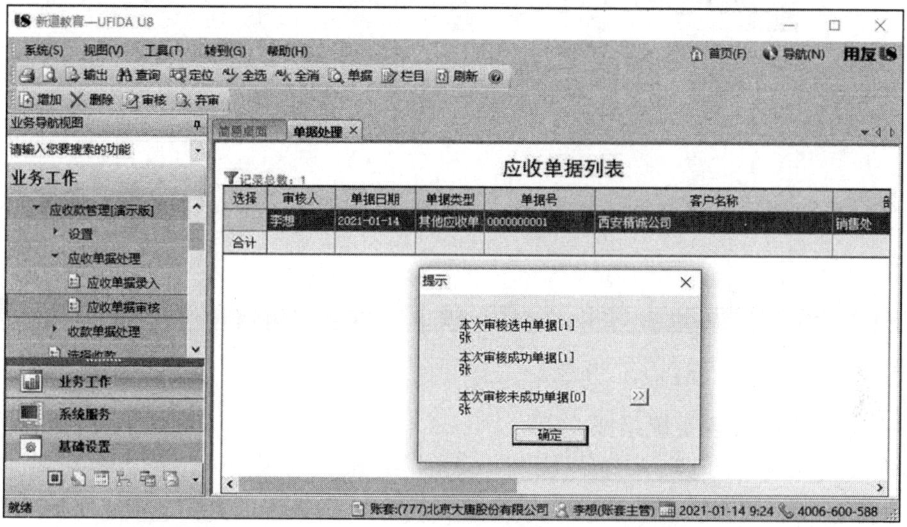

图 7－93 应收单据审核成功

（2）执行“制单处理”命令，打开“制单查询”对话框。选择“应收单制单”，单击“确定”按钮，进入“应收制单”窗口。

（3）选择要制单的单据，选择凭证类型为“付款凭证”，单击“制单”按钮，生成一张转账凭证，输入借方科目“1122”，贷方科目“1001”，单击“保存”按钮。如图 7－94 所示。

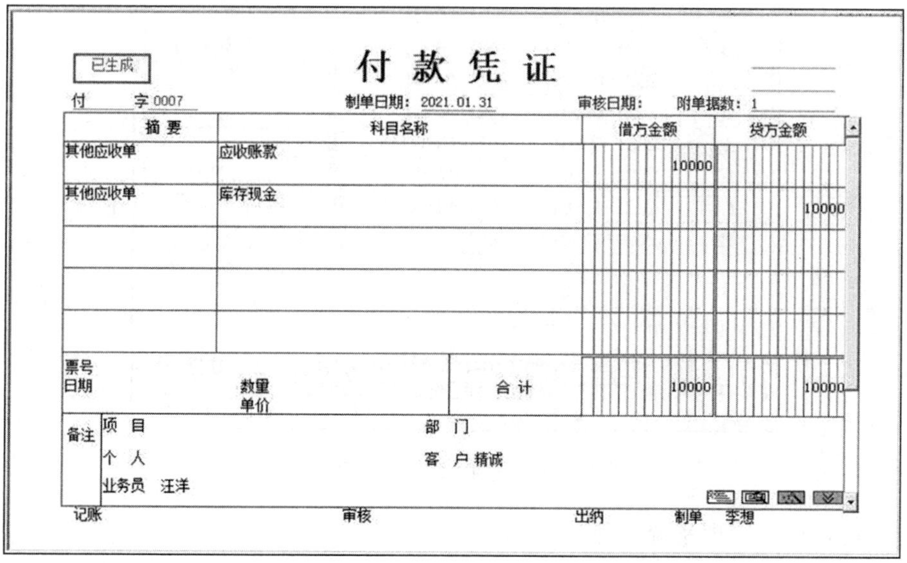

图 7－94 代垫费用制单

任务三
供应链系统期末处理

工作实例

进行采购管理系统、销售管理系统、库存管理系统、存货核算系统结账。

业务操作

1. 进行采购管理系统结账

进入“采购管理”系统，执行“月末结账”命令，选择要结账的月份，如图 7－95 所示，单击“结账”，弹出“提示”窗口，单击“是”，完成采购系统的结账处理。

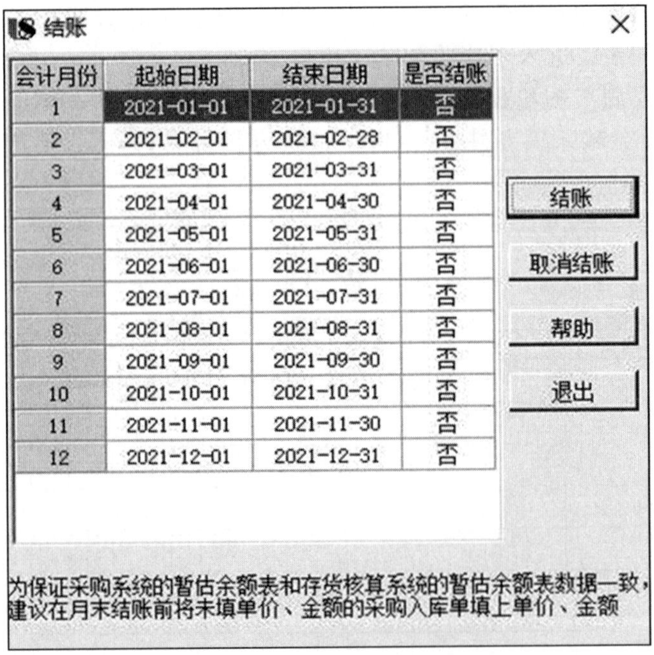

会计月份	起始日期	结束日期	是否结账
1	2021-01-01	2021-01-31	否
2	2021-02-01	2021-02-28	否
3	2021-03-01	2021-03-31	否
4	2021-04-01	2021-04-30	否
5	2021-05-01	2021-05-31	否
6	2021-06-01	2021-06-30	否
7	2021-07-01	2021-07-31	否
8	2021-08-01	2021-08-31	否
9	2021-09-01	2021-09-30	否
10	2021-10-01	2021-10-31	否
11	2021-11-01	2021-11-30	否
12	2021-12-01	2021-12-31	否

结账
结账
取消结账
帮助
退出
为保证采购系统的暂估余额表和存货核算系统的暂估余额表数据一致，
建议在月末结账前将未填单价、金额的采购入库单填上单价、金额

图 7－95　采购管理月末结账窗口

2. 进行销售管理系统结账

进入“销售管理”系统，执行“月末结账”，单击“结账”按钮，如图 7－96 所示。弹出提示框，单击“是”，完成销售管理系统的结账。

结账
结账
取消结账
帮助
退出
如果《应收款管理》按照单据日期记账，《销售管理》本月有未复核的发票，月末结账后，这些未复核的发票在《应收款管理》就不能按照单据日期记账了，除非在《应收款管理》改成按业务日期记账。

会计月份	起始日期	结束日期	是否结账
1	2021-01-01	2021-01-31	是
2	2021-02-01	2021-02-28	否
3	2021-03-01	2021-03-31	否
4	2021-04-01	2021-04-30	否
5	2021-05-01	2021-05-31	否
6	2021-06-01	2021-06-30	否
7	2021-07-01	2021-07-31	否
8	2021-08-01	2021-08-31	否
9	2021-09-01	2021-09-30	否
10	2021-10-01	2021-10-31	否
11	2021-11-01	2021-11-30	否
12	2021-12-01	2021-12-31	否

图 7－96　销售系统月末结账窗口

3. 进行库存管理系统结账

进入“库存管理”系统，执行“月末结账”命令，单击“结账”按钮，弹出提示信息，单击“是”，结账完毕，如图 7－97 所示。

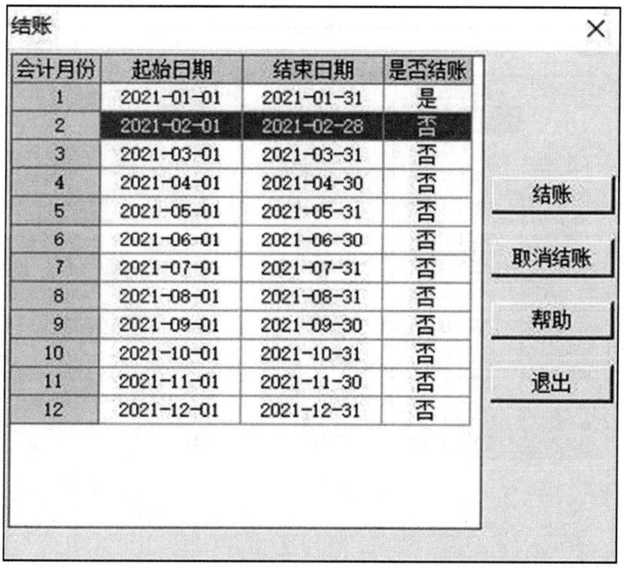
结账
结账
取消结账
帮助
退出

会计月份	起始日期	结束日期	是否结账
1	2021-01-01	2021-01-31	是
2	2021-02-01	2021-02-28	否
3	2021-03-01	2021-03-31	否
4	2021-04-01	2021-04-30	否
5	2021-05-01	2021-05-31	否
6	2021-06-01	2021-06-30	否
7	2021-07-01	2021-07-31	否
8	2021-08-01	2021-08-31	否
9	2021-09-01	2021-09-30	否
10	2021-10-01	2021-10-31	否
11	2021-11-01	2021-11-30	否
12	2021-12-01	2021-12-31	否

图 7－97　库存管理系统结账处理窗口

4. 进行存货核算系统结账

（1）进入“存货核算”系统，执行“业务核算”下的“期末处理”命令，如图

7－98 所示，单击“全选”，选中进行期末处理的所有仓库，单击“处理”后，弹出“期末处理完毕！”，单击“确定”。

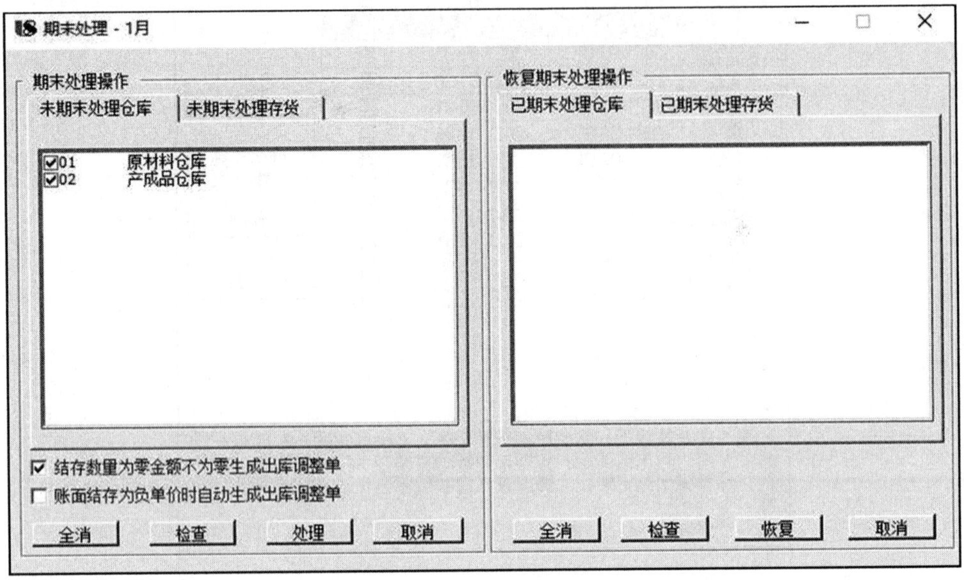

图 7－98　存货期末处理

（2）进入“存货核算”系统，执行“业务核算”下的“月末结账”，如图 7－99 所示，选择“月末结账”，单击“确定”按钮，如图 7－100 所示，单击“确定”按钮，完成了存货核算系统的结账处理。

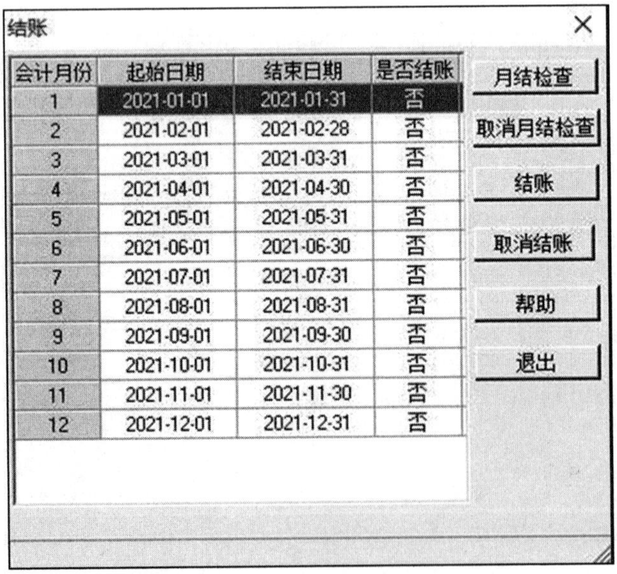

图 7－99　存货系统月末结账窗口

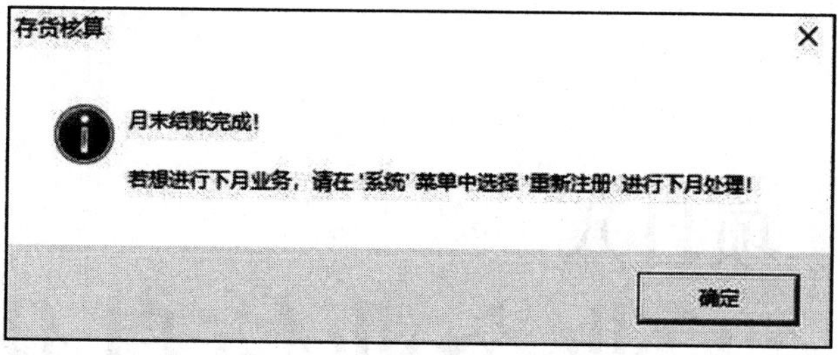
存货核算
月末结账完成!
若想进行下月业务，请在'系统'菜单中选择'重新注册'进行下月处理!
确定

图 7 - 100 存货核算系统结账完成窗口

8 项目八 工业企业信息化处理

职业能力目标

通过本项目的学习，要求掌握会计电算化下工业企业的会计业务处理。

课程思政目标

培养学生全局意识和企业综合业务处理能力，以及诚实守信的职业品质，不弄虚作假，不泄露商业机密。

一、单位概况

（1）账套信息：账套号“006”，账套名称：浩文电脑公司，启用日期为2021年9月。

（2）单位信息：单位名称为“浩文电脑公司”，单位简称为“浩文”，税号为3102256437218。

（3）核算类型：企业类型为“工业”，行业性质为“2007年新会计制度科目”，账套主管选“刘洋”，“按行业性质预置科目”。

（4）基础信息：存货、客户及供应商均分类，有外币核算。

（5）编码方案：

①会计科目的编码方案为42222。

②部门编码的方案为12。

③存货分类的编码方案为2233。

④客户分类和供应商分类的编码方案为22。

⑤结算方式的编码方案为12。

⑥其他编码项目保持不变。

（6）数据精度：保持系统默认设置。

（7）系统的启用：“总账”“薪资管理”“固定资产”系统，启用日期为2021-09-01。

（8）浩文电脑公司电算化工作岗位人员及分工权限：

账套主管：004 刘洋，拥有“账套主管”的全部权限。
会计：005 白天，拥有“总账、UFO 报表、固定资产、薪资管理”的全部权限。
出纳：006 乔元，拥有“出纳签字和出纳”的全部权限。

二、基础档案

（1）部门档案（见表 8－1）：

表 8－1

部门编码	部门名称	部门属性
1	生产部	生产部门
101	生产一部	生产部门
102	生产二部	生产部门
2	业务部	管理部门
201	业务一部	管理部门
202	业务二部	管理部门
3	财务部	管理部门
4	仓储部	管理部门
5	质量管理部	管理部门
6	管理部	管理部门

（2）人员档案（见表 8－2）：

表 8－2

部门名称	人员		职员属性	性别
生产一部	001	李琪	生产管理人员	女
业务一部	002	包围	管理人员	男
业务二部	003	何杰	管理人员	男
财务部	004	刘洋	管理人员	女
财务部	005	白天	管理人员	男
财务部	006	乔元	管理人员	女
仓储部	007	宫伟	管理人员	男
质量管理部	008	张庆玲	管理人员	女
管理部	009	张薇	管理人员	女
管理部	010	王伟	管理人员	男

（3）客户分类（见表 8－3）：

表 8－3

分类编码	分类名称
01	批发
02	零售

续表

分类编码	分类名称
03	代销
04	专柜

（4）客户档案（见表8－4）：

表8－4

客户编码	客户简称	所属分类	税号	开户银行	账号
001	天宏公司	批发	310003154	工行	112
002	黎明公司	批发	310108777	中行	567
003	黑豹公司	专柜	315000123	建行	158
004	远光公司	代销	315452453	招行	763

（5）供应商分类（见表8－5）：

表8－5

分类编码	分类名称
01	原料供应商
02	成品供应商
03	委外供应商
04	其他

（6）供应商档案（见表8－6）：

表8－6

供应商编码	供应商简称	所属分类	税号	开户银行	账号
001	汇丰公司	原料供应商	313546844	工行	113
002	新东方公司	成品供应商	310821385	中行	566
003	兴业公司	成品供应商	314825705	建行	157
004	中投公司	委外供应商	318478228	招行	764
005	安定公司	其他	310488008	招行	223

三、总账系统（总账启用日期：2021年9月1日）

1. 基础档案设置

（1）设置外币："美元"；固定记账汇率："8.275"。

（2）凭证类别为"记账凭证"。

（3）结算方式。

①支票。

101 现金支票

102 转账支票

②电汇。

③银行汇票。

④银行本票。

⑤其他。

(4) 项目大类名称：生产成本

①选择“普通项目”，项目级次：12，项目结构：默认值。

②项目分类：1 自行开发项目 2 委托开发产品。

项目目录：101 P3 电脑产品；102 自行开发项。

2. 会计科目及期初余额表（见表 8－7～表 8－10）

（指定现金为现金总账科目，银行存款为银行总账科目）

表 8－7

科目编码	科目名称	外币/单位	辅助账类型	方向	数量	期初余额
1001	库存现金		日记账	借		6775.70
1002	银行存款		日记账、银行账	借		1193387.20
100201	工行存款		日记账、银行账	借		1193387.20
100202	中行存款	美元	日记账、银行账	借		
1122	应收账款		客户往来	借		157600.00
1221	其他应收款		个人往来	借		3800.00
1231	坏账准备			贷		788.00
1403	原材料			借		200000.00
140301	硬盘	个		借	500	100000.00
140302	内存条	个		借	500	100000.00
1405	库存商品			借		200000.00
140501	电脑（P3）	台		借	200	200000.00
1801	长期待摊费用			借		642.00
1601	固定资产			借		1260680.00
1602	累计折旧			贷		173033.83
1701	无形资产			借		58500.00
2001	短期借款			贷		229459.61
2202	应付账款		供应商往来	贷		276850.00
2211	应付职工薪酬			贷		10222.77
221101	工资					
221102	职工福利					10222.77
4001	实收资本（或股本）			贷		1500000.00
4104	利润分配			贷		908196.43
410403	未分配利润			贷		908196.43
5001	生产成本（P3）			借		17165.74
500101	直接材料		项目核算	借		155.00
500102	直接人工		项目核算	借		15000.00
500103	制造费用		项目核算	借		2010.74

续表

科目编码	科目名称	外币/单位	辅助账类型	方向	数量	期初余额
5101	制造费用			借		
510101	工资		部门核算	借		
510102	福利费		部门核算	借		
510103	电话费		部门核算	借		
510104	折旧费		部门核算	借		
510105	其他		部门核算	借		
6001	主营业务收入			贷		
600101	电脑（P3）		台	贷		
6401	主营业务成本			借		
640101	电脑（P3）		台	借		
6602	管理费用			借		
660201	工资		部门核算	借		
660202	福利费		部门核算	借		
660203	电话费		部门核算	借		
660204	折旧费		部门核算	借		
660205	办公费		部门核算	借		
660206	其他		部门核算	借		
6603	财务费用			借		
660301	手续费			借		
660302	利息收入			借		
660303	利息支出			借		

表 8－8　　应收账款明细余额表

日期	凭证号	客户单位名称	摘要	方向	金额（元）
2020－08－31		天宏公司	销售商品	借	99600.00
2020－08－31		黎明公司	销售商品	借	58000.00

表 8－9　　其他应收款——个人明细余额表

日期	凭证号	部门	职员	摘要	方向	金额（元）
20020－08－31		管理部	张薇	出差借款	借	3800.00

表 8－10　　应付账款明细余额表

日期	凭证号	供应商单位名称	摘要	方向	金额（元）
2020－08－31		新东方公司	购买商品	贷	176850.00
2020－08－31		中投公司	购买商品	贷	100000.00

（项目目录期初都是项目 P3 电脑的余额）

3. 总账选项中的参数设置

（1）“凭证”页签中选中“制单序时控制”“可以使用应收应付受控科目”“自动填补凭证断号”“凭证编号方式——系统编号”参数、“出纳凭证必须经由出纳签字”“允许修改、作废他人填制的凭证”。

（2）“账簿”“会计日历”“其他”页签均按系统默认值。

4. 经济业务及期末处理

（1）9 月 4 日提取现金 10000 元。

（2）9 月 5 日管理部张薇报销差旅费 3600 元，交还现金 200 元。

（3）9 月 7 日业务部一部支付业务招待费 1200 元，转账支票号：205。

（4）9 月 13 日，收到天宏公司转账支票 2 张，面值分别为：40000 元和 59600 元，用以归还货款。

（5）9 月 14 日，归还欠中投公司部分货款 100000 元，转账支票号为 206。

（6）9 月 16 日，向远光公司售出电脑（P3）25 台，销售价格 4220 元，共计 105500 元，增值税税率为 13%，共计 119215 元货税款尚未收到。

（7）9 月 19 日，业务一部包围从安定公司购入硬盘 100 个，单价 200 元，货税款暂欠，商品已验收库，税费为 2600 元。

（8）9 月 20 日收到 BB 集团投资资金 10000 美元。

（9）9 月 22 日该公司管理部门固定每月报销电话费用，故统一报销凭证中都为管理费用，但明细分属不同部门，以辅助项快速录入方式填制该凭证。财务部：500，管理部：900，质量管理部：700，仓储部：800，业务部一部：900，业务部二部：900，贷方为现金。摘要为费用报销。

（10）9 月 23 日管理部购买 200 元的办公用品。

（11）9 月 24 日，向天宏公司售出电脑（P3）20 台，销售价格 4220 元，共计 84400 元，增值税税率为 13%，共计 95372 元，货税款已付。

（12）分配本月工资费用。

（13）9 月 30 日购办公用品传真机一台，价值 2852 元，管理部使用，使用年限 5 年，平均年限法，净残值率 3%。

（14）计提固定资产累计折旧。

（15）自定义转账：2021 年 9 月 30 日，计提短期借款利息，按短期借款期末余额的 0.2% 进行计提当月借款利息。

（16）结转制造费用。

（17）结转成本。

（18）结转期间损益。

（19）2021 年 9 月 30 日，月末结账。

四、薪资管理系统

1. 工资初始化

启用工资：选择单类别、扣税、人员编码 3 位，启用时期为“2021 年 9 月 1 日”

2. 基础档案

（1）银行名称：“工商银行支行”，银行账号定长为6位。

（2）工资项目设置（见表8－11）。

表8－11

工资项目	类型	长度	小数点	增减及其他
基本工资	数字	8	2	增项
岗位工资	数字	8	2	增项
岗位津贴	数字	8	2	增项
住房补贴	数字	8	2	增项
交补	数字	8	2	增项
应发合计	数字	8	2	增项
病假天数	数字	3		其他
病假扣款	数字	8	2	减项
事假天数	数字	3		其他
事假扣款	数字	8	2	减项
扣款合计	数字	8	2	减项
实发合计	数字	8	2	增项

（3）人员档案（见表8－12）

表8－12

部门名称	人员		人员类别	性别	银行账号
生产一部	001	李琪	生产管理人员	女	100001
业务一部	002	包围	管理人员	男	100002
业务二部	003	何杰	管理人员	男	100003
财务部	004	刘洋	管理人员	女	100004
财务部	005	白天	管理人员	男	100005
财务部	006	乔元	管理人员	女	100006
仓储部	007	宫伟	管理人员	男	100007
质量管理部	008	张庆玲	管理人员	女	100008
管理部	009	张薇	管理人员	女	100009
管理部	100	王伟	管理人员	男	100010

（4）工资计算公式：

应发合计＝基本工资＋岗位工资＋岗位津贴＋住房补贴＋交补

病假扣款＝病假天数×5

事假扣款＝事假天数×15

（5）工资表（见表8－13）：

表 8－13

单位：元

姓名	基本工资	岗位工资	岗位津贴	住房补贴	交补	病假天数	病假扣款	事假天数	事假扣款
李琪	3900	295	320	195	30				
包围	4600	295	320	195	30				
何杰	810				30				
白天	3900	295	320	195	30				
刘洋	4200	295	320	195	30				
乔元	3900	295	320	195	30				
宫伟	1800	290	320	195	30	4	20	2	30
张庆玲	3200	295	320	195	30	4	20	2	30
张薇	3200	295	320	195	30	4	20		
王伟	1500	280	320	158	30	4	20	2	30

（6）个人所得税扣除基数：5000 元。

（7）结转工资费用。

（8）结账，将“病假天数”“事假天数”“病假扣款”“事假扣款”设为清零项。

五、固定资产管理系统

1. 固定资产初始化

启用固定资产系统：主要折旧方法平均年限法；折旧分配周期为 1 个月；资产类别编码长度：2－1－1－2；自动编号（类别编号＋序号，序号长度 3 位）；与总账系统进行对账科目：“1601”固定资产、“1602”累计折旧。

2. 基础设置

（1）选项修改：“业务发生后立即制单”“月末结账前一定要完成制单登账业务”；录入固定资产缺省入账科目“1601”、累计折旧缺省入账科目“1602”。

（2）固定资产类别：01：房屋建筑物；02：专用设备；03：交通设备；04：办公设备。

（3）使用状况：默认系统设置。

（4）增减类别：默认系统设置。

（5）设置部门对应折旧科目。

3. 录入原始卡片（见表 8－14）

表 8－14

名称	类别	部门	使用年限	开始使用日期	原值	累计折旧	残值率
办公楼	01	多部门	30 年	2017－09－01	730000	66430	5%
小型机	02	生产一部	5 年	2019－09－01	100000	17820	3%
程控交换机	02	生产一部	4 年	2021－06－01	20000	808	3%

续表

名称	类别	部门	使用年限	开始使用日期	原值	累计折旧	残值率
奥迪车	03	管理部	10年	2018－09－01	250000	45425	5%
电脑	04	业务一部	4年	2018－05－01	9000	4908.6	3%
电脑	04	财务部	4年	2018－06－01	13000	6827.6	3%
电脑	04	业务二部	4年	2019－09－01	13000	2888.6	3%
电脑	04	质量管理部	4年	2019－09－01	75408	16755.64	3%
电脑	04	仓储部	4年	2019－09－01	50272	11170.39	3%
合计					1260680	173033.83	

注：原始卡片增加方式，均为直接购入的方式，使用状况均为在用，各卡片均为“平均年限法（一）”。

办公楼各部门的使用比例为：管理部“20%”，财务部“20%”，业务一部“10%”，业务二部“10%”，生产一部“20%”，质量管理部“20%”。

4. 日常业务

（1）当月30日购办公用品传真机一台，价值2852元，管理部使用，使用年限5年，平均年限法（一），净残值率3%。

（2）计提折旧。

六、报表系统

（1）根据总账资料生成“资产负债表”及“利润表”。

①“资产负债表”表中的本年利润取自“利润表”中的净利润。

②做“资产负债表”的审核公式及舍位平衡公式。

（2）做一张自定义报表，格式如表8－15所示。

表8－15　　管理费用明细表

单位名称：ABC公司　　2021年9月　　单位：元

项　目	管理费用	工资	福利费	折旧费	电话费	办公费	其他
管理部							
财务部							
质量管理部							
仓储部							
业务部							
合计							

审核人：　　制表人：

七、要求：

（1）以账套主管身份设置账套的会计科目，录入期初余额并进行试算平衡等。

（2）由账套主管填制记账凭证。

（3）由出纳对出纳凭证进行签字。

（4）由会计审核凭证并记账。

（5）由账套主管处理工资和固定资产业务。

八、业务指导

以账套主管的身份进入系统管理并注册建立“浩文电脑公司”的核算账套，启用“总账系统”“工资管理系统”和“固定资产管理系统”。

1. 记账凭证

（1）2021－9－4　记－001　提取现金。

借：库存现金　10000.00

　贷：银行存款——工行存款　10000.00

（2）2021－9－5　记－002　报销差旅费。

借：管理费用——其他费用（管理部）　3600.00

　库存现金　200.00

　贷：其他应收款（张薇）　3800.00

（3）2021－9－7　记－003　支付业务招待费，转账支票号：205。

借：管理费用——其他费用　1200.00

　贷：银行存款——工行存款　1200.00

（4）2021－9－13　记－004　收回货款。

借：银行存款——工行存款　99600.00

　贷：应收账款（天宏公司）　99600.00

（5）2021－9－14　记－005　归还所欠部分货款100000元，转账支票号为206。

借：应付账款（中投公司）　100000.00

　贷：银行存款——工行存款　100000.00

（6）2021－9－16　记－006，向远光公司售出电脑。

借：应收账款——利氏公司　105637.5

　贷：主营业务收入——电脑（P3）　105500

　　应交税费——应交增值税——销项税　137.5

（7）2021－9－19　记－007　购入硬盘。

借：原材料——硬盘　20000

　应交税费——应交增值税——进项税　2600

　贷：应付账款（安定公司）　22600

（8）2021－9－20　记－008　收到投资。

借：银行存款——中行存款（外币金额为10000.00）　82750.00

　贷：股本　82750.00

（9）2021－9－22　记－009，报销电话费用。

借：管理费用——电话费用　4700

　贷：库存现金　4700

（10）2021－9－23　记－010，购买办公用品。

借：管理费用——办公费用 200

贷：库存现金 200

（11）2021-9-24 记-011 售出电脑。

借：银行存款——工行存款 95372

贷：主营业务收入——电脑（P3） 84400

应交税费——应交增值税（销项税额） 10972

2. 工资业务：（工资业务的会计分录在工资管理系统中生成并传到总账）

以“账套主管”身份进入“工资管理”系统，“工资表”和相关资料对工资管理系统进行初始化设置、录入相关原始数据。

2021-9-30 记-0012 计提工资。

借：制造费用——工资 4740

管理费用——工资 33803

贷：应付工资 38543

3. 固定资产业务（固定资产业务的会计分录在固定资产管理系统中生成传到总账）

以“账套主管”身份进入“固定资产管理”系统，对固定资产管理系统进行初始化设置。

（1）2021-9-30 记-0013 购固定资产。

借：固定资产 2852

贷：银行存款 2852

执行“计提本月折旧”功能得到“折旧清单”生成计提折旧的会计凭证。

（2）2021-9-30 记-0014 计提折旧。

借：制造费用——折旧费 2403.6

管理费用——折旧费 8359.13

贷：累计折旧 10762.73

（3）2021-9-30 记-0015 计提短期借款利息。

借：财务费用 38.24

贷：应付利息 38.24

（4）2021-9-30 记-0016 结转制造费用。

借：生产成本——基本生产成本（制造费用） 7143.6

贷：制造费用——工资 4740

——折旧费 2403.6

（5）2021-9-30 记-0017 结转成本。

借：库存商品 45000

贷：主营业务成本 45000

（6）2021-9-30 记-0018 结转期间损益。

借：主营业务收入 189900

贷：本年利润 189900

（7）2021-9-30 记-0019 结转期间损益。

借：本年利润 53397.37

贷：主营业务成本　　45000

财务费用——利息支出　　38.24

管理费用　　8359.13

4. 编制会计报表

（1）编制利润表。

①从“企业门户”进入“财务会计”的 UFO 报表，打开一张“新表”，执行“格式”→“报表模板”命令，选择“新会计科目制度”“利润表”，单击“确定”按钮，得到一张利润表，经简单修改即可。

②在数据状态下，输入关键字“浩文电脑公司”“2021 年 9 月”，单击“确定”得到本案利润表（见表 8－16）。

表 8－16　　　　**利　润　表**　　　　会企 02 表

单位名称：浩文电脑公司　　2021 年 9 月　　单位：元

项　目	行次	本月数
一、营业收入	01	
减：营业成本	02	
营业税金及附加	03	
销售费用	04	
管理费用	05	
财务费用	06	
资产减值损失	07	
加：公允价值变动净收益	08	
投资净收益	09	
二、营业利润	10	
加：营业外收入	11	
减：营业外支出	12	
其中：非流动资产处置净损失	13	
三、利润总额	14	
减：所得税	15	
四、净利润	16	

（2）编制资产负债表。

①从“企业门户”进入“财务会计”的 UFO 报表，打开一张“新表”，执行“格式”→“报表模板”命令，选择“新会计科目制度”“资产负债表”，单击“确定”按钮，得到一张利润表，经简单修改即可。

②在数据状态下，输入关键字“浩文电脑公司”“2021 年 9 月”单击“确定”按钮得到本例资产负债表（见表 8－17）。

表 8－17 资 产 负 债 表 会企 01 表

编制单位：浩文电脑公司 2021 年 9 月 30 日 单位：元

资　产	行次	期初数	期末数	负债及有所有者权益	行次	期初数	期末数
流动资产：	01			流动负债：	01		
货币资金	02			短期借款	02		
交易性金融资产	03			应付票据	03		
应收票据	04			应付款项	04		
应收账款	05			预收款项	05		
应收利息	06			应付职工薪酬	06		
应收股利	07			应交税费	07		
预付款项	08			应付利息	08		
其他应收款	09			应付股利	09		
存货	10			其他应付款	10		
一年内到期的非流动资产	11			1 年内到期的非流动负债	11		
其他流动资产	12			其他流动负债	12		
流动资产合计	13			流动负债合计	13		
非流动资产：	14			非流动负债：	14		
可供出售金融资产	15			长期借款	15		
持有至到期投资	16			应付债券	16		
长期应收款	17			长期应付款	17		
长期股权投资	18			专项应付款	18		
投资性房地产	19			预计负债	19		
固定资产	20			递延所得税负债	20		
在建工程	21			其他非流动负债	21		
工程物资	22			非流动负债合计	22		
固定资产清理	23			负债合计	23		
生物性生物资产	24			所有者权益（或股东权益）	24		
油气资产	25			实收资本（股本）	25		
无形资产	26			资本公积	26		
开发支出	27			减：库存股	27		
商益	28			盈余公积	28		
长期待摊费用	29			未分配利润	29		
递延所得税资产	30			资本公积	30		
其他非流动资产	31			所有者权益（或股东权益）合计	31		
非流动资产合计	32						
资产合计	33			负债及所有者权益合计			